凤凰师轩
FENGHUANG SHIXUAN

行知工程
教师必读系列

教师必学的16堂修养课

武宏伟◎著

江蘇鳳凰教育出版社
Phoenix Education Publishing, Ltd

图书在版编目（CIP）数据

教师必学的 16 堂修养课/武宏伟著. —南京：江苏凤凰教育出版社，2014.11

ISBN 978-7-5499-4429-3

Ⅰ.①教…　Ⅱ.①武…　Ⅲ.①教师—修养　Ⅳ.①G451.6

中国版本图书馆 CIP 数据核字（2014）第 213068 号

书　　名　教师必学的 16 堂修养课
作　　者　武宏伟
责任编辑　午新生　雷利军　李志靖
出版发行　凤凰出版传媒股份有限公司
　　　　　　江苏凤凰教育出版社（南京市湖南路 1 号 A 楼　邮编 210009）
苏教网址　http：//www.1088.com.cn
照　　排　润星之源文化有限公司
印　　刷　三河市华润印刷有限公司
厂　　址　河北省三河市杨庄镇杨庄村
开　　本　787 毫米×1092 毫米　1/16
印　　张　16.25
字　　数　283 千字
版　　次　2015 年 1 月第 1 版　2015 年 1 月第 1 次印刷
书　　号　ISBN 978-7-5499-4429-3
定　　价　30.00 元
网店地址　http：//jsfhjycbs.tmall.com
邮购电话　025-85406265，85400774　短信　02585420909
E - mail　jsep@vip.163.com
盗版举报　025-83658579

前　　言

社会持续稳步向前发展，关键靠教育；教育持续稳步向前发展，关键靠教师。可是，目前教师队伍的状况令人忧虑——有些教师素质较低，职业道德缺失，心态失衡，对职业有倦怠感，教育观念和知识结构跟不上时代要求。这些问题已经严重阻碍了教育的发展和进步。

据教育部2013年6月公布的数据，我国各级各类学校共有教师1442万人。这些教师的综合素质怎么样？有关教育研究部门2005年做了一项调查，统计分析如下。

第一，中国教师学历层次进一步提升。2005年，全国普通小学、初中、高中专任教师学历合格率分别为98.62％、95.24％和83.46％，比上一年分别提高0.31、1.45和3.87个百分点。高校具有研究生学历的教师共有36.6万人，占教师总数的34.86％，比2000年增长了7.8个百分点。

第二，中国教师职称结构有所改善。2005年，全国普通小学、初中、高中专任教师中具有高级职称的比例分别为42.55％、6.56％和19.29％，比上一年分别提高3.28、0.93和0.80个百分点。高校有正、副高级专业技术职称的教师39.94万人，占教师总数的38％，比2000年增长了0.9个百分点。

第三，中国教师队伍总体上呈年轻化态势，中青年教师成为主体。2005年，中国普通小学、初中、高中年龄在35岁以下的专任教师比例分别达45.82％、60.01％和55.07％，年龄在45岁以下的比例分别达70.98％、86.44％和82.30％。在高校，已有大约2/3的教师年龄在40岁以下。

这一统计结果虽然距今已有多年，但仍能在一定程度上说明问题。教师学历、职称越来越高，教师队伍年轻化，这是否意味着现在教师的素质提高了呢？不是！因为学历高不等于素质高，职称高不等于素质高，年轻也不意味着素质高。

教师队伍整体素质的现实状况已引起国家的高度重视。2012年2月，教育部下发了《幼儿园教师专业标准（试行）》《小学教师专业标准（试行）》和《中学教师专业标准（试行）》三个文件，并开始征求意见。受校园性侵事件、虐童事件、体罚事件等影响，教师素质问题已被推向风口浪尖，国家和各地方教育行政部门也相继出台了一系列的措施来加强师德建设。

国家制定的提高教师素质的规范是大政方针，地方教育行政部门的相关规定是落实政策，那么，学校该如何衡量教师素质的高低？教师该如何做才能切实提高素质？这里还有许多问题需要解决，有许多事情需要落实，有许多“文章”可做。

目前，我国缺少一门系统研究、探讨、践行教师修养问题的课程，“头疼医头，脚疼医脚”的现象比较严重。十年前我开始关注这个问题，并陆续撰写文章来探讨、研究和践行这个大课题。近两三年，我越来越深刻地认识到建立“教师修养”课程的必要性和紧迫性。于是，我探讨、研究这门学问的脚步加快了。到目前为止，我已围绕此课题写出了100余篇文章，绝大多数刊登在国内具有影响力的报纸杂志上。我把这些成果整理归纳、丰富完善，就形成了这本《教师必学的16堂修养课》，希望无论是想从事教师职业的人，还是已从事教师职业的人，都能学以致用。

《教师必学的16堂修养课》由教师修养概论、教师的品德修养、教师的文化修养、教师的专业素质修养四章组成。每一章都有一个具体的“教师修养”主题；每一课都从几个方面来具体阐述每一章的主题；每一个方面的内容都是一篇相对完整的文章；每一篇文章都各自独立又相互联系，并从不同侧面、不同角度来阐释每一课的主题。由此形成了一系列教师修养课程：从做人到做事，从师德到师才；从教育到教学，从方法到内容；从知识到能力，从情感态度到价值观；从言行到举止，从心理、性格到理想、境遇；从课上到课下，从教育到管理；从对方针政策、规章制度和标准的理解掌握到具体落实；从老教师到中青年教师，从校长到各级管理人员……这是我三十多年教育生涯的经验教训、心得体会的总结和升华。

《教师必学的16堂修养课》强调的是教师的“修养”二字，即教师的自我教育。提高教师整体素质，虽然学校、教育行政部门责无旁贷，但更主要的还在于教师本人。自我教育是教师以一定的世界观和方法论，认识主观世界和教育自己的全部过程；是教师以自己已经形成的综合素质为基础提出一定的奋斗目标，监督自己去实现这些目标，并评价自己实践结果的过程。

教师不加强修养，教育就没有希望；教育没有希望，国家就没有希望。希望教师修养问题能成为大家共同研究、践行的课题，希望《教师必学的16堂修养课》能成为教师的必读书目、必学课程和必练之功。练就此功，功在当代，利在千秋。

目　录

第一章 教师修养概论

人人重视修养，人人有修养，社会才能文明发展、快速进步。社会发展靠教育，教育发展靠教师，作为人类灵魂的工程师，教师更应该重视修养，有修养。

第7课

教师修养的概念和表现

一、"教师"的含义

"教师"一词有两重含义，既指一种社会角色，又指这一角色的承担者。广义的"教师"指传授知识、经验的人；狭义的"教师"指受过专门教育和训练，并在教育机构（学校）中担任教育、教学工作的人。狭义地理解，"教师"就是受过专门教育和训练，在学校中向学生传递人类科学文化知识和技能，发展学生的身体素质，对学生进行思想道德教育，培养学生高尚的审美情趣，把受教育者培养成社会所需要的人才的专业人员。

二、修养的概念

（一）修养的有关解释

1.《现代汉语词典》对"修养"一词的解释

（1）指理论、知识、艺术、思想等方面的一定水平。

（2）指养成的正确的待人处事的态度。

2.《伦理学大辞典》对"修养"一词的解释

修养指人们在思想品质、道德意识、政治觉悟、文学艺术、知识技能等方面的长期的自我锻炼，以及由此达到的一定程度或水平。

3.《汉语大词典》对"修养"一词的解释

（1）指道家的修炼养性。

（2）指培养高尚的品质，或求取学识品德之充实完美。古代儒家多指按照其学说的要求培养完善的人格，使言行合乎规矩。

（3）指正确的待人处世的态度。

（4）指思想、理论、知识、艺术等方面所达到的水平。

（5）学习，仿效。

（6）休息调养。

（二）修养的概念综述

根据上述解释和目前学术界的看法，修养的概念可以概括总结为以下几点。

（1）人们在思想、品德、学术、技艺等方面，为获得某种能力和品质所进行的勤奋学习和刻苦锻炼，以及经过长期努力所达到的某种能力和所形成的品质的水平。

（2）个人认识、情感、意志、信念、言行和习惯的修炼和涵养。

（3）人在个体心灵深处进行的自我认识、自我解剖、自我教育和自我提高。

（三）修养一词的历史沿革

“修养”一词，在中国伦理思想史上，有着极其丰富的思想内涵。儒家、道家、墨家都讲修身，但内容不尽相同。儒家的修身标准主要是忠恕之道和“三纲”“五常”，修身的过程是格物、致知、诚意、正心；道家的修身要求顺应自然；墨家则要求做到“志功合”，兴利除害，平天下。

孔子可以说是最早提出“修养”思想的人。他在阐述修养思想时，用的是“修德”“克己”“正身”“修己”等概念，而其中“修己”与修养概念最相近。这种思想，开创了修养思想发展的先河。

在修养思想及其概念的演变过程中，孟子是一个关键性人物。他起到了承上启下的作用，既继承了孔子的修己、正身、克己等思想，又将这些思想发扬光大，提出了“修身”和“养性”等新的思想和概念，这就是后来出现的“修养”概念的本义。

荀子也对中国古代的修养思想做出了突出贡献。他有许多言论都提到了“修身”，《荀子》中专门有《修身》一篇，系统地阐发了儒家对修养美德的看法。

孔子、孟子、荀子都是儒家学派的代表人物，从他们对修养思想的阐述可以很清楚地看出，儒家比其他学派更重视修身问题。墨家学派也讲修身，《墨子》一书中也有《修身》一篇和《所染》一篇，内容主要讲修身。墨家对修身问题也比较重视，但墨家思想对后世的影响较小。道家讲“养生”思想，但其偏重于“长生不老”之术，离道德修养较远，因而除了在修养的方法上对后世有一定影响外，在思想内容上对后世的道德修养思想影响较小。

此外，佛教也讲“洁身”“澡身”等，但由于佛教主要从宗教的角度来谈修养问题，因而对世俗道德修养观念的影响主要是方法上的，而且受到儒家学说的影响而世俗化了。

到了宋代，理学集大成者程颐，把孟子的“修身”和“养性”思想融会，明确提出了“修养”概念。这一概念一直延续至今。

“修养”这个概念有广义和狭义之分。广义的修养指人们知识学习、能力锻炼、境界提高的过程以及所达到的水平；狭义的修养则主要指人们的道德修养，包括学习道德知识、培育道德情感、磨炼道德意志、确立道德信念、从事道德实践的活动过程以及所形成的道德品质和达到的道德境界。

思想道德修养既不等同于广义的修养，也不等同于狭义的修养，其外延介于这二者之间。思想道德修养不包括广义修养中的文学艺术修养和知识技能修养。所以，思想道德修养这个术语的外延比广义的修养要窄一些，但思想道德修养不仅仅是待人处事的态度和道德品质的修养，因而比狭义修养的外延又宽一些。

三、有修养的表现

中国古代把有修养的人称为君子。什么样的人才能称为君子？君子有什么表现？孔子在《论语》中有大量关于君子的论述。在举止上，孔子说：“文质彬彬，然后君子。”“君子正其衣冠。”更具体一些，就是“君子泰而不骄，小人骄而不泰”“君子欲讷于言而敏于行”“敏于事而慎于言”。这都是指做人要谦虚、低调和内敛，也就是说低调做人、踏实做事，反对那种放肆、张狂的言行。当子贡问什么是君子时，孔子又进一步做了说明：“先行其言，而后从之。”孔子的学生子夏则进一步阐述：“君子有三变：望之俨然，即之也温，听其言也厉。”

孔子以“五事”为标准描述君子：“貌曰恭，言曰从，视曰明，听曰聪，思曰睿。”孔子还要求为人处世必须要做到“九思”：“视思明，听思聪，色思温，貌思恭，言思忠，事思敬，疑思问，忿思难，见得思义。”在社会和组织中，孔子又教导我们“君子矜而不争，群而不党”。也就是说，人不可以没有自信和人格的尊严，不可处处计较、事事相争；可以团结共事，但不能像某些政客似的把团结变成了“结团”。要做到这些就要“君子求诸己”，即严格要求自己。因此，在人际关系问题上，要“躬自厚而薄责于人”，必须严于律己，宽以待人。这些“温良恭俭让”“君子坦荡荡，小人长戚戚”等论述，对于我们今天学习探讨“修养”问题仍有重要的现实意义。

现在看来，有修养，在言谈举止等方面的表现可以概括为如下几条。

（一）和蔼可亲，谦虚随和

对人要和蔼可亲、彬彬有礼，不冷淡、不粗野、不急躁、不固执，要从内心关爱、帮助别人，不仅对自己的家人有爱心，对素不相识的人也应有“爱人”“知己”的精神。

古人说：“满招损，谦受益。”谦虚是受人欢迎的态度。与人交往时，不因帮助过他人而吹嘘邀功，不因自己比他人多一点知识或有一技之长而津津乐道，不自认为比别人强而以高人一等的姿态出现。任何自傲的情绪都会成为成功路上的障碍。

（二）理解宽容，与人为善

我们应该理解别人的需要和行为习惯，理解别人的情绪情感，理解别人的立场和态度，甚至理解自己不喜欢的人的言行。在生活和工作中，如果有人和我们的看法不一致，或者侵犯了我们的利益，只要不触犯我们的原则，都要给予宽容、理解。当然宽容不是纵容，不是放弃原则立场的姑息迁就，也不是做“老好人”。对于邪恶的、居心叵测的不良行为，绝不能采取回避的态度，要予以反击。

与人为善就是用善意的眼光看待生活，用善意的行为对待他人。别人有难时，扶他一把；别人危急时，挺身相助；别人烦恼时，排忧解难；别人成功时，愉悦祝贺。我们应该减少恩怨，避免争斗；尊老爱幼，助人为乐；乐善好施，增添乐趣；和睦相处，平等互助；遇事不争，好事谦让。

（三）谈吐有节，热情诚恳

在同别人谈话的时候，我们要注意力集中，不要翻东西、看书报，或心不在焉，显出一副无所谓的样子；不随便打断别人的谈话，要先听完对方的发言，然后再去反驳或者补充对方的看法和意见；避免高声讲话，要心平气和、以理服人；要尊重他人的观点和看法，即使自己不能接受或不同意，也不当面指责对方“瞎说”“废话”“胡说八道”等，而是陈述己见，分析事物，讲清道理。

我们对待别人应该热情、亲切、自然、真诚。无论说什么、做什么，需由内心发出。帮助别人，需诚心诚意，不带其他目的。

（四）举止得体，文明礼貌

我们应该自觉维护环境卫生，不随地吐痰、乱扔垃圾；公共场所不大声喧哗，见人主动打招呼；衣着整洁，注意形象；排队办事，讲究秩序；安全出行，不抢行、不乱挤；爱护公物，不损坏公共设施；使用文明礼貌用语。

（五）言必信，行必果

我们参加各种活动要守时，不能如约要事先通知；做事要讲信誉，要对自己说的话负责任；承诺别人的事情，一定要兑现。

（六）能屈能伸，百折不挠

能屈能伸是一种忍受屈辱的能力。要想成就大事，忍受暂时的苦难和屈辱是必要的，能忍别人忍受不了的痛苦，才能做别人不能做的大事。忍受孤独的能力是成功者的必备条件，忍受失败的能力是重新振作的力量源泉，忍受屈辱的能力是成就大业的必然前提。

百折不挠是一种忍受失败的能力。许多人失败以后常常找外在的理由，为自己寻找逃避责任的借口。其实一切失败都应该归咎于自身原因，要善于从失败中反思、总结，然后提升自己，使自己尽快从失败中走出来。

四、教师修养的表现

作为一名人民教师，除了应具有上述的几种修养外，还应具有如下几个方面的修养。

（一）仪表

仪表是指人的外表，它包括衣着、发式、举止和姿态等。教师仪表是教师风范的内容之一。中小学生善于模仿，教师的仪表对学生审美观的形成起着重要作用。因此，教师仪表应当具有职业美，即衣着、发式等都要整洁、大方。

所谓整洁，就是整齐和洁净，教师的衣服不论质量、新旧如何，都要做到端正、妥帖、干净、平整。这样，即使衣服朴素、款式陈旧、质料一般，也会给人以清新、高雅之感，令学生可亲可敬，无形中成为学生学习的榜样。

所谓大方，就是服饰、发式不要过分追求时尚华美。一般来说，教师的服装式样宜庄重、明快和自然，服装色彩不宜太鲜艳、太刺眼，而应素雅、含蓄。一个教师如果经常打扮得花枝招展，会分散学生学习的注意力，并有可能成为学生议论的话题，这样会影响教学的效果和教师的威信。

教师还应该有风度。所谓风度，是指一个人的精神气质、举止行为以及姿态等。教师的举止姿态，总的要求是稳重端庄、落落大方。在公众场合，教师应注意自己的谈吐和动作，不要随地吐痰、乱扔烟蒂。

总而言之，教师在任何场合都应自觉保持良好的仪表，待人接物严肃而温和，举止态度谦恭而自信，这样才能得到学生的爱戴和社会的尊重。

（二）言谈

“师者，传道授业解惑也。”教师承担的主要任务离不开语言表达，因此，作为一名教师，我们要懂得语言表达时应遵守的礼仪礼节。

1. 讲台上的言谈

（1）表达要准确。在讲台上，教师在讲授教学内容时应注意，学校设置的每一门课程都有其严谨性、科学性。教师在教授时应严格遵循学科的要求，掌握专用名词和专业说法，不可随意通俗化，甚至庸俗化。同时，讲课要紧扣教学中心，要严密、直接。

（2）音量要适当。讲课不是喊口号，声音不宜过大，否则会让学生有声嘶力竭之感。如果声音太低，会很难听清，影响教学效果。

（3）语言要精练。讲课要抓中心，不说多余的话，给学生干净利索的感觉。

（4）讲课时可以插入一些风趣、幽默的话，以活跃课堂气氛，提高学生学习的兴趣。但不可过于随便，削弱学科的严肃性。过多地在课堂上讲笑话，会影响正常教学。

2. 与学生的谈话

教师为了做好学生工作，要经常与学生谈话，谈话时要举止文明，分清场合。

（1）提前通知，有所准备。谈话最好提前通知学生，这既是一种礼貌，又是对学生的尊重。最好先简要说明内容，让学生有思想准备，然后商定谈话的时间、地点、方式，并对学生的合作表示谢意。

（2）热情迎候，营造平等气氛。要热情迎接学生的到来，可以到门前迎接。不能在门口谈话，这是对学生的不尊重。与学生谈话时，座位安排及距离要适当，要让学生坐在与自己平等的位置上。如果教师坐得高，或坐在办公桌后，会给学生带来压力。

（3）语气平和，行为有度。谈话时，教师语气要平和，要注视对方，赞成的内容应点头示意。与犯了错误的学生谈话，如果对方不接受谈话内容，甚至态度不好，教师要有耐心，摆事实、讲道理，不提高声调，不反唇相讥，要表现出良好的道德修养。

（4）分清场合，入情入理。教师的表情要与谈话对象和谈话内容协调一致。慰问、安抚类谈话，既要深沉、严肃地与学生分担痛苦，又要坚定自信，给人以力量和鼓舞；反映问题类谈话，既要细心听取，全面了解，不厌其烦，又要把握政策，以理服人；工作谈话，既要简单明了，讲求效率，抓住实质，又要态度和蔼，不失风度；批评类谈话，要先消除对方的畏惧心理，缩小和对方的心理距离，然后提出中肯批评，表情要严肃、认真。

教师与学生进行谈话时应避免以下情况：谈话言过其实，故意夸大问题；对学生拉长语调，放慢语速，压低音量；传播不利团结或道听途说的事情；批评时事实不清，不分场合。

（三）举止

一个人的气质、涵养往往从举止中表现出来。教师作为人类灵魂的工程师，要注意自己在各种场合的行为举止，做到大方、得体、自然、不虚假。

1. 讲台上的行为举止

（1）目光。眼睛是心灵的窗户，它可以反映一个人心中的波澜。在讲台上，教师要善于运用目光表达自己的思想。讲课时，目光要柔和、亲切、有神，给人以平和、易接近、有主见的感觉。不能紧紧盯着某个学生，这样不仅不礼貌，还显得咄咄逼人；也不能东张西望，这会给人以心不在焉、应付差事的感觉。合理运用目光的要领是，目光不要聚焦于某人，而是将目光罩住全场。还要注意，当讲课出现失误或学生中出现突发事件而被打断时，教师不能投以鄙夷的目光，这样做有损教师在学生心目中的形象，还反映出教师心胸狭隘与无礼。在讲台上，教师应避免如下行为：对学生运用斜视、瞥视、瞪视、眯视等傲慢目光；目光游移不定，看天花板或讲台；表现出惊恐不安、心神不定或害怕的神情。

（2）坐姿。教师应站着讲课，在一些讲座或日常教学中年龄较大的教师也可以坐着讲。坐着讲课应注意：坐姿要端正，身体要坐在椅子中间，上身与椅背平行，两腿要并拢，间距不可过大。坐着讲课时不要斜身、后仰、前趴，或侧坐在椅子上。讲课时，用手抓握话筒、用稿掩面等也是对学生的不尊重和不礼貌。

（3）站姿。教师站着讲课，更有利于用身体语言强化教学效果，也是对学生的尊重。站着讲课时，教师两脚脚跟落地，站稳站直，胸膛自然挺起，不要耸肩或昂着头。需要在讲台上走动时，步幅不宜过大过急。教师讲课时最好不要穿走路时声音很响的鞋子，以免走路声音转移学生的注意力。持稿讲课时，持稿高度与胸平行，不能掩面或过低，也不能在眼前晃动讲稿。

（4）手势。教师讲课时，无论站姿还是坐姿，一般都需要配以适度的手势来强化讲课效果。手势要得体、自然、恰如其分，要随着讲课内容进行。讲课时不要用手指点人、敲击讲台或做其他过分动作，不要故弄玄虚、哗众取宠。

（5）板书。板书应根据教授的内容事先进行设计，这也反映出教师的教学态度、对课程的重视以及对学生的尊重。板书要求书写整齐，切忌写错别字和不规范的字。板书不能潦草、零乱，而应条目清楚，突出重点内容。板书设计要规范、醒目、美观，给学生留下清晰的印象，便于学生记录和复习。

2. 课后的行为举止

教师课后常常在家访、集会和组织参观时与学生交往。在这些场合里，教师要亲切随和地和学生、家长交谈，使学生或家长不感到拘束。教师言谈要幽默、风趣，努力拉近与学生、家长的距离，切忌板着面孔，故作姿态。但教师也不可和学生拉拉扯扯，称兄道弟，这样容易失去教师应有的尊严，给课堂教学和思想教育工作带来不利影响。

第 2 课

教师修养的内容和途径

一、修养的内容

中国封建社会的个人修养，主要是儒家的修身思想，所谓“三纲五常”就是个人修身的核心内容。“三纲”指“君臣义、父子亲、夫妇顺”；“五常”指“仁、义、礼、智、信”。“三纲五常”实际上就是一种个人修养。

现代社会，在继承和发扬中国优良传统的基础上，应着重强调以下几方面的修养内容。

（一）道德修养

道德修养是人的道德活动的一种形式，是个人自觉地将一定社会的道德要求转变为个人道德品质的内在过程。不同社会、时代和阶级的道德修养有不同的目标、途径、内容和方法。

人的思想广阔无边，道德伦理无处不在。科技的进步、经济的繁荣和社会的发展，从根本上说取决于劳动者的素质——道德修养。

道德修养是公民道德教育的基本内容，是社会主义市场经济的要求和原则。诚信作为公民道德规范，其基本内涵是诚实、不欺骗、遵守诺言。它是人最重要的品德，是一个社会赖以生存和发展的重要条件。一个没有诚信的人，不可能有坚定的理想信念；一个平时不讲诚信的人，在关键时刻不可能为崇高的理想信念做出牺牲。

（二）文明修养

文明修养指人类在科学文化知识、艺术、思想道德等方面所达到的一定水平，是符合时代发展的科学、先进、主流的言行举止。

文明礼貌的言谈举止体现了人的修养和风度，是人际交往的前提，也是人与人、人与社会之间和谐发展的基本要求。尊重他人、关心他人、富有同情心，待人处事有风度、风格、风貌，严于律己、宽以待人，团结人、与他人和睦相处等，都是具有良好的文明修养的表现。

（三）文化修养

文化是人文文化与科技文化各学科的总和。所谓“修”，是吸取、学习，打下知识体系的基础。所谓“养”，是在“修”得的知识基础上提炼、批判、反思乃至升华。文化修养，总的来说是对人文文化、科技文化中的部分学科知识有了解、研究、分析、掌握的能力，可以独立思考、剖析、总结并得出自己的世界观、价值观。文化修养体现了一个人的受教育程度和为人处世之道。

有修养的人大都懂科学，有文化。他们思考问题周密，分析问题透彻，处理问题有方，而且反应敏捷，语言流畅，自信稳重，在社会交往中具有吸引力，让人在知识上获益匪浅，身心上愉快舒畅。相反，文化修养较低的人，缺乏自信，给人以木讷、呆滞或狂妄、浅薄的印象。因此，只有自觉提高文化修养水平，增加社交的“底气”，才能使自己在社会交往中温文尔雅、彬彬有礼、潇洒自如。

（四）艺术修养

艺术修养是指一个人的艺术知识和技能水平。艺术工作者赖以生存的基础就是艺术修养，但非艺术工作者也要有一定的艺术修养。加强艺术修养对人的全面发展和综合素质的提高具有十分重要的意义，不可忽视。

艺术作品蕴藏着丰厚的文化艺术内涵，更凝聚着创作者的思想、人生态度和价值取向。因此，我们在欣赏艺术作品时，必然会受到精神的陶冶，同时也受到创作者的人生观、世界观、价值观等方面的影响，倾心于艺术作品描绘的美的境界之中，获得审美的陶醉和感情的升华。思想得到了启发，高尚的道德情操和文明习惯就会培养起来。因此，我们要有意识并尽可能多地接触内容健康、情趣高雅、艺术性强的艺术作品，如文学作品、音乐、书法、舞蹈、雕塑等，提高我们的艺术修养。

（五）性情修养

性，性格、禀性；情，思想情感。性情，就是人的性格、习性与思想情感。性情修养，就是通常所说的精神保健、心理保健，也称作调神、养心、修性、怡神等。它既是一种积极热情的生活和工作状态，又是一种重要的养生之道。

人的性情是个性与社会共性两方面的结合。人的性情受先天遗传、后天生活环境、教育程度等几个因素的影响。

性情修养的基础是内心对话，人在这种对话中既是原告，又是自己的辩护人和法官。性情修养之于心地，犹如食物之于身体。对一般人而言，最简便的修养方法是读书。

修身养性历来被人们重视。清心寡欲、保持乐观，是指人在精神上愉快舒畅和能适应外界环境的心理状态；恬淡虚无，是指对名利得失淡然处之，泰然处之，不为名利得失而困惑，这样才会身心健康；调和、养蓄心神情志，指人对客观现实的一种思维性反映，中医学将其分为喜、怒、忧、思、悲、恐、惊七种，七情过度会损害身心，不利健康。

性情修养需注意以下几个方面：不要自视清高、盲目承诺、乱发脾气、封闭自己等；己所不欲，勿施于人；眼不看不净之事，耳不听不善之音，口不说伤人之语，面不露不悦之容；要丰富生活内容、清心寡欲、知足常乐、胸襟开阔；遇事要冷静、从容不迫，冷静思考和处理问题。

脾气、性格是性情修养的标志。好脾气和好性格不可一日修得，需要日复一日的磨砺，需要在一事一物中体悟，“不以善小而不为”。要始终持有一颗平常心，有宽广仁爱的胸怀，知道尊重人、爱护人、团结人、理解人、帮助人，经常站在别人的立场上看问题。不仅对待朋友有好脾气，对待陌生人也应该保持君子之风；不仅对待上级有好脾气，对待部下也应该谦和礼让；不仅对待能力强的人有好脾气，对待能力不及自己的人也应该尊重爱护、坦诚相助。

随着社会的发展和实践活动的深入，修养的内容也不断发生着变化，除了上述的基本内容之外，还有审美修养、职业修养、心理修养等，呈现出内容更加宽泛、要求更高的发展趋势。

二、教师修养的内容

教师要“高人一等”，除了具有一般的修养外，还要有更加专业、严格的修养。

（一）师德修养

师德修养是教师道德认识、情感、意志、信念、行为和习惯诸要素从无到有、从低到高、从旧质到新质的矛盾运动过程。不管是师德认识的提高、情感的陶冶、意志的磨炼、信念的确立，还是师德行为和习惯的培养，都不可能一蹴而就。每一个教师都要长期修养，不断磨炼，坚持不懈，这样才能使自己的修养不断提高，达到更高的水平，从而适应教育和社会发展的需要。

教师职业道德比一般的职业道德有更高的要求。从行为上看，它比一般职业道德更具有典范性；从影响上看，它比一般职业道德更具有广泛性和深远性。

教师作为育人的主体，师德修养对学生有着潜移默化的作用。为此，教师要具有健全的人格，要在思想境界、道德情操上堪为师表，以良好的师德风范影响学生，以人格影响人格，以素质造就素质。

师德修养是一件牵动千家万户和影响千秋万代的大事，不仅会对学生的心灵、性格与品质产生终生影响，还会影响整个社会的发展进程。

（二）文化修养

教师是从事教育工作的专业人员，是传道授业解惑者，这个职业的特殊性决定了教师必须具有科学文化知识。教师不仅要精通所教学科的知识，还要通晓其他相关学科的知识，尤其是要认真学习先进的教育教学理论，掌握教育规律，按教育规律办事。

教师终身学习是时代的要求，也是教师自身发展的需要。“要想学生好学，必须先生好学。唯有学而不厌的先生，才能教出学而不厌的学生。”著名教育家陶行知的这句名言道出了教师学习的重要性。教师应当把学习作为一个长期的、永不间断的工作来做，要活到老学到老，这样才能有进步。

（三）专业素质修养

1. 组织管理素质

组织管理是教育过程中一个不可忽视的因素，它是教育影响发生作用的组织保证。缺乏组织能力和指导能力的教师，无论其知识多么广博，都难以完成教育和教学任务。组织管理除了表现为对教学工作的组织之外，还表现在良好班集体的组织建设上。教师必须善于计划和安排，有周详的布置和检查，并形成良好的秩序和制度，营造良好的环境，使学生服从教师的指导；要充分运用学生的力量去推动各项工作，尽量避免教师包办代替。

2. 备教材和备学生的素质

教师要上好课，必须备好课，深入钻研教材、研究新课标，明确教学目的、重点和要求，使之转化为教师教学的指导思想。教师要了解和研究学生，根据学生的外部表现来了解他们的个性和心理状态，并以此为依据因材施教。

3. 教育科研素质

教师在工作中，要善于及时总结自己的经验，并使之不断升华，达到理论的高度；要自觉地验证教育理论，从大量的现象中研究探索教育规律；要反思自己的行为是否符合为人师表的准则，要求和方法是否符合学生发展的需要，过程与手段是否具有育人的功用。教师只有具备一定的教育科研能力，才能以先进理论为指导不断改进工作，充分发挥自己的才干，才能有所突破，有所创新，为教育事业做出更大的贡献。

4. 言语表达素质

言语，是教师用以向学生传授知识或施加影响最常用、最重要的形式，是教师教育才能的重要组成部分。言语要尽量做到标准清晰、简练明确、内容具体、生动活泼，要合乎逻辑、语法正确、流畅通达，要富于感情、有感染力。言语手段和非言语手段要同时使用。

5. 信息技术和广泛的爱好

教师既要练好钢笔字、粉笔字、毛笔字以及普通话、简笔画，掌握信息技术，还要了解琴棋书画、诗词歌赋。无须样样精通，但须样样知晓。教育教学需要“基本功”，学生的个性发展、兴趣和爱好的培养，更需要教师具有广泛的兴趣和爱好。

6. 身心修养

身体健康是工作的基础，心理健康是提高工作效率、保证教育质量的前提。教育活动是一种充满高度创造性的脑力劳动，又是一种兼有一定强度的体力劳动，所以教师必须有良好的身心素质。教师身体健康且有豁达的胸怀、健全的性格、愉快的心境，面对困难时就能控制不良情绪，并百折不挠、乐观向上，以积极的人生态度带动学生。

三、教师修养的途径

（一）修养的途径

如何提高自己的修养，将自己培养成君子？儒家经典著作《大学》为我们提供了具体的方法："知止而后有定，定而后能静，静而后能安，安而后能虑，虑而后能得。物有本末，事有终始，知所先后，则近道矣。"这句话的意思就是，在疾行一段时间后，放慢自己的脚步，或停下来定定神，一个人只有安静下来，才能冷静地思考，才会有所收获。

孔子对不同年龄段的人提出了忠告："君子有三戒：少之时，血气未定，戒之在色；及其壮也，血气方刚，戒之在斗；及其老也，血气既衰，戒之在得。"意思是说，君子有三种事情应戒除：年少的时候，血气还不成熟，要戒除对女色的迷恋；等到身体成熟了，血气方刚，要戒除与人争斗；等到老年，血气已经衰弱了，要戒除贪得无厌。从字面上看，孔子的"三戒"是针对少年、壮年、老年提出的，但这"三戒"对于从事教育工作的人们来说，更为重要。

个人修养的重要环节与道德品质的结构和道德教育的过程具有一致性，可以概括为知、情、意、信、行五个方面。知，即道德认识，是人们对客观存在的道德关系以及处理这种关系的道德原则和规范的认识，包括道德概念的形成和道德判断力的提高。确立正确的道德认识，是加强道德修养的前提。情，即道德情感，是人们对现实生活中的道德关系和行为所产生的情绪反应，在"知"的基础上产生，往往会直接影响人们的行为取向。意，即道德意志，是人们在履行道德义务中，自觉克服一切困难和障碍而做出行为抉择的努力和持之以恒的精神。信，即道德信念，是人们对某一道德深刻而有根据的真诚信服及由此产生的对该道德义务的强烈的责任感。确立"信"，是道德修养的核心。行，即习惯化了的道德行为，是人们由于自身的道德修养，自觉遵守道德原则和规范并形成一种日常的行为习惯。可见，"行"是道德修养的归宿。

修养的目标涵盖较广，大而言之，包括怎样做一个忠诚的爱国主义者、乐于奉献的集体主义者、有理想的社会主义建设者、中华民族优秀传统的继承者；小而言之，包括怎样做一个遵守社会公德、家庭美德、职业道德的合格公民等。

修养的方法主要有以下几种。

1. 学思结合，严于解剖自己

学习和掌握一定的道德知识，是形成个人良好品质的前提。学习和掌握各种道德知识和做人的道理，并对各种所学的道德知识和人生哲理深入思考，这样才能在自己的心灵深处培养趋善避恶的道德意识和道德情感，从而择善而为。修养的过程，不仅仅是掌握道德知识的过程，也是同各种落后、错误的道德观念斗争的过程。由于种种原因，每一个人都会有这样或那样的缺点和错误，都会受落后的、错误的、腐朽的道德思想的侵蚀和影响。这就要求我们在掌握正确道德知识的同时，认真开展自我批评，不文过饰非，严格要求自己，自觉解剖自己，经常打扫和清除自己身上的“灰尘”和不良习惯，不断抵制和消除各种外在诱惑的侵蚀，时刻保持清醒的头脑。

2. 积善成德，努力做到“慎独”

“慎独”是中国伦理思想史上一个特有的范畴。“莫见乎隐，莫显乎微。故君子慎其独也。”意思是说，隐蔽的东西和微小的事情，最能显示一个人的品质，所以一个有道德的人在别人看不见、听不到的情况下，要特别谨慎，不做坏事。“慎独”作为一种崇高的思想道德境界，是衡量一个人道德觉悟和思想品质的试金石。由于人们的道德境界、道德要求不同，道德教育本身又具有多层次特点，所以我们应从实际出发，从大处着眼，从小处着手，不仅重视“大节”，而且注重“小节”，做到“勿以恶小而为之，勿以善小而不为”。只有这样，才能积善成德，把自己培养成一个品德高尚的人。

3. 身体力行，提高修养的自觉性

要达到道德修养的目标，功夫全在“行”上。修养的过程，本质上是一种自我教育、自我改造、自我提高的过程。因此，无论是开展自我批评，还是努力做到“慎独”，都依赖人们的自觉。自觉性是修养的关键环节，只有自觉，人们才能在社会实践中利用各种机会，培养自己的良好品质。

（二）教师修养的途径

1. 学习

一个人要想跟上时代或走在时代的前列，就必须不断地学习。教师是需要具有专业知识和专业技能的职业，要胜任这个职业，就必须通过学习练就过硬的本领，具有较高的综合素质。教师要立志成为独到的思想者、不倦的实践者和终身的学习者，成为“三者”合一的教师。学习的方式多种多样，有阅读书籍和报刊、观看音像资料、使用网络等。

（1）阅读书籍和报刊。这是大多数人获取知识的主要途径。苏联著名教育家苏霍姆林斯基在《给教师的建议》中提到，教师要提高自己的教育素养，就必须读书，读书，再读书。要把读书当作第一精神需要，当作饥饿者的食物，广泛阅读各种书籍、扩大知识面、开阔眼界、扩大视野，要勤于思考、善于研究、勤做笔记、勤写心得体会，努力把书本知识变成自己的精神财富。

教师不仅要向书本学习，而且要向周围的同行学习，向优秀教师学习，要"择其善者而从之"，博采众家之长。此外，教师还要善于在社会生活中吸收有益的东西，因为社会是一部人类生活的百科全书。

（2）观看音像资料。随着现代科技的发展，许多音像资料、知识信息借助现代化音像设备，如录音带、录像带、光盘等得到复制和传播。通过观看这些音像资料，我们可以形象、快捷、方便地获取知识和信息。

（3）使用网络。今天，在我们的工作和生活中，计算机已经普及，网络正逐步延伸到千家万户。知识与信息的传播和获取更加方便快捷，学习、工作和生活变得更加简单方便。每个教师都应具备基本的计算机和网络知识，善于运用网络获取知识。当然，网络是一个虚拟空间，教师必须注意网络的特点，善于识别真伪、善恶、美丑，取其精华，去其糟粕。

2. 交流

现代社会是信息社会。信息是学习、工作、生活的重要资源，谁拥有信息，谁就拥有了财富。但信息必须通过交流才能充分发挥它的作用，体现它的价值，否则，它的价值和作用就非常有限。所以，教师必须积极交流、善于交流，充分利用多种途径获取一切有价值的信息资源。

教师参加信息交流的内容和方式是多种多样的。从内容来看，主要有学术交流、经验交流、思想交流。

（1）学术交流。英国课程论专家劳伦斯·斯腾豪斯指出，教师即研究者。在中外教育史上，许多著名的教育家、特级教师，不仅是优秀的教育工作者，而且是成功的教育研究工作者。现代教育早已赋予了教师教育科研工作者的角色，因此，每个教师不仅要做好教育教学工作，还要做好教育科研，只有全面完成了教学和科研的任务，才是一个全面合格的优秀教师。教师要做好科研，就必须积极参加学术交流，虚心向科研成绩优秀的单位和个人学习。教师要认真学习世界上最先进的教育思想、教育理论，以促进我国教育事业的发展。

（2）经验交流。教育不仅是一门科学，也是一门艺术。成功的教育是以科学性为基础、以艺术性为旋律的交响乐章。教师的教育艺术是影响教育质量和效果的重要因素。教师的教育艺术，在一定程度上可以说是教育经验的积累和升华。没有教育经验，绝不会产生教育艺术。教师，特别是青年教师，要提高自己的教育艺术，必须不断积累教育经验，虚心向他人学习先进的教育经验，积极主动地参加各种教育经验交流活动。教育经验交流的内容和形式是丰富的，如教学经验交流、德育工作经验交流、班主任工作经验交流、科研工作经验交流、家校合作经验交流、公开课比赛、集体备课与教师教学技能比赛等。无论哪种形式的经验交流或竞赛活动，教师都应积极参与，广泛交流，力争从这些活动中有所收获。

（3）思想交流。思想是一个人活着的价值所在。教师在工作和生活中必须善于思考，用思考的成果来提高和完善自己。在独立思考的基础上，教师还必须积极参加各种思想交流活动，如谈心、联欢、旅游、竞赛等。通过参加丰富多彩的活动，同事之间、朋友之间可以加深了解、相互信任，达到交流感情、沟通思想、陶冶情操的目的。要成功地进行思想交流，教师要有开放的思想、宽广的胸怀，具有一定的交际能力。那种思想保守、心胸狭窄、不善交际的人，是很难顺利进行思想交流的。

从交流的形式来看，可以是个人之间的交流、集体之间的交流，也可以是个人与集体之间的交流；可以是学校内部的交流，也可以是学校与外校的交流；可以是国内的交流，也可以是国际的交流；可以是面对面的交流，也可以通过书信、电话、网络进行交流。通过交流，教师可以互相学习，取长补短。

在交流过程中，每个教师都应保持谦虚谨慎的态度，虚心向其他教师学习。教师之间应互相尊重，不能互相诋毁。要用放大镜去观察别人的长处，努力学习别人的长处；对自己的短处要警钟长鸣，时时提醒自己，并坚决改正和弥补。只有这样，我们才能交到真朋友，学到真本事。当然，我们也应看到自己的优点和别人的缺点，正确把握自己在社会生活中的位置，只有对自己和别人的优缺点有正确的认识，我们才能充满信心，积极参与交流活动。

3. 实践

实践是人类有目的、能动地改造和探索现实世界的社会性的客观物质活动。社会实践、生产实践、科学实践与精神生产是人类的三大基本实践活动。教师作为知识分子的一部分，主要从事精神生产活动，是人类生产和再生产科学文化知识的劳动者。教育教学实践是教师的主要实践活动，教师还要参加其他社会实践活动。

实践是认识的源泉，也是提高教师自我修养的重要途径。实践有助于教师认识自我，了解社会，丰富自己的生活经验，正确认识工作和生活。只有在实践中，我们才能积累知识，增长才干，陶冶情操。教师的实践形式主要有学习实践、教育教学实践、科研实践、交往实践等。

（1）学习实践。教师的一生必须不断学习，这是由教师的职业特点决定的。人们常说："要给学生一杯水，教师应有一桶水。"教师掌握的科学文化知识只有比在课堂上讲的知识多10倍、20倍，才能在课堂上引导学生举一反三、触类旁通，让学生全面理解教学内容。当前，知识急剧膨胀，知识更新也越来越快，如果教师不经常吸收、更新知识，教育质量很难提高。

21世纪，社会和科学技术的发展呈现一体化趋势，各门学科之间交叉渗透，自然科学与社会科学携手并进，边缘学科、交叉学科、综合学科不断涌现。因此，教师不仅要精通专业知识，不断丰富自己的专业知识，提高自己的专业能力，而且要博览群书，有广博的知识，这样才能适应教育教学改革需要。

（2）教育教学实践。教育教学工作是教师的本职工作，教育教学实践是教师最基本的实践形式。教师不仅要努力提高理论水平，而且要积极参加教育教学实践，将自己所学的理论知识应用到教育教学实践中去，使教育教学工作得到改进。教育教学实践是一项十分复杂的培养人、塑造灵魂的实践活动，需要教师付出艰苦的劳动和心血。教师既要具有相应的知识、能力，还必须具有高尚的思想品德修养。通过教育教学实践，既可以检验教师的知识水平、专业能力、思想品德修养，又可以帮助教师发现自身修养的缺点与不足，以便有针对性地改进和提高。

（3）科研实践。教育科研实践是推动教育改革与发展的动力，也是提高教师自我修养的重要途径。在科研实践中，教师要观察教育现象，研究教育问题，并努力寻找解决教育问题的途径和方法。为了高质量地完成教育科研任务，教师还必须广泛搜集和查阅科研资料，进行理论构思，制订科研计划，实施具体研究，撰写研究报告，进行科研评价。参加一系列科研实践，有助于扩大教师的知识面，提高教师的科研能力，增强教师对教育工作和科研工作的感情，更新教师的教育观。当然，除了做好教育科研外，教师还应做好学科专业科研和其他相关科研。

科研实践是一个非常艰苦的脑力劳动过程。要完成科研任务，提高科研质量，教师必须有强烈的事业心，有顽强的毅力，有克服困难、战胜挫折的信心和勇气。因此，科研实践是对教师的知识、能力和思想品德修养的一个考验。科研实践有助于提高教师的综合素质和修养水平。

(4) 交往实践。人是社会性的动物，人的本质就是社会性。一个人要健康地生活，顺利完成工作和学习任务，就必须参与社会生活，参加社会交往，通过交往获取信息，联络感情，增强友谊，密切合作。交往是人的知识、能力、思想品德修养发展的重要源泉，是工作得以顺利进行的重要保证。

教师工作一刻也离不开交往。教师制订教学工作计划和备课离不开交往，它要求教师深入到学生中去调查、了解、研究，了解学生的身心发展水平和特点，以便制订符合学生实际、切实可行的计划，编写合理的教学工作方案。教师要顺利完成教学任务也离不开交往，通过交往，可以加深师生之间、教师之间、教师与学校领导之间、教师与学生家长之间的理解和信任，加强彼此的协作和配合，以促进教学工作顺利进行。

4. 反思

学贵有思，有思则有进。学贵有疑，有疑则有进。小疑则小进，大疑则大进。教师自我修养的过程，从本质上讲，是一个自我学习、自我教育的过程，而自我学习和自我教育必须善于怀疑和思考。因此怀疑和思考是教师进行自我修养必不可少的构成要素，特别是进行自我反思、自我反省。总结自己修养过程中的经验教训是非常必要的，通过反思，教师可以发现自己的长处与不足，明确进一步努力的方向，从而不断提高修养质量。

反思的形式主要有自问、总结、自我批评、自我激励。

(1) 自问。自问是指教师在修养过程中面对各种困难和问题，扪心自问，分析和研究自己的修养水平、存在的问题和解决办法的过程。孔子的学生曾参就曾提出："吾日三省吾身。为人谋而不忠乎？与朋友交而不信乎？传不习乎？"陶行知也主张"每天四问"，如"自己的道德有没有进步？有，进步了多少？"就是其中一问。通过自问，可以及时发现自己修养中的缺点和问题，及时弥补和解决。所以教师要事事问，天天问，经常检查自己的修养状况。

(2) 总结。总结是自我反思的一条重要途径，是教师在自我修养的过程中，通过回忆修养的过程，分析修养的成绩、经验、问题和教训，探讨自我修养的规律的过程。一个教师要提高自己的修养水平，必须善于总结，勤于总结。通过总结，及时发现成功的经验和失败的教训，帮助自己增强战胜困难的勇气和信心，尽快改正缺点，推动自我修养不断进步。

(3) 自我批评。自我批评是教师在自我修养的过程中，善于发现自己的缺点和错误，勇于承认自己的错误，大胆检讨自己的错误，并坚决改正自己的错误，以促进自我修养进步的修养方法。批评与自我批评是中华民族的优良传统和作风，我们应该继承和发扬这一优良传统和作风，为我们的现代教育教学工作服务。进行自我批评，首先，要有正视自身缺点和错误的勇气，正确地认识自己的不足。面对自己的缺点和错误，不忌讳、不遮掩、不逃避，要勇于承认、坦诚面对。其次，要勇敢地进行自我批评。对自己的缺点和错误，要深刻地分析实质和原因。再次，要坚决改正自己的缺点和错误。承认错误是基础，改正错误是关键。教师对自己的缺点和错误，必须用实际行动坚决予以改正。最后，要勇敢地接受群众的监督，虚心接受群众的批评。为了帮助自己改正错误，教师要自觉接受群众的监督，欢迎群众对自己进行批评和教育。自我修养作为一个积极主动的、自觉的自我教育过程，受到社会的影响和制约，必须接受集体生活的检验。所以，我们必须把自我批评、自我教育与他人的批评教育结合起来，以取得更好的自我教育效果。

(4) 自我激励。自我激励，是提高自我修养的一条重要途径。所谓自我激励，是指教师在自我修养过程中，面对自己的优点和缺点、成绩和错误，进行自我激发、自我鼓励，以增强战胜困难的勇气和信心，提高自我修养能力和质量的修养方法。人需要有精神，那么这种精神从哪里来呢？只能从学习中来，从实践中来。只有学习才能使我们快速有效地增长知识，更新思想观念；只有实践才能促使我们思考、探索，才能帮助我们认识自我，了解自我；只有学习和实践才能增强我们战胜困难的勇气和力量。

在我们的学习和工作中，在自我修养的过程中，我们不可能一帆风顺，必然会遇到各种困难和挫折。当我们遇到困难和挫折的时候，是勇往直前、战胜困难和挫折，还是畏缩退却、被困难和挫折吓倒？这是衡量我们修养水平的一个重要标志。一个有修养的人，一个善于自我修养的人，应该能够做出正确的判断和选择。教师作为培养人才的教育工作者，面对困难和挫折，应该勇往直前，战胜困难。那么怎样才能战胜困难呢？除了要有正确的理想和信念外，正确的工作方法和自我激励方法是战胜困难和挫折的保证。

自我激励常用的方法有格言警句法、自我暗示法、自定目标法、逐步逼近法等。格言警句法就是用一些名言警句来增强自己战胜困难的勇气和信心；自我暗示法就是在遇到困难和挫折时，用明确的目标和任务提醒自己，用正确的观念暗示自己，增强自己的信念、信心和勇气，从而战胜困难，实现预定的工作和学习目标，提高自我修养水平；自定目标法就是在自己工作和学习之前，先给自己确定一个有一定难度、必须经过努力才能实现的目标，并时时用这个目标来提醒自己，努力完成任务；逐步逼近法是指在自我修养过程中，既要提出远大的奋斗目标，又要提出短期的小目标，以便通过实现一个个短期的难度较小的目标，增强自我修养的信心，使自己一步一步逼近远大的目标，最终全面提高自己的修养水平。

除了以上几种方法外，在修养过程中，教师还可以通过写日记、写心得体会、记笔记等方式进行自我反思。教师自我修养的途径和方法是多种多样的。教师在学习和工作实践中，要善于摸索和总结，不断探索新的途径和方法，以便不断提高自我修养水平。

第二章 2 教师的品德修养

教师是人类灵魂的工程师，是学生成长的引路人。教师的工作既关系到青少年的健康成长，也连接着一个国家和民族的兴衰。每一个教师都要不断提高自己的思想品德修养，达到更高的水平和境界，以适应教育和社会发展的需要。

第 3 课

教师的职业道德修养

一、关于《中小学教师职业道德规范》

(一)《中小学教师职业道德规范》原文

2008年，教育部、中国教科文卫体工会全国委员会对1997年的《中小学教师职业道德规范》（以下简称《规范》）进行了修订。

中小学教师职业道德规范（2008年修订）

一、爱国守法。热爱祖国，热爱人民，拥护中国共产党领导，拥护社会主义。全面贯彻国家教育方针，自觉遵守教育法律法规，依法履行教师职责权利。不得有违背党和国家方针政策的言行。

二、爱岗敬业。忠诚于人民教育事业，志存高远，勤恳敬业，甘为人梯，乐于奉献。对工作高度负责，认真备课上课，认真批改作业，认真辅导学生。不得敷衍塞责。

三、关爱学生。关心爱护全体学生，尊重学生人格，平等公正对待学生。对学生严慈相济，做学生良师益友。保护学生安全，关心学生健康，维护学生权益。不讽刺、挖苦、歧视学生，不体罚或变相体罚学生。

四、教书育人。遵循教育规律，实施素质教育。循循善诱，诲人不倦，因材施教。培养学生良好品行，激发学生创新精神，促进学生全面发展。不以分数作为评价学生的唯一标准。

五、为人师表。坚守高尚情操，知荣明耻，严于律己，以身作则。衣着得体，语言规范，举止文明。关心集体，团结协作，尊重同事，尊重家长。作风正派，廉洁奉公。自觉抵制有偿家教，不利用职务之便谋取私利。

六、终身学习。崇尚科学精神，树立终身学习理念，拓宽知识视野，更新知识结构。潜心钻研业务，勇于探索创新，不断提高专业素养和教育教学水平。

(二)《中小学教师职业道德规范》的核心观点

新《规范》共六条，体现了教师职业对师德的本质要求和时代特征，“爱”与“责任”是贯穿其中的核心和灵魂。

1. “爱国守法”——教师职业的基本要求

热爱祖国是每个公民，也是每个教师的神圣职责和义务。建设社会主义法治国家，是我国现代化建设的重要目标。要实现这一目标，需要每个社会成员知法守法，用法律规范自己的行为，不做法律禁止的事情。

2. “爱岗敬业”——教师职业的本质要求

没有责任就办不好教育，没有感情就做不好教育工作。教师应始终牢记自己的神圣职责，志存高远，把个人的成长进步同社会主义伟大事业、同祖国的繁荣富强紧密联系在一起，并在深刻的社会变革和丰富的教育实践中履行自己的光荣职责。

3. “关爱学生”——教师职业道德的核心

亲其师，信其道。没有爱，就没有教育。教师必须关心爱护全体学生，尊重学生人格，平等公正地对待学生；对学生宽严相济，做学生的良师益友；保护学生安全，关心学生健康，维护学生权益。

4. “教书育人”——教师的天职

教师必须遵循教育规律，实施素质教育；循循善诱，诲人不倦，因材施教；培养学生良好品行，激发学生创新精神，促进学生全面发展，不以分数作为评价学生的唯一标准。

5. “为人师表”——教师职业的内在要求

教师要坚守高尚情操，知荣明耻，严于律己，以身作则，在各个方面率先垂范，做学生的榜样，以自己的人格魅力和学识魅力教育影响学生。教师要关心集体，团结协作，尊重同事，尊重家长；要作风正派，廉洁奉公；要自觉抵制有偿家教，不利用职务之便谋取私利。

6. “终身学习”——教师专业发展的不竭动力

终身学习是时代发展的要求，也是由教师职业特点决定的。教师必须树立终身学习理念，拓宽知识视野，更新知识结构；潜心钻研业务，勇于探索创新，不断提高专业素养和教育教学水平。

二、教师职业道德修养概述

（一）教师职业道德修养的概念

1. 道德

道德是调节个人与自我、他人、社会和自然界之间关系的行为规范的总和，是靠社会舆论、传统习惯、教育和信念来维持的。

2. 职业道德

职业道德是人们在职业活动中所遵守的行为规范的总和。

3. 教师职业道德

教师职业道德是指教师在其职业生活中，调节和处理与他人、与社会、与集体、与职业工作的关系所应遵守的基本行为规范或行为准则，以及在这基础上表现出来的观念意识和行为品质。这就是我们所说的"师德"。

教师职业道德的内涵包括两个方面：一是揭示了教师职业道德的独特性，说明它是教师这一职业特有的，是与教师这种职业密切联系的专门性道德，是教师在现实职业生活中应遵守的和应具有的。二是揭示了教师职业道德的基本内涵，说明教师职业道德不只是教师在职业生活中应遵循的行为规范或行为准则，还包括教师从这些规范或准则中生成的观念意识和行为品质。

教师职业道德具有以下基本特点。

（1）教师职业道德的教育专门性，即教师职业道德对教育善恶的专门体现性和对教育的专门适用性。

（2）教师职业道德体现教书和育人的一致性。教书育人是教师职业道德的根本所在。

（3）教师职业道德的全面性。充分体现在这一行业所特有的职业思想、职业态度、职业责任、职业技能、职业规范、职业良心、职业信念、职业作风、职业荣誉、职业情操等。

（4）教师职业道德功能的多样性。对教师工作的动力功能，对教师职业行为的调节功能，对教育对象的教育功能，对教师工作的评价功能，对社会文明的示范功能，对教师修养的引导功能等。

4. 教师职业道德与道德的联系与区别

（1）联系。教师职业道德是社会公德的重要组成部分，是道德在教师职业领域中的特殊表现。道德作为社会共同生活中最基本、最普遍的善恶标准和观念，是教师职业道德的主要价值来源。在教师职业道德的发展过程中，道德总是为各种师德规范的确立提供合理性论证，提供有力的依据，教师职业道德价值思想根植于道德基础之中，总是与道德一致。总之，道德和教师职业道德是共性与个性的关系。

(2) 区别。道德是社会公共生活中最普遍的善恶标准和观念，而教师职业道德是教师职业活动中特有的善恶标准和观念。二者产生的时间和发展有所不同，道德先于教师职业道德产生，随着人类社会的产生而萌芽和产生，而教师职业道德则是人类社会脑体劳动分工之后才开始萌芽和产生的。就它们的发展而言，道德随着社会的发展而发展，而教师职业道德，虽然也随社会发展而发展，但主要在教师职业领域中形成和发展，是与教师职业密切联系在一起的。二者适用的范围不同，道德的适用范围比较广泛，对社会生产生活各个方面都具有一般的指导价值和一定的善恶评价意义，而教师职业道德的适用范围，虽然也能对社会其他方面产生一定的影响，但其总体上是适应教师职业的需要而产生的，主要是对教师在教育活动中的行为进行调节，并给予善恶评价。

5. 教师职业道德修养

教师职业道德修养是指为了培养教师职业道德品质所进行的自我锻炼、自我改造，自我陶冶、自我教育的过程。教师职业道德修养是道德修养的一种。

（二）教师职业道德修养的方法

1. 加强理论学习，注意内省、慎独

人们从事改造客观世界的活动需要知识，这就必须学习。同样，人们改造主观世界，提高自己的道德水平，也需要学习。加强理论学习，是教师进行职业道德修养的必要方法。

首先，教师要认真学习理论，树立正确的世界观和人生观。不学习理论，就不可能科学、全面、深刻地认识社会，认识人与人之间的正确关系，因而也就不可能形成科学的人生观和世界观。从根本上说，教师高度的社会主义师德觉悟，正是以科学的世界观、人生观和革命理想为指导的。只有确立科学的世界观、人生观，才能坚定不移地热爱社会主义祖国，热爱人民教育事业，自觉把个人生命的意义、价值与人民教育事业紧紧地联系在一起，把教育和培养学生、为教育事业做贡献看作人生最大的幸福和快乐；才能矢志教育，义无反顾，以坚韧不拔的精神战胜前进道路上的一切困难，为人民教育事业努力奋斗。

其次，应在理论学习中深刻理解教师职业道德规范和要求，明辨是非，提高遵守师德规范和要求的自觉性。教师职业道德的规范和要求，是社会道德在教师职业活动中的具体体现。将师德要求转化为教师个人的内在信念，需要教师有一个自觉学习、接受教育的过程。我们有的教师违背师德要求，常常不是有意为之，而是对遵守师德规范和要求的必要性、重要性缺乏了解和认识。因而，教师学习和掌握社会主义师德的基本知识非常重要。

再次，应当学习科学的教育理论和丰富的科学文化知识，掌握教书育人的本领。教师学习教育理论，掌握教育规律，按教育规律办事，才能更好地完成教书育人的职责。这是教师职业道德规范的一个要求。同时，通过学习教育理论，教师能进一步明确自己在教育教学中的主导地位，对学生的身心发展起重要作用，这就需要教师进一步严格要求自己，加强职业道德修养。教师还应学习丰富的科学文化知识，只有广泛地学习自然科学和社会科学知识，才能使教师从各种关系和联系中认识改造世界的任务，认识社会和人生。只有这样，教师才能真正做到在教书过程中育人。

内省、慎独，也是教师职业道德修养的重要方法，教师要注意在理论学习过程中内省和慎独。内省，即自觉地进行思想约束，内心时时反省检查自己的言行。内省是靠自觉性来约束的，不自觉或自觉性不高就难以真正进行自我反省。慎独，既是一种崇高的道德境界，又是一种道德修养的重要方法。教师职业道德修养也要慎独。古人云："为人师者可无慎耶?"教育劳动是教师个人劳动和集体劳动的有机结合，每个教师在教育职业活动中既具有重大的职责与义务，又拥有独立而自由选择教育行为方式的权利。在许多情况下，教师的职业活动是单独进行的，许多教育行为具有隐蔽的特点。教师能否慎独，即在无人监督的情况下，处处按照社会主义教师道德的要求行事，直接关系到学生的德、智、体全面发展。因此，教师在职业道德修养中要慎独。离开了慎独，也就无所谓真正的道德修养。教师要注意把师德规范内化为内心信念，化作行为的品质，并且以此来规范行动，即使在独处和无人监督的时候，也依然按照师德规范行事。

教师要在"隐"和"微"处着手，狠下功夫。别人看不见、听不到的地方，是教师锻炼自己师德品格的重要场所，是自我道德修养的"根据地"。只有在别人看不见、听不到的地方自觉进行修养，才能成为品行高尚的人。古人说："积小善而成大德。""千里之堤，溃于蚁穴。""细微之处见精神。"

优秀的师德品行，常常是从小事上培养起来的。教师要注意从细微处锻炼自己的师德，架设人民教师的“人格防线”。

教师要重视在无人监督时自觉履行师德规范，养成良好的师德行为和习惯。有了这种习惯，就无需外在的制裁和强制来推动师德行为。这一点对教师来说极为重要，因为教师的劳动特点具有极强的自主性和独立性，没有慎独的修养，那就很难做好教育工作。

2. 勇于实践磨炼，增强情感体验

教育实践是正确观念的认识来源，只有在教育实践活动中，才能正确认识教育活动中的各种利益和道德关系，才能培养自己的师德品质。教育实践还是不断进行教师职业道德修养的动力。教师道德修养不是一蹴而就的，要在教育实践中不断认识，不断提高，不断完善。

磨炼教师职业道德意志和坚定教师职业道德信念，是教师履行职业道德行为的有力保证。道德意志在道德素质的培养中起着重要作用。在道德生活中，一个具有顽强道德意志的人，即使在极其困难的条件下，也能抵制外部的腐蚀和引诱，保持“富贵不能淫，贫贱不能移，威武不能屈”的高尚情操。道德意志在道德素质的形成过程中起着特殊的作用，没有道德认识和道德情感就没有道德行为，但是如果没有道德意志，即使有了道德行为，也不可能持久。此外，道德信念是教师对道德理想、道德人格、道德原则、道德规范坚定不移的信仰，是由一个人的道德认识、道德情感、道德意志铸成的比较稳固的“合金”，是人们的道德认识转变为道德行为的媒介和内驱力，它使道德行为表现出明确性和一贯性。可以说，道德信念是构成道德品质的核心要素，是道德行为最深层的根据和重要保证。

3. 见贤思齐，虚心向他人学习，自觉与他人交流

苏联教育家加里宁说：“教师一方面要贡献出自己的东西，另一方面又要像海绵一样，从人民中和生活中吸收一切优良的东西，然后再把这些优良的东西贡献给学生。”德国教育家第斯多惠在《德国教师教育指南》中讲过，只有当教师不断地致力于自我教育的时候，教师才能教育别人。我国古代教育家孔子也曾说过，三人行必有我师。这都说明教师要加强师德修养，不断提高自己的师德水准，要有从师的美德，善于发现别人的长处，虚心学习别人的优点，哪怕是很小的长处也要学，只有这样才能积小善为大善，积小能为大能。

虚心学习他人，首先要注意从教育家那里汲取思想营养。我国人民教育事业发展过程中有一大批革命教育家，如徐特立、陶行知、吴玉章等，他们

为我们教师留下了宝贵的精神财富。他们有热爱党、热爱祖国、热爱人民、热爱教育事业的高尚情感，有热爱学生、教书育人、钻研知识的可贵品格，有无私无畏、勇于创造的革命精神。他们向我们展现了人民教师的理想人格，只有主动了解他们的事迹，学习他们的优秀品质，才能升华自己的师德境界。

在师德修养过程中，要注意汲取社会生活中一切有用的养料。社会生活是一座道德宝库，蕴藏着丰富的宝藏，每时每刻都有闪光的思想和行为。例如，在社会主义现代化建设的艰苦创业中涌现出来的许许多多的新人、新事、新风尚，都是反映了时代特征的新道德的精华，不仅为各行各业提升职业道德提供了营养，也为师德修养提供了借鉴和营养。我们在师德修养中只要细心观察，虚心学习，就能够受到激励，找出差距，用崇高的道德充实自己。

善于向别人学习的人，才是发展潜力最大的人，才是最有发展前途的人。在师德修养中善于虚心学习他人、自觉与他人交流，才能成为有师德修养的教师。

4. 确立可行目标，坚持不懈努力

道德修养同人们认识和改造客观世界的一切活动一样，不能是盲目的、无计划的，必须有明确的目标作为指导。

在教师职业道德修养中，指导整个修养过程的总目标是崇高的教师职业道德理想，它作为一面旗帜，为教师如何做人、如何胜任教书育人的工作指明了前进的方向和奋斗目标，并成为教师生活的重要精神支柱，推动和激励着教师朝着更高的道德境界奋进。但是，由于教师道德修养过程是构成师德的各种要素相互制约、相互影响、相互作用的过程，个人原有道德水平与社会道德要求之间的矛盾和不平衡性，使得教师道德修养的目标存在不同层次，教师必须从自身的实际情况出发，确立可行的目标，努力实现师德从无到有、从现有层次向更高层次攀登。

师德修养实际上是教师道德认识、道德情感、道德意志、道德信念、道德行为和习惯诸要素从无到有、从低到高、从旧质到新质的矛盾运动过程，因此决定了它是一个长期、艰苦的过程，这就必然要求教师要坚持不懈地努力。不管是师德认识的提高、师德情感的陶冶、师德意志的磨炼、师德信念的确立，还是师德行为和习惯的培养，都不可能在短时期内轻而易举地完成，更不可能一蹴而就。教育实践活动的深入和发展，会提出许多新的问题，教师总是面临新的选择和考验，教师道德修养也就不能停留在一个水平上。所以每一个教师都要长期修养，不断磨炼，做到坚持不懈，这样才能使自己的思想品德修养不断提高，达到更高的境界和水平。

总之，师德修养是一个循序渐进、逐步提高的过程，既要有崇高的师德理想作为个人修养的目标，又要从自身实际出发，有切实可行的具体目标。从实践中的具体问题入手，刻苦磨炼，坚持不懈，日积月累，才能取得成效。

三、师德之魂是身正

师之魂是师德，德之魂是身正。

"学高为师，身正为范""育人先育德，正人先正己""政者，正也""其身正，不令而行；其身不正，虽令不从"等名言古训，都阐述了身正的重要意义，今天看来，身正仍可奉为师德建设的灵魂。因为教育不仅是知识、智慧的再生产，更是道德文明的再生产。

（一）"身正"的关键是理解"正"字的含义

身正的"身"，不难理解，意思是"自身""教师之身"。身正的"正"，理解和掌握起来就没有那么简单了，它的内涵十分丰富。理解、掌握这个"正"字，并能以身作则教育学生，对于教师十分重要，因为身教重于言教。

"正"从精神实质上说，是一种内在的人格魅力，它包含教师的思想道德、科学文化及专业知识、专业技能等要素。身正的具体体现是，崇尚科学、追求真理，刻苦钻研、严谨笃学，胸怀祖国、热爱人民，默默耕耘、无私奉献。

"正"从具体内容上说，是一种内在的、人格化的高尚品质，如正直、正派、方正、光明正大等。把这些具体的内容用于教师的职业道德中，就是要做到以下几点。

1. 讲正气，行正义

目前，在教育领域还有许多歪风邪气没有得到根治，还存在正气不足等现象，在教师中，有一些人对这种不良现象视而不见，保持缄默，奉行"明知不对，少说为佳"的处事原则。试想，教师具有这样的思想行为又怎能教书育人？教育的本质是育人，培养一个品行端正的人比培养一个学习成绩优异的人重要得多，也艰难得多。讲正气是"三讲"教育中的一个重要内容，是讲学习、讲政治的重要保证。

纵观数千年的中华文明史，讲正气、行正义、重名节，是中华民族的优良传统。“富贵不能淫，贫贱不能移，威武不能屈”“先天下之忧而忧，后天下之乐而乐”“人生自古谁无死，留取丹心照汗青”等千古传诵的名言警句和苏武留胡不辱节、岳飞精忠报国等感人的故事，无不激励着无数志士仁人为了国家民族的正义，为了自我人格的完善，无私无畏地拼搏，毫无保留地奉献。他们给我们留下了一笔弘扬民族正气和正义的宝贵遗产。

正气从何而来？正气需要培植，需要养育。正气源于正确的世界观。有了正气，才能有正义之举。

为人处世要有正义感。在是非面前我们要坚持原则，切不可人云亦云；在对错面前我们要旗帜鲜明，切不能混淆视听。

一个讲正气、行正义的人，必然能够抵制各种邪气的诱惑，出淤泥而不染，始终做到防微杜渐，始终坚持“勿以恶小而为之，勿以善小而不为”的道德规范。

教师讲正气、行正义，不仅仅体现自身道德水准，更重要的是以言谈举止使学生明辨是非。使学生懂得，对邪恶的姑息，就是对善良的亵渎；对卑劣的容忍，就是对高尚的玷污；对腐败的迁就，就是对操守的放弃。使学生懂得面对歪风邪气该如何施行正义、战胜邪恶。

讲正气、行正义的根本目的是人类的和谐幸福。

2. 走正道，办正事

教育的正道、正事是什么？教师的正道、正事是什么？教育的正道、正事是全面实施素质教育，全面提高教育教学质量，为社会主义建设培养德、智、体、美、劳全面发展的人才。教师的正道、正事应该是刻苦学习、钻研业务，提高教育教学效率；积极探索实施素质教育的途径和方法，将素质教育的目标落实到每个学生身上，使每个学生都能成人、成才。

目前，受中高考选拔机制的影响，应试教育大行其道，中高考考什么就教什么、中高考考什么就抓什么的现象还很普遍；受学校管理行政化影响，教师事务缠身，无暇或无力顾及教育教学的问题还很严重；受教育评价机制形式化影响，学校应付检查，忙于检查，甚至弄虚作假的现象屡见不鲜；受社会追求功名利禄的风气影响，学校热衷于参加各种民间组织的以营利为目的各种大赛的情况还屡有发生。

走正道、办正事，要正派做人，秉公办事。

正派做人，就是教师必须行得端、走得正，不在歪风邪气面前低头；就是要守得住清贫、耐得住寂寞、顶得住诱惑；就是要表里如一、言行一致，诚心待人、诚实为人；就是要顾全大局，助人为乐；就是要正视他人的成绩，善于取人之长，补己之短……

秉公办事，就是要对学生一视同仁，不应该因学习成绩、家长权势等原因对学生区别对待；就是要对每一个学生负责，使每个学生都有所发展，有所进步；就是要关注后进生，关注弱势群体，关注“问题学生”，使他们也能得到良好的教育，从而改变自己。

3. 讲正理，念正经

讲正理就是讲真理，追求真理。学校是传播科学知识、追求真理、弘扬真理的高雅殿堂。教师无论是传道、授业，还是解惑，都要传播真理，批判谬误；坚持真理，修正错误；追求真理，上下求索；捍卫真理，战胜邪恶……“千教万教，教人求真；千学万学，学做真人。”这是陶行知先生的名言。要教学生求真，做一个真人，那么教师首先得求真、做真人。

念正经，就是要明确学习目的，端正学习态度，探究学习方法；就是要不断学习，精通本专业、本学科的专业知识；就是要善于钻研教育教学理论，善于总结教育教学中的经验和教训，不断调整教育教学方法，做到“心无旁骛”。为了使工作更有成效，还要将学习的视角拓展到与此相关的广博的知识领域。只有不断夯实自己的知识基础，教育工作才能游刃有余。

(二)“身正”的要义是把“正”落实到“身”的方方面面

将“身”与“正”合二为一，“身正”即教师要讲正气，行正义；要走正道，办正事；要讲正理，念正经。“身正”就是教师品德要高尚，要一心扑在事业上，行得端、走得正；就是不为私利，不徇私情，把事业的利益和学生的利益放在第一位。

“身”与“正”合二为一，就是要把“正”落实到“身”的方方面面。

1. 心正

心正是身正的基础。所谓心正，就是为人处世以及教育教学思想要端正，符合道德规范、现代教育教学的规律和时代发展的要求。它是良好的心理素质和崇高的思想品德的具体体现。古人说：“立德之本，莫尚乎正心，心正而后身正。”加强思想品德修养，追求“心正”，必须做到爱岗敬业，无私奉献。

爱岗敬业，就是要干一行爱一行，树立热爱教育事业的思想。这是教师的基本规范，也是教师职业道德的核心。教师的职业是神圣的，因为教师塑造的是人类的灵魂；教师的职业是崇高的，因为教师需要充满无私的爱；教师的职业是伟大的，因为教师造就的是未来。

既然选择了这个神圣、崇高、伟大的职业，就要“正心”劳作，树立宏伟远大的奋斗目标，甘于奉献，乐于奉献，不辞辛苦，奋然前行。要像陶行知先生说的那样：“捧着一颗心来，不带半根草去。”

2. 行正

行正也就是走正道、办正事，正派做人、秉公办事，它是身正的关键。教师外在的行为表现是师德的具体体现，教师是学生的一面镜子，言谈举止、为人处世、穿着打扮等都是学生效仿的对象。因此，教师要率先垂范，做学法、守法、用法的楷模。教师为人师表，不能说一套做一套，应严于律己，言行一致，表里如一；要力行公平与正义，扬善抑恶；要用自己的身教与言教，教育学生做一个有理想、有纪律、有文明、有道德的社会主义新人。

3. 言正

言正也就是讲真理，追求真理；就是敢直言，敢说真话，不妄言，不说谎言。只有正直的人，才有正直的语言；只有行得正、坐得端的人，才能言正。不妄言，是不随便说、不乱说，要说得到、做得到，对自己的言行负责；不说谎言，就是不说不真实、骗人的话。

言正又是良好的内在气质和修养的外在表现，教师不仅要用正确得体的课堂语言传授知识，更重要的是教师的语言要文明，要符合自己的身份，做到“非礼勿言”“言必信，行必果”。

培养知礼法、守礼法、捍卫礼法、品学兼优的“身正”一代，是教育工作者义不容辞的责任，那么，把“身正”视为师德之魂也就很有必要了。

第4课

教师的做人修养

一、教师更要学会做人

每个人都要学会做人，做真人。教师更要学会做人，因为教师承担着教书育人的重大历史使命。

会做人，才能会做事；会做堂堂正正的人，才能做扎扎实实的事。客观环境的约束和限制，尤其是社会政治文化因素，对做人的影响更大一些。一般来说，社会越清明，越公平、公正，就越容易做人，反之则越不易。

教师做人不能停留在和普通人等同的、一般意义上的形式和内容。教师不仅要知其然，还要知其所以然，因为教师要在教书育人的岗位上言传身教。

只有知道了做人、做真人的不易和困惑，才能懂得如何克服困难，走向光明的做人之道，但这往往需要痛苦的抉择。下面从做人的实践困惑来探讨走出困境的途径。

（一）做人的实践困惑

国家三令五申，强调九年义务教育阶段不能分重点班、不能按成绩排名次。2006 年 9 月 1 日实施的《中华人民共和国义务教育法》第五十七条规定，学校有“分设重点班和非重点班的”，“由县级人民政府教育行政部门责令限期改正；情节严重的，对直接负责的主管人员和其他直接责任人员依法给予处分”。可是一些学校没有依此法治校、照此章办事。上级检查法律落实情况的人员也心知肚明，但还要走过场：一听、二查、三座谈。于是，学校为了应付检查，让教师和学生说假话、办假事。教师怎么办？教育学生说假话有违教育原则，不说假话，学校工作如何开展？

此种情形下，为人师表的教师该如何做事和做人？谈及此问题，大家一定会说：“要说真话、办真实，一切实事求是！”但又有几个人能做到？假如有人做到了，那一定有逆流而上的勇气。

（二）做人的理性思考

朱熹说：“圣人千言万语，只是教人存天理，灭人欲。”陶行知说，“千教万教，教人求真”；“千学万学，学做真人”。两位先哲的话道出了教育的本质就是教人做人、做真人。

“做人”一词的基本意思是待人接物。简单说，做人就是在任何一段时间之内按一定方式或理念行为处事、待人接物以及自我导演成为某种人。

那么，什么是“真人”呢？“真”是与客观事实相符合，与“假”“伪”相对。真人就是追求真理，坚持真理，具有良好的道德、品质、情操的人。真人应该有自己的思想、自己的见解、自己的看法，不随波逐流。

教师要教学生做真人，首先要自己做真人。教师要在现实社会中出淤泥而不染，拒腐蚀永不沾。师之魂是师德，德之魂是身正，身正即做真人。

外因是变化的条件，内因是变化的根据，外因通过内因起作用。做真人、真事，要领悟郑板桥《竹石》的意蕴。

咬定青山不放松，立根原在破岩中。
千磨万击还坚劲，任尔东西南北风。

二、让自己阳光起来

教师是个特殊的群体，要为人师表，要传道授业解惑。教师拥有健全的人格和健康的心理，比拥有扎实的专业知识和多彩的教学方法更为重要。因为，教师不仅传授知识，更塑造人格；教师的心理健康，不仅直接影响自身的身体健康，而且波及生活、工作和家庭幸福。

近几年来，教师的心理问题受到越来越多关注。有研究表明，中小学教师心理障碍发生率高达48％，69％的教师自卑、嫉妒心态和焦虑情绪严重。

（一）为什么教师心理障碍发生率偏高

1. 教师的主观原因

因为烦恼与快乐是两种既对立又统一，并在一定条件下可以转化的心理体验、感受和情绪，所以生活中本没有那么多烦恼，只是我们不善于用阳光心态去化解和冲淡心理阴影，自己和自己过不去。

受个人承受力、控制力等心理素质和性格、气质、能力等人格素质以及学识、阅历等因素的影响，人们对待问题的认识角度和心理感受不尽相同。一般来说，不能客观认识自我和现实，目标不切实际，理想和现实差距太大，或者有过于强烈的自我实现和自尊需要，更容易引发烦恼，让人出现心理问题。俗话说："是非只因多开口，烦恼皆为强出头。"

从教师反映的情况来看，引起烦恼的问题主要集中在这样几件事情上：职称评定，比自己"差"的教师都评上了，而自己榜上无名；评优评先，自己默默无闻、卖命卖力，不会溜须拍马而颗粒无收；绩效工资，根本体现不了多劳多得的原则，自己太吃亏；教师聘任，自己没门路，工作压力太大；学生和自己较劲，打不得，骂不得，忍耐又等于纵容，搞得自己焦头烂额，吃不好，睡不着；班级得不到流动红旗，每次升旗仪式上公布周评比结果时都紧张；备课、上课、作业批改、搞活动、管理班级、教育学生、学历进修、教育培训等，让自己疲惫不堪……

除了这些问题，还有由新课改理念和现有考核制度的矛盾带来的困惑，人际关系、家庭关系紧张等。

分析概括造成教师痛苦和烦恼的主观原因，主要是以下三点：第一，个人定位高，认为别人都不如自己；第二，对某些现象不满；第三，不能理性地对待现实问题，对一些小事斤斤计较。

2. 教育的客观原因

当前，教师面临更多的压力，较高的职业道德要求与不相称的社会地位、经济状况之间的强烈反差，给教师带来了无尽的烦恼。工作任务繁重、升学压力过大、收入不甚理想、生活空间狭小等现实，决定了教师是一个与社会联系较少，参与种种决策的机会也很少的比较孤立、封闭的群体。当较高的自我期望不能实现或遇到障碍时，教师就会产生强烈的挫败感。

造成教师痛苦和烦恼的客观原因，包括以下内容：竞争不公平，教师之间的关系紧张；量化考核过细，教师疲于应付；评价体系不科学，挫伤教师的积极性；不合理的物质激励，使教师心理失衡；单一的激励方式，使教师不能获得成就感；超长的工作时间，使教师身体疲惫；内部管理改革，使教师人人自危

影响教师生活质量、造成教师心理障碍、使教师高兴不起来的原因，无论是主观的还是客观的，都符合辨证唯物主义的哲学观，即外因是变化的条件，内因是变化的根据，外因通过内因起作用。

（二）如何扫除心理障碍，让自己阳光起来

1. 教师个人的角度

教师掌握心理调适方法，增强心理保健意识最重要。在相同的学校环境中，有的教师感到单调、疲惫、空虚，而有的教师感到充实、丰富、幸福，因为他们认识事物的角度和方法不同。“横看成岭侧成峰，远近高低各不同。”一件不好的事情，换个角度去思考，或许就没有那么糟糕，有的甚至可以转化为好的事情。

教师要培养乐观、积极的人生态度，拥有爱心、平常心和宽容心，遇事豁达、正直、坚强；要了解和欣赏自己，树立信心，形成自我激励的习惯；要善于多元思考和换位思考，多为他人着想；要勤奋工作、主动进修、积极进取；要打破封闭，加强沟通，建立良好的人际交往圈；追不到的东西，要学会放弃，退一步是为了更好地前进；学会合理宣泄和放松，如谈话写信、运动旅游、看电影、听音乐等；换个环境，重新开始生活；饲养宠物，修身养性，调节情绪。

总之，欲望要少点，事要多做点；攀比要少点，知足常乐要多点；改变别人要少点，改变自己要多点；闲事少管点，书要多看点。

2. 学校和教育行政部门的角度

管理者的不同道德水准——主要是公平、正直、无私三大要素，以及风格和能力水平，对教师的身心健康起着至关重要的作用。为此，教育行政部门要提高学校领导者的素质，把好选拔任用这一关。学校和教育行政部门要通力合作，加快推进素质教育的进程，改革评价制度；要坚持以人为本，实行民主管理，给教师以人性的关怀；完善各种制度，用合理的制度制约人，引导人，激励人；建立有效机制，促进教师专业化发展，提高教师对工作的成就感……

3. 国家的角度

国家要把社会用人观念从“学历本位”引导到“能力本位”上来，把家长的观念从“成绩本位”引导到“素质本位”上来；要依法保障教师的合法权益，切实提高教师的待遇和地位，解除教师的后顾之忧；要为学校创造宽松的教育教学环境，强化社会教育，推进社区教育的实施进程；社会对教师职业应给予合理的期望和信任；继续推行素质教育和教育改革，真正地把素质教育落到实处。

教师，请让自己阳光起来。当教师能够做到以刻苦读书和学习为乐，以

钻研和实践教育为乐，以总结写作和提升自己为乐的时候，教师的精神境界就会上升到一个崭新的高度和层次，就会成为一名有理想、有道德，内心充满阳光的人民教师。

心理学研究从六个方面提出了教师心理健康的参照标准：热爱教师职业，乐于教书育人；心态良好，能正确接纳自己；有优良的教育水平；能自我调控情绪；在人际交往中能与他人和谐相处；能尽快适应教育环境的变化。参照此标准，教师要衡量自己的差距，并制订一个阳光计划，改变自己，使自己阳光起来。

让教师阳光起来，关乎学生，关乎教育，关乎国家的前途和命运，要多方合作才能见成效。国家解决教师问题要长远一点，学校管理教师要民主、自由一点，教师自我调节要理性、大度一点。

三、我们是教育家吗

我们是默默耕耘在教育教学第一线上的教师；我们惜时如金、笔耕不辍，善于将教育教学的心得和体会及时总结，写出了具有创新性和系统性的论著；我们是孜孜不倦的学习者、嗜书如命，善于将学习的经验运用于自己的教育教学实践，并在实践中有新的发现；我们是优秀的班主任、教育教学的管理者，教育教学的任何岗位都能拿得起放得下；我们视野开阔，所想所做不仅仅局限于教育的某个学科、某个方面，我们善于统筹兼顾，将局部利益与教育的总体发展联系在一起；我们实践、认识，再实践、再认识，循环往复，不畏艰难险阻，持之以恒地工作10年、20年……这一切，唯独我们可以做到，我们就是教育家。

（一）什么是教育家

教育家有广义和狭义之分，广义的教育家不仅是某个学科的教学专家，还是育人的专家、管理的专家，是个“杂家”，是个“通才”；狭义的教育家是指某个学科、某个方面的专家。狭义的教育家，从实施教育的领域看，有社会教育家、家庭教育家和学校教育家等；从实施教育的成效看，有教育思想家、教育理论家、教育评论家、教育行政家、教育活动家、教育改革家、教育实践家等；从学科教育的成效看，有语文教育家、数学教育家、物理教育家、化学教育家、历史教育家、地理教育家等。我们通常所说的，以及这里所指的，均是广义的教育家。

有许多专家学者给"教育家"下了定义，有的太抽象或太模糊，不好理解或有歧义；有的又太宽泛或太狭窄，不是包罗万象，就是局限于某一方面。例如，有人说："教育家是指从事教育工作并在教书育人、教育研究工作中有较高的造诣或取得一定成就的人。"但是，究竟什么是"较高造诣"？怎样衡量"一定成就"？有人解释说："就是有质量高的著作，培养了大批人才，其中不乏杰出人才。"单就这"培养了大批人才，其中不乏杰出人才"，在基础教育的中小学阶段，该怎样定义？高中里有重点校，初中里有重点班，假如是以重点高中里的学生能考上名牌大学，初中重点班里的学生能考上重点高中为"培养了大批人才"的话，那么普通高中、普通班里的"培养了大批人才"又该如何定义？教育界有"一定成就"和"较高造诣"者很多，是否都是教育家呢？给教育家下定义不如制定一个具体的标准，使人们一看就知道谁是教育家。

许多专家学者给"教育家"定了大致标准，比较贴近现实的有以下几条：第一，潜心钻研教育领域的理论和实践，是一个理论与实践相结合的综合型人才；第二，勇于进行教育改革，创新教育实践，是一个有创造性的改革家；第三，出版了系统的、有代表性的教育论著，是一个有教学体系的专家学者；第四，有影响，其成果得到社会的认可。

教育家的基本特征是，经历丰富，嗜书如命，惜时如金，勇于探索，诲人不倦，笔耕不辍。

（二）什么样的教师能成为教育家

1. 现在中国的教育家

那种"中国现在没有教育家"的说法是悲观主义的论调，也是否定现实的一种表现。我们并不缺乏教育家，而是缺乏发现教育家的眼睛，这种情况与韩愈的《马说》之中的千里马的遭遇类似。虽然时代不同了，但是教育的行政管理，办学思想的统一管理，中高考以成绩论英雄的评价机制，以及校长选拔、任用机制缺乏民主等，都严重制约了教育家表现自我。

2. 什么样的人能成为教育家

教育家起点并不高，一般来说，只要是教育工作者，只要心中有理想和目标，只要耐得住寂寞、经受得住大风大浪的考验，具有"敌军围困万千重，我自岿然不动"和"板凳甘坐十年冷，文章不写一句空"的精神，通过长期不懈的努力，我们就可以成为教育家。

人们说校长最容易成为教育家，但由于我国目前的校长选拔机制、教育管理机制和评价机制存在种种弊端，使他们中的绝大多数不能静下心来研究学问，教育官场化使校长难以成为教育家。

有专家学者研究了古今中外教育家的成长环境，得出的结论是，自由竞争的环境最有利于教育家的产生，专制的环境最不利于教育家的成长。中国在过去的十几年里，为什么产生了那么多企业家？就是因为政府赋予了企业家自主权，给他们创造了好的条件，让他们在市场中自由搏击，使他们在自由竞争中成长起来。教育也一样，要创造一个宽松自由的环境，要保护校长的办学自主权，要保护教师的思想、行为的自由。只有人格独立和思想自由的人，才有可能成为教育家。中国历史上出现教育家最多的是百家争鸣的春秋战国、盛极而衰的宋代和近现代三个时期，都是在社会动荡的时代，这样无拘无束或少拘少束的宽松环境，催生了多种思想流派，在长期的文化积淀中，产生了一批大教育家。

课堂，是教育家成长的土壤。苏联教育家苏霍姆林斯基终身都在校园里生活，他教过小学、中学，教过各门学科。他既教课又当班主任，既当校长又当教师。他的所有成就，均来自于他一生的教育实践。教育家是扎根在教育的大地上自由生长出来的，就像原始森林的一切都是原始状态的。各种各样的“教育家培养工程”已四处开花，但这只是外部的条件，只能助教师一臂之力，起决定作用的还是教师自己。

四、教师的顺境修养和逆境修养

（一）顺境修养

1. 顺境的内涵

顺境是相对于逆境而言的，是顺己意之情境。具体来说就是在成就事业的路途上，有优越的条件保证，前进的障碍和阻力较小，可以一帆风顺到达成功的彼岸，可以让个人的才能得到自由充分的发展。

家庭和睦、身体健康、经济宽裕、领导欣赏、工作称心等，都可视为顺境的具体体现。

2. 顺境的修养

孟子说，生于忧患，死于安乐，这是对顺时消极作用的一种警示。积极利用顺境的有利条件，避免消极的影响，是我们在人生的旅途中应该注意的问题。

顺境和逆境比较，人们更喜欢顺境。因为在同等条件下，在顺境中向目标前进，如同顺水行舟，天时、地利、人和等有利因素，能使人们心情舒畅、精神振奋、信心百倍、斗志昂扬，更容易接近或达到目的。但是，顺境对人的事业发展也有不利因素。顺境中的宽松气氛、优越条件，易使人滋生骄奢之气，使人自满自足、自命不凡、居功自傲、意志衰退；易使人被琐事、应酬困扰；易使人对自身审视不足，只看到自己的优点，看不到自己的缺点；易使人产生错觉，迷失方向，迷失自我，最终走向失败。

许多人在艰苦的生活中不屈服、奋发向上，而在安逸的生活中丧失了进取的动力和方向，误入歧途；许多人在战争年代，面对敌人的刀枪时毫不畏惧，而在和平年代摆脱不了糖衣炮弹的攻击，走上了违法犯罪的道路。

上述事实证明，当我们身处顺境时，切莫轻视别人、趾高气扬；切莫得意忘形、陶醉于顺境时的享乐和安逸；切莫放弃继续奋斗的决心。要谦虚谨慎、戒骄戒躁、居安思危、温和宽容；要迎高潮而快上，乘顺风而猛进；要善于抓住机遇，寻找不足，不断丰富与完善自己；要懂得顺时只是一时，不是一世，必须随时随地做好遇到逆境的准备；要铭记“业精于勤，荒于嬉；行成于思，毁于随”的至理名言。

（二）逆境修养

1. 逆境的内涵

逆境是指不顺利的境遇，是在生活中遇到困难与挫折，使人生的理想和希望难以实现，让人感到苦恼和沮丧的境遇，也就是人生的低谷。

夫妻感情不和，挣扎在离合之间；亲人病故，经济拮据，陷入困苦之中；人际关系不和，互相倾轧，工作在烦恼氛围里；呻吟在病床之上，陷在深深的孤独之中；痛改前非，奋力向前，不仅不被人理解，反遭冷落挖苦；反对旧的工作和生活方式，向恶习旧俗挑战，一时得不到安慰和支持；一身正气，两袖清风，反遭邪恶势力攻击；行正义之事却身遭陷害，命运莫测，受尽委屈。这些都是逆境的表现。

人生陷入逆境的原因是复杂多样的，既有客观的因素，如天灾人祸等，也有性格、为人处世的方法等主观因素。

2. 逆境的修养

俄国著名作家车尔尼雪夫斯基曾经说过：“历史的道路不是涅瓦大街上的人行道，它完全是在田野中行进的，有时穿过尘埃，有时穿过泥泞，有时横渡沼泽，有时行经丛林。”人的一生不可能总是一帆风顺、万里无云，总会有坎坷与波折——这应该是人生的必然。所以，如何面对逆境、如何使自己茁壮成长，就成了人生的必修课。

法国大作家巴尔扎克说过，苦难对于天才是一块垫脚石，对于能人是一笔财富，而对于弱者则是万丈深渊。他在手杖上刻着这样一句话："我粉碎了每一个障碍。"他不是没有遇到逆境，不是没有遇到障碍，而是障碍被他粉碎了，变成了垫脚石。人格的伟大无法在平庸中养成，只有历经锤炼与磨难，视野才会开阔，灵魂才会升华。能吃常人不能吃的苦，能做常人不能做的事，才能比常人有更大的收获。意志、灵魂，知识与才能，只有在逆境中才能得到历练和提升。

逆境，对每个人的影响和作用是不同的。意志薄弱者面对逆境，往往会一蹶不振、郁郁寡欢，直至一败涂地，毁掉自己一生的美好前程。意志坚强者面对逆境，会冷静思考、客观分析，并能够在较短的时间里选定突破方向，集中精力做事。逆境可以磨炼意志、陶冶品格，积累战胜困难的经验，丰富人生的阅历；逆境可以让人更加深刻地理解时间的价值和意义，促使人珍惜利用时间；逆境可以使人自强不息、百折不挠，取得优异成绩，甚至创造奇迹。培根曾经说过："奇迹多是在厄运中出现的。"从一定意义上讲，一个人的成就往往和经过的坎坷、逆境成正比。"文王拘而演《周易》；仲尼厄而作《春秋》；屈原放逐，乃赋《离骚》；左丘失明，厥有《国语》；孙子膑脚，《兵法》修列；不韦迁蜀，世传《吕览》；韩非囚秦，《说难》《孤愤》；诗三百篇，大抵圣贤发愤之所为作也。"司马迁受宫刑之辱，写出《史记》；贝多芬失去听觉，却成就了一个世界古典音乐大师……孟子说得好，天将降大任于是人也，必先苦其心志，劳其筋骨，饿其体肤，空乏其身。一个人如此，一个民族、一个国家也是如此。

恩格斯说："不幸是一所伟大的学校。"我们每一个人都应该把逆境当作上天的恩赐，愉快地接受下来。当我们回首往事，平庸的岁月难得忆起，那些鲜花似海、掌声如雷的日子也远没有遭受的挫折值得回味。

逆境虽对人的发展有诸多好处，但谁也不愿平白无故走入逆境。遭遇了逆境，又能够想方设法走出来，这才是"英雄豪杰"。那么教师怎样才能走出逆境呢？方法很多，又因人而异，下面试举几例，供大家参考。

（1）乐观向上。面对逆境中有形或无形的压力，变压力为动力的根本方法是依靠信念。价值观、人生角色定位、目标的设定等精神层面的东西，在人生的里程中显得十分重要，用精神的追求去面对困境，压力也可变为动力。卡耐基说："我非常相信，这是获得心理平静的最大秘密之一——要有正确的价值观念。而我也相信，只要我们能定出一种个人的标准来——就是和我们的生活比起来，什么样的事情才值得的标准，我们的忧虑有 50%可以立刻消除。”

面对逆境，切莫消极悲观，畏惧退缩，甚至颓废堕落，自暴自弃，而要始终保持乐观向上的人生态度并且积极行动起来。因为乐观的精神，是战胜逆境的精神动力；积极的行动，是走出逆境的有效途径。没有乐观的精神，不可能在逆境中长期不懈地坚持抗争；没有积极的行动，只不过是个盲目乐观主义者，不可能真正战胜困难，取得胜利。所以，在逆境中就要“横眉冷对千夫指”，因为逆境更能凸现嶙峋的风骨、坚韧不拔的精神。人处逆境，绝不能低眉顺眼，应该做到不卑不亢，坚守独立的人格和尊严，以“富贵不能淫，贫贱不能移，威武不能屈”为做人准则，树立必胜的信念，坚持科学的态度。

古人有“置之死地而后生”的说法，有“破釜沉舟，背水一战”的战例，有“否极泰来”的祝愿，可见磨难有时也是一种财富。

(2) 调整心态，以良好的心态拥抱压力。法国作家雨果曾说过：“思想可以使天堂变成地狱，也可以使地狱变成天堂。”

心态好，人体内分泌系统及神经细胞都处于最佳状态，整个人就有一种积极向上的感觉。心态好的人，情绪正常、自信心足、气血顺畅、精力充沛；机体免疫力强，就能有效地抵御外来的压力，甚至疾病的困扰。面对逆境的压力，积极调整心态的方法有许多。

首先，心理健康重在道德修养。科学家经过研究分析得出结果，助人为乐、与人为善、济人之危的行为，能够强化人的免疫系统，调节身心，激发爱的情感；大脑分泌的具有镇静作用的物质，可使人获得内心的温暖，缓解心中的烦恼，从而促进机体保持健康。

能以高尚的情操对待人生，就能以平和的心态面对生活，看淡功名利禄，看轻成败得失，即使遇到常人难以克服的困难，也能泰然处之，从而达到身体和心理平衡。

其次，及时化解紧张情绪。及时化解紧张情绪对于保持健康的体魄大有帮助。化解紧张情绪的方法有，畅所欲言、暂时回避、主动谦让、宽以待人、确立自信、助人为乐、不求完美等。

再次，用积极的心理暗示减压。为实现心理减压，不妨试试积极的心理暗示。具体方法包括，不要总强调负面结果、不要总想着失败、把每一次失败当作最后一次、用语言表达内心的感受、调整好心情再工作、在状态最好时迎接挑战、用心理调节解除疲劳等。

最后，用心理疗法调整心态。用心理疗法调整心态的方法很多，幽默疗法——从喜剧、小品、相声、魔术、笑话等中吸收笑料，从经典文学、戏剧和漫画等艺术甚至哲学、数学游戏以及名人传记或逸事中积累幽默的素材，多与幽默感强的人或爱笑的人交往，多和天真无邪的孩子相处等；遗忘疗法——忘掉名利、忘掉疾病、忘掉年龄、忘掉忧愁、忘掉悔恨、忘掉怨恨、忘掉悲痛、忘掉气愤等；宣泄疗法——聊天、自嘲、运动等。

（3）提升能力。能力是直接影响活动效率，并使活动顺利完成的个性心理特征。面对逆境，疏解压力最直接、有效的方法是设法提升自己的能力。走入逆境，有了压力，往往是因为自身的能力不足，对于目标达成感到力不从心，逆境更能锻炼、提升自己的能力。假如逆水时不学撑船的本领，觉得无论怎样努力都会倒退，那么在顺水时也只能随波逐流。而那些在逆水时埋头学撑船的人，在顺水时正好大展宏图。

教师提高能力的方法很多，但主要有两个方面：第一，确定自己能力提升的目标——自己最突出的能力有哪些？目前工作最急需或最欠缺的能力是什么？应该如何提升这些能力。第二，制订自己提升能力的行动计划——知识结构合理，并不断优化与提升；结合职业和工作需要“补短板”；从行动上约束自己。

（三）顺境与逆境

顺境和逆境是一对矛盾，既有区别又有联系；既互相对立，又互相依存。非顺即逆，顺逆同门，福祸同在。没有顺境就无所谓逆境，没有逆境也无所谓顺境；顺境和逆境是相对的。古人说过：“塞翁失马，焉知非福？”说明顺境和逆境在一定条件下可以相互转化。

人的一生，就是在顺境和逆境之间“荡秋千”。同一境况，既可以是逆境，也可以是顺境，关键看如何认识和对待眼前的一切。培根曾经说过：“顺境的美德是节制，逆境的美德是坚忍。”顺境时不能节制，就容易由顺转逆；逆境时坚韧不拔、自强不息，在“山穷水尽疑无路”之后，就会“柳暗花明又一村”。吴王夫差身处顺境，忘乎所以，沉溺于美色，最终亡国；越王勾践身处逆境，卧薪尝胆，最终复国。由此可见，无论是顺境还是逆境，对人生的作用都是双重的，只要善于利用顺境，勇于正视逆境和战胜逆境，远大的人生目标就一定能够实现。

人生的道路总是波澜起伏、迂回曲折、苦乐同在、顺逆相依的，这一点谁都无法摆脱。顺境，人之所求，却无法有求必应；逆境，人之所畏，却往往不期而遇。作为肩负教书育人使命的教师，个人的情绪对教育教学效果的影响很大，教师的美德对教育教学效果的影响更是不可估量的。为此，教师要加强顺境、逆境的品德修养，端正人生态度，坚定崇高的理想和信念，树立高尚的人生观和价值观，能够做到胜不骄、败不馁，一如既往研究和践行教育教学工作，只有这样，我们的教育才会有希望。

五、当心陷入师生恋的泥潭

社会越进步，人们越注重情感生活。目前教育这个本应圣洁的领域，有时也会发生一些不该发生的悲剧故事，其中师生恋就是最近几年频繁出现的比较典型的问题。作为肩负教书育人使命的教师，我们要时刻保持清醒的头脑、高尚的道德情操，切勿陷入师生恋的泥潭。

（一）师生恋的定义及特点

“恋”是想念不忘，爱慕不舍，不忍舍弃，不想分开。师生恋是学生与教师之间产生了难舍难分的感情，轻的是“思恋”，重的是有了拥抱、亲吻等行为，更严重的则是发生了性行为。师生恋大多是以学生爱恋教师为前提和情感基础的，学生爱恋教师一般有以下几个特点。

1. 盲目性

在学校里，很多有才华、有风度、关心学生的教师成为学生崇拜和依恋的对象。由于学生社会经验不足，视野狭窄，思想感情还未成熟，他们对自己和他人的评价很难做到客观和全面，所以这种崇拜和爱恋带有很大的盲目性。

2. 冲动性

师生间，尤其是年龄相仿的师生有“好感”，是一种比较正常的情感，但是往往不够成熟。教师的一言一行、一颦一笑，都可能被一些学生当成爱的信息，激起心中的涟漪，甚至想入非非。学生往往也能够意识到自己不该如此，但是难以控制自己的思想、感情和行为。

3. 隐蔽性

陷入情网的学生心中都很清楚，他们的这种恋情为社会习俗和道德所不容，为校方和家长所不容，所以绝大多数学生都把感情深埋在心底，没有勇气去表达。因此，从表面上看若无其事，内心的感情却汹涌澎湃，对方的一举一动都牵着自己的心。

4. 暂时性

学生对教师的感情属于人从性意识萌发到爱情的过程中的特定阶段，这就决定了师生恋情的短暂性。随着性心理的发展，学生爱恋的对象会由年长者转变为同龄人。

（二）师生恋的类型及形成原因

1. 一厢情愿

师生恋可分为两方面，一是“恋师”，此种情况在中小学校园里居多；二是“恋生”，此种情况多在大学。无论是“恋师”，还是“恋生”，都属于“单相思”，也叫一厢情愿。

（1）恋师。单纯的恋师现象以中小学居多，这是青少年性意识、性行为发展过程中的一种普遍现象。

美国心理学家赫洛克，把青少年的性意识发展分为疏远异性的反感期、向往成年异性的牛犊恋时期、追求异性的狂热期、正式浪漫的恋爱期四个阶段。牛犊恋情就是指进入性萌动期的青少年对长者的仰慕和迷恋，它是青春期特定条件下恋父情结和恋母情结的回归。

青少年独立意识变得强烈，逃脱家庭、远离父母监护的愿望膨胀，渴望着能重新选择一种活法。但因为他们能力有限、经验不足，所以他们经常感到束手无策，他们渴望理解与帮助。在活动范围有限的校园中，这些少男少女除了和同学朝夕相处外，接触最多的就是教师。环顾周围，他们发现，和同龄人比教师多了一份成熟，和父母比教师多了一份稳重。在学生面前，教师保持着“良师益友”的形象，遵守着“学高为师，身正为范”的师德要求。教师学识渊博、气质儒雅、风趣幽默，教师的热心教导和关怀，会让学生幻想、崇拜甚至喜爱。成熟的男教师对女学生有很大的吸引力，成熟的男教师身上具有的那种气质，是与女学生同龄的男学生身上不具有的。女教师对学生的关爱会让男学生感到无比温暖。这种特殊的感情在心中潜滋暗长，就有可能成为一种对教师的恋情。有的甚至把对父母的爱转移到关心爱护他们的教师身上，并误把关怀和爱护当成爱情。

（2）恋生。恋生现象多是心理上的暗恋，且大多数教师能自行控制和调节情绪，使感情不外露，因此很少造成影响。

教师爱恋学生，原因是多方面的。主因是，教师作为成年人在纷繁复杂的社会里，情感的棱角已经被现实功利的生活磨光，而学生涉世未深，显得非常纯洁，这就满足了教师对纯情的渴望。另外，学生常常扮演崇拜者的角色，教师是被崇拜者，学生是教师最好的听众，所以这种关系给教师带来了在一般人际交往中难以获得的尊严，往往能给教师带来极大的心理满足，进而发展成恋生。

学生与教师之间的地位不平等，教师对学生的情感占有比较容易；教师在学生心里的地位比较高，一旦教师追求学生，学生有被宠爱的喜悦，能够很快做出反应。另外，人有支配欲望，由于地位不同，学生处于被支配的位置上，教师易对学生产生同情、占有的心理，于是跨越年龄，冲破角色的规定。如果没有外界的阻力，这种关系就可能发展为婚姻。在大学校园中，由于教师恋学生而发展为婚姻的可能性比较大。

2. 两厢情愿

学生暗恋教师构成了师生恋的基础。假如学生依恋的教师也同样喜欢对方，他们就有可能陷入恋情。此种情况在大学校园里居多。

历史上曾经有一些成功的师生恋，成了千古佳话，比如鲁迅和许广平、沈从文和张兆和、瞿秋白和杨之华、余秋雨和马兰、杨振宁和翁帆等。他们相恋之时都已是成年人，对人生都有了深刻的理解，思想成熟稳定，共同的追求使他们走在了一起，志同道合构成了他们的爱情基础。相比之下，中小学校园的师生恋极少能够达到这种境界。

目前频繁出现的师生恋现象，与社会发展过程中人们对思想道德和爱情的认识的变化有关。

(1) 道德观淡薄。一些学生，甚至教师受时代“新潮”观念影响，形成了“让我一次爱个够”“跟着感觉走”等思想观念。他们为爱情不顾一切，当然也就不管爱的对象是教师还是学生。

(2) 恋爱观变化。当前，人们的恋爱观不是某种单一思潮的产物，有压抑多年的欲望的释放，有西方某些社会观念的移植，也有社会转型的催化作用。当情感与欲望冲破了角色的束缚，学生与教师的身份便不再是障碍。

(3) 利益观驱使。当今社会，有的人变得急功近利，目的决定着行为、左右着情感，于是就有了为了利益的爱情，师生恋也不例外。

(4) 幸福观至上。人们越来越倾向于把自我的幸福感放到重要的位置，不管恋爱的对象是教师还是学生。

(三) 师生恋问题带来的思考

姑且不说那些名人师生恋的千古佳话，也不说那些特殊的师生恋故事，单就平凡的人中，就有无数纯真动人的师生恋故事。但是，这并不能掩盖师生恋带来的一系列问题。

师生恋绝大多数没有好的结局，尤其是中小学校园里的师生恋。为何师生恋大多带来的是悲剧？除了师生恋具有盲目、冲动、隐蔽、暂时的特点以及一厢情愿、道德观淡薄、恋爱观变化、利益观驱使、幸福观至上的因素外，还有以下几条值得注意。

1. 现实问题的困扰

盲目、冲动的师生恋，开始时带有浪漫色彩，但当这种爱情发展到一定阶段时，就会遇到性与道德伦理的问题，升学与就业的分离所带来的环境和时间的考验的问题，生活中阅历、学识、年龄、身份和地位的差距等一系列问题，矛盾也就随之而来。这些矛盾有许多是不可调解的，因此，悲剧也就在这复杂的现实问题中酝酿。

2. 学业的危机

谈恋爱容易分散精力，影响学业，这是不争的事实。中学校园里，一个很有发展前途的学生，有可能由于和教师的恋爱不能被周围的人接受，感情受到挫折而无心学习，导致学业荒废，甚至辍学；大学校园里，一个学业很好的学生，很可能因为和教师恋爱受挫而影响学业或就业。

3. 做人的危机

假如教师已经结婚，师生的恋情还将面临着严峻的道德考验，师生恋会使双方无法安心工作或学习，这会使双方陷入深深的痛苦之中，而学生就会扮演不光彩的“第三者”，遭到家庭和学校的反对、社会舆论的谴责、教师配偶的怨恨。这种种压力会使师生恋双方无法承受。

人们认为，恋爱是自由的，禁止师生恋是没有法律依据的；恋爱是情感生活，是隐藏在心里的活动，即使是有显性的行为，别人也无法识别，更无权干涉。

但是，师生恋不是自由恋爱，因为当教师全部或部分地掌握着学生的命运的时候，学生不可能和教师自由地恋爱，这实际也是一种权力关系。从某种意义上说，任何关系都是一种权力的博弈，不平等的权力关系中，很难实现真正对等的自由恋爱。在这个意义上，崇尚恋爱自由的西方发达国家，大多禁止或限制师生恋，尤其是导师和异性学生之间，连单独谈话都受限制。

如果美国中学校园里的师生发生性行为，教师会被法律制裁。大学教师和工作人员手册里都有严禁教师“招惹”学生的规定，或者明确规定不准和学生有任何浪漫的两性关系。

这项规定可追溯到 1984 年，哈佛大学颁布了禁止教授（包括教授的学生助理）和其直接授课与指导的学生之间有浪漫关系的规则。此后的很长一段时间里，校园里没有直接教学和指导关系的师生恋还是允许的。直到 2001 年弗吉尼亚威廉玛丽学院出台禁止师生恋的规定，随后这条规定被美国许多大学，尤其是私立大学采用。禁止大学师生恋的根本原因在于教师和学生之间权力的不平等，因此禁止师生恋的本质是防止权力被滥用。另一个原因是防止师生恋破裂后学生伪报教师性骚扰。

在美国，不只对大学教师和学生这样要求，对很多专业人员也是一样的，比如医生和病人之间、律师和客户之间、牧师和教堂成员之间，不能谈恋爱或有两性关系。一旦被发现，律师或医生会被吊销执照，这项规定主要是为了避免双方权力不平等可能带来胁迫。

我国台湾有《校园性侵害或性骚扰事件防治准则》，要求大专、中小学在新修订教师聘约时，明令禁止师生恋，违反聘约的可能受到停聘或解聘等处分。2007 年，武汉某大学要求教师签军令状，不搞师生恋。校方认为，不得以任何理由与学生谈恋爱，是为了更好地保护学生的利益。

教师是一种特殊的职业，与学生建立“爱”的感情是应该的，但一旦发展成“爱情”，则逾越了职业道德的底线。教师要为人师表、教书育人，学生要向教师学知识、学做人，师生之间是一种不对等的教育与被教育的关系，教师的话语权大于学生，师生之间若产生恋情就可能给学校的工作带来负面影响。

禁止师生恋，是在一个特定环境下对两种特定身份和使命的人员间的恋爱进行限制。纯真的爱情应该经得起时间的考验，师生之间的恋情可以在学生完成学业和心智成熟后续写。

第5课

教师的个性修养

一、教师良好性格的特征

性格是表现在人对现实的态度和相应的行为方式中的比较稳定的、具有核心意义的个性心理特征，是一种与社会密切相关的人格特征，它包含许多社会道德含义。性格体现在对自己、对别人、对事物的态度和所采取的言行中。一个人的性格特点是其生活经历的反映和记录。

性格具有复杂的结构，最能表现个别差异，包括对现实和自己的态度的特征，如诚实或虚伪、谦逊或骄傲等；意志特征，如勇敢或怯懦、果断或优柔寡断等；情绪特征，如热情或冷漠、开朗或抑郁等；理智特征，如思维敏捷、深刻、逻辑性强或思维迟缓、浅薄、没有逻辑性等。

性格形成的因素很复杂，主要受基因遗传、成长期发育以及社会环境影响。可以说性格既有来自个体本身的因素，同时也受到相应的环境影响。所以从这个角度分析，性格是可以改变的，但是需要大量量变之后的质变作用。

良好的性格特征表现在诸多方面，教师的性格集中表现在对学生的态度与行为方式上。金无足赤，人无完人。一位教师不可能具备所有良好的性格特征，不同的教师也会有不同的性格特征，但是，一般来说，作为教师应该具有以下性格特征。

（一）真诚

教师是通过一定的手段对学生施加影响的人，这种影响不是要求教师以“神”的形象去教育人，而是要求教师以“人”的形象去言传身教。一个真正的教师，不管在知识上还是在生活上，都要以普通人的本真形象与学生平等交流。这是教师解决教育棘手问题，尤其是解决课堂管理问题的关键。

真诚，就是不论表扬学生还是批评学生，都让学生觉得，教师这样做是为他们好，要让学生知道，教师也有喜怒哀乐。这种“本真”的情感是由学生的表现产生的，教师的高兴与沮丧，是自然的流露，而不是用高兴来鼓励学生做教师希望做的事，也不是用沮丧来阻止学生违反纪律。要让学生看到、感受到教师真诚的一面，这样学生就更容易以自己的行动回应教师的真诚——多做让教师高兴的事，少做让教师沮丧的事。

真诚，就是教师要对所有学生一视同仁。教师是帮助学生学习的人，当学生发现教师因为某个学生优秀而不批评他（她），或者因为某个学生成绩不好而经常批评他（她）时，学生就会觉得教师对学生的批评不是为了学生的发展，而是教师因为自己的偏好，学生就看不出教师在帮助或者教育学生时所具有的诚意了。那么，这种教育就大打折扣。批评与表扬不是简单的否定或肯定，而是为被批评的学生提供解决问题的思路与方法，为被表扬的学生指明成功的道理和途径。

真诚，不仅仅表现在对待学生的情感态度上，也表现在课堂对待知识和对待教材的态度上。人生有涯而学无涯，人不可能事事精通，不管是教师还是学生，在知识面前总有不知或犯错的时候。学生不知要教他们知，学生犯错要帮助他们改正，教师不能一味指责，要真诚对待；教师不知或犯错时，也应该真诚面对，主动承认错误，并在自己的努力或者学生的帮助下了解知识或纠正错误。这就是一种教育，是对学生的善意提醒，也是教师不断提高的机会；是对自己的真诚，也是对学生的真诚。

（二）热情

情感对于思维，犹如能源对于发动机。教师保持良好的情绪，不仅能使自己积极工作，还能感染学生，使师生和谐相处，进而愉快学习。

热情的教师，能和学生打成一片，进而产生与学生共同合作的学习气氛，这是学生取得良好成绩的主要因素之一。热情具体表现在以下几个方面。

1. 稳定乐观的情感

（1）情绪比较稳定，对不同的内心体验具有较强的调节和控制能力。

（2）愉快、活泼，积极的情绪占主要成分。

（3）亲近社会，关注人类社会发生的重要事件，对生活有信心。

2. 关爱每一位学生

（1）满腔热情，亲近学生，喜爱学生，善解人意。

（2）相信学生是积极向上的，相信学生的潜能。

（3）敏感体贴，关心每一个学生的生活和健康，及时觉察学生的情绪变化，并做出情绪反映。

（4）对有困难的学生，给予更多的爱心和帮助。

3. 活跃的课堂

（1）在课堂教学中语言生动，有幽默感。

（2）在讲课过程中，真诚流露自己的感情，用自己的情感去感染学生。

（3）介绍一些课本中没有的事情或问题，帮助学生认识自我和社会。

（4）及时发现学生出现的问题，积极想办法帮助解决。

（5）学生有疑惑时主动询问，热情解答。

（三）公正

态度是行为的决定因素，教师要表现出公正的态度，即平等、接受和尊重。

1. 师生人格平等

（1）不用高高在上的眼光看待学生。

（2）要求学生做到的，教师首先要做到，不凌驾于学生之上。

（3）不以个人的权威或职业地位来掩饰自己，不戴假面具。

（4）理解教学相长的含义，具有向学生学习的意识和行为表现。

2. 接纳每一位学生

（1）对在道德、智力、体能、运动、交往和情绪上，特别是家庭背景有差异的学生，一视同仁。

（2）对学生的看法、评价公正，没有偏见，避免个人感情色彩的影响。

（3）批改作业时尺度一致。

（4）给每个学生提供均等的发展条件，能较好地控制课堂上不同学生的发言机会。

（5）与不同成绩水平的学生谈话时，语气一致。

（6）不夸大学习成绩差的学生的错误，不遮掩学习成绩好的学生的错误。

（7）学生之间发生矛盾时，先调查清楚，不急于下结论，不偏袒某一方。

3. 尊重个性差异

（1）对因材施教有正确恰当的理解。

（2）公正的前提是有利于每一个学生的健康成长。

（3）在教育教学工作中，尽量缩小由社会不公正给学生带来的差异。

（4）辩证地看待学生的优缺点。

（5）不同的学生犯了同样的错误，要考虑不同的动机和原因，酌情处理。

（四）民主

意志是意识的能动性、积极性的集中体现。教师在性格的意志特征方面，应该表现出民主的精神，比如理解、尊重、耐心、自制、宽容等，要避免专制。

1. 理解是实施民主的基石

（1）站在学生的立场，理解学生的心态。

（2）让全班学生共同讨论、决定班级的活动。

（3）选择班干部时，让学生充分发表意见，公开选举。

（4）遇事能耐心倾听学生的想法，不打断学生的讲话，不急于发表自己的见解，让学生把话说完。

（5）尊重学生的意愿，不以教师的主观想法为中心。

（6）在课堂上，允许并鼓励学生提出不同的见解。

（7）鼓励学生大胆发表不同意见。

（8）重视来自学生的反馈信息，多与学生沟通。

2. 宽容是实施民主的保证

（1）学生在课堂打断教师讲话，教师能灵活处理。

（2）不放弃经常做错事的学生，并给他们改正的机会。

（3）对学生的错误不耿耿于怀，不“秋后算账”。

（4）对待学生不烦不躁、耐心细致、诲人不倦。

（5）容纳与自己不同的看法、见解、思想与感情以及价值标准。

（6）尊重学生犯错误的权利。

（7）学生做错了事，教师要帮助学生寻找原因，改正错误。

（8）面对学生出现的各种问题，注意控制消极的情绪和冲动行为。

（9）不采取简单粗暴的方法指责犯错误的学生，而是帮助其寻找原因，提供指导。

3. 专权独断是实施民主的大敌

（1）学生不接受教师的要求时，不强迫他们立刻接受自己的意见。

（2）教师犯了错误时，要敢于承认并及时改正。

（3）与学生交流多用商量的口吻，而不用命令的口吻。

（4）不为了维护教师的“威信”而压制学生的意见。

（5）积极采纳学生的合理意见，并能改变教师已做出的决定。

（6）能控制自己的情绪，掌握自己的心境，约束自己的言行。

（五）创造

性格的理智特征，主要表现在感知、记忆、想象、思维等认知活动方面的个体差异。在不断变革的社会背景下，教师在教育教学工作中，还应该表现出理智特征的创造性，这是新的时代对教师提出的更新、更高的要求。

教师的创造性，是由教师的劳动特点及教育活动的创造性特点决定的。教育工作具有复杂多变性，教育条件不可能毫无差异，也不会有完全相同的教育对象。很多专家认为，教育是一门艺术，而艺术的生命就在于创造。因此，教师工作的最大特点就在于创造。教师上的每一堂课都是一次创造的过程，教师的创造性，是教师顺利完成教育教学工作的必要条件。教师要由原来的“教书匠”转变为创造者。

1. 及时更新思想和知识结构

（1）关注并了解科学技术研究的最新成果。

（2）克服思维定势，善于接受新事物、新观点。

（3）对待问题从多方面、多视角思考，不固守一种观念或一种模式。

（4）减少学习的功利色彩，使学习成为一种生活方式。

2. 及时更新教学方法和内容

（1）不断注入新的时代观念，把新信息及时补充到教学内容中。

（2）根据不同的教学情景，采用不同的教学方法，而不是千篇一律。

（3）深入钻研教材，有自己独特的见解。

（4）根据学生的不同特点设计每一节课。

（5）积极探索教学中的问题，不断解决矛盾。

（6）能正确分析和认识自己或他人的教育、教学经验，既不盲从迷信，也不一意孤行。

3. 及时发现培养创造精神

（1）能因材施教，针对不同的学生采用不同的教育教学方法。

（2）培养学生对新奇事物的兴趣。

（3）欣赏学生在听课过程中的即兴答话，哪怕只有很少的合理成分。

（4）能从不同寻常的角度提出问题，启发学生的思考。

（5）主动设疑，激发学生的想象力。

一个优秀的教师，不仅需要具备人类所有优秀的性格特征，还要有自己的特点。因此，良好的教师性格特征就不能仅仅局限于上述几条，还需要有自信、坚强、乐观、进取、百折不挠等特征。

我国有关部门曾用《卡特尔16种人格因素量表》，对获得市级或全国荣誉称号的438名中小学教师进行关于“教师职业所具备的人格修养”的测试。结果表明，优秀教师性格类型明显偏向外向型。同时发现，优秀教师在稳定性、自律性、乐群性、聪慧性上的得分均高于普通人。因此，研究的大致结论是，适合做教师的人，特别是做优秀教师的人，都是那些情绪稳定性高、较少感情用事、性格偏外向、热情老练的人。

二、教师性格修养及对教育的影响

（一）教师性格对教育教学的影响

优秀的性格对教师工作有很大的推动作用。爱因斯坦说过：“优秀的性格和钢铁般的意志力，比智慧和博学更为重要……智力上的成就在很大程度上依赖于性格的伟大，这一点往往超出人们通常的认识。”美国心理学家的一项调查研究表明，天才人物都具有比一般人更热情、更有决心和更加勤奋的性格。

教师从事的是教书育人的特殊职业，其性格特征与教育教学有着密切的关系。中小学学生正处在性格形成阶段，具有很强的模仿性和可塑性。他们总是在教师身上寻找一些可供自己借鉴、吸收的东西，教师的性格更是学生仿效的对象。有实验表明，让三种不同性格类型的教师各带三组学生，学生的性格出现明显的差异。性格和善、做事民主的教师所带学生性格比较稳定、积极，待人态度友好；性格严厉、做事专制的教师所带学生情绪紧张、冷淡，带有攻击性；性格冷漠、教学放任的教师所带学生变得漫不经心，言行经常处于放任状态。

教师暴力事件时有发生，涉事人许多是比较优秀的教师，这不能不引起我们的关注。为什么会出现这种情况？教师欠缺良好的性格特征是罪魁祸首。

教师抑郁、精神不振，对职业有倦怠感，就会对学生失去爱心和耐心，沉溺于对他人及环境的不满之中，甚至心生怨恨……这就容易对学生冷淡疏远，备课不认真，甚至不备课，教学中缺乏新意，讲课乏味；对教育教学中出现的问题处理方法简单粗暴，甚至体罚、打骂学生，进而形成暴力事件。

教师的性格特征对学生的影响是广泛而深远的。例如，教师对现实的态度影响着学生对人、对事、对集体的态度。教师对社会、对集体、对学生的态度是积极的，那么学生眼中的社会和大千世界就是美好的。教师讲授一门学科，都会自觉或不自觉地将自己对国家、对社会的观点渗透到教学中。正确的观点、认真的态度往往会影响学生一辈子，不仅为学生树立了伟大人物的形象，更有利于学生塑造良好性格。

性格热情、宽容、坦率、开朗的教师，能够赢得学生的好感，能够缓和教育工作中的紧张气氛，为学生创设轻松愉快的学习环境。在这种环境中，师生都能体会到学习的愉快和喜悦，都能充分发挥自己的潜能。教师对教学的态度，往往影响着学生对学习的态度。教师认真钻研，对教材有独到的见解，又能在课堂上精讲精练，多鼓励少批评，多给学生表现的机会，学生就会对学习表现出极大的兴趣，进而提高学习的质量。

（二）教师性格修养的方法

1. 扬长避短

人的性格各有不同，在待人接物方面也有不同表现，要保持自己稳定良好的心态，就必须扬长避短。气质类型属于胆汁质、多血质的人，要保持自己热情、豪放、明朗、善交际等性格特点，注意克服冲动、浮躁、自傲、不易自制等弱点；粘液质与抑郁质的人要保持自己冷静、沉稳等性格特点，也要克服孤僻、自我封闭、自卑等弱点。教师要做到扬长避短，需要注意下列两点问题。

（1）建立正确的价值体系。树立正确的理想、信念、世界观与人生观，从而改变那些不当的观念和行为方式。社会生活的积极与消极因素，都会对教师的性格产生影响。只有树立了正确的价值观念，才能自我调节，积极协调来自社会生活中各方面的影响，逐渐完善自我，历练良好的性格。

（2）善于解剖自己，克服性格弱点。教师要改变不良性格倾向，就应通过解剖自我的性格特征，知道自己有哪些长处和短处，并做出正确的自我评价，从而扬长避短，努力塑造完善的性格。

性格具有两面性或多面性特点，良好性格的塑造应适度，例如，严格而不严厉、热爱而不溺爱、坚定而不固执、勇敢而不鲁莽、豪放而不粗鲁、好强而不逞强、活泼而不轻浮、机敏而不多疑、果断而不冒失、稳重而不寡断、谨慎而不胆怯、忠厚而不愚蠢、老练而不世故、忍让而不软弱、自信而不自负、自谦而不自卑、自强而不自骄、自爱而不自赏等。

克服性格弱点，可尝试心理训练。自我激励，以模范人物或成功者为榜样，不断鞭策自己；自我暗示、自我提醒、自我督促、自我激励；习惯潜化，即习惯成自然，习惯的力量比任何理论的力量更强大。

性格修养的关键在于努力培养良好的生活习惯和工作习惯，从培养习惯到改变性格，要求教师能够针对暴露出来的性格弱点，有意识地培养与之相对应的习惯，通过这种新的习惯来克服和改变原有的性格弱点。这种办法有助于个人积小胜为大胜，最后达到完全改变性格弱点的目的。

2. 善于学习，以智养心

（1）广泛阅读。教师知识水平、文化素质越高，性格发展就越和谐。因此，教师要勤于学习和钻研，自觉从优秀书籍中汲取营养，以陶冶情操，养成良好的性格。注重心理健康知识的学习，掌握必要的心理健康知识和方法，并以此认识自我，控制调节自我，这对形成良好的社会适应力和健全的人格非常重要，同时又可以促进教育教学工作。

（2）培养多种兴趣爱好。教师具有多种兴趣和爱好，这不仅是教育教学工作的要求，也是教师自我调适、保持心理健康的重要前提。琴棋书画、吹打弹拉……可以陶冶人的情操，使人保持良好的心态，提升思想境界，养成良好的性格。

（3）合理安排作息时间。身与心有密不可分的内在联系，身体健康、精力充沛，心情就会舒畅，性情就会开朗大度。身心俱疲，尤其是心累，人就会有一种莫名的烦恼，影响教育教学工作，甚至造成暴力事件。所以，教育教学工作虽然繁忙，但教师生活作息时间一定要合理，要劳逸结合、有张有弛，才能为学生创设和谐、健康、向上的成长环境。

（4）淡泊明志。“非淡泊无以明志，非宁静无以致远。”教师要以一颗平常心来对待一切事物，不要因为一点挫折而灰心丧气，也不要因为一点成功而沾沾自喜，切忌浮躁、功利和势利。只有真正以“不以物喜，不以己悲”“知足者常乐”的心态来生活和工作，才能焕发青春，为教育事业做出更大的贡献。

我们每一位教师的性格特征都不是完美无缺的，都有不断完善的必要。

只有这样，才能真正成为学生的良师益友，才能最大程度发挥教师的职能作用。俗话说，江山易改，本性难移。但是，性格不是绝对不变的，在一定条件下好坏是可以相互转化的。在教师专业发展的过程中，如何塑造与职业相适应并能促进教育教学质量提高的良好性格，是一个非常重要的问题。

三、个性教师与个性化教育

（一）个性教师

“个性”在《现代汉语词典》中有两种解释：① 在一定的社会条件和教育影响下形成的一个人的比较固定的特征；② 事物的特性，即矛盾的特殊性。一切个性都是有条件的，暂时存在的，所以是相对的。从这两种解释可以看出，第一种指的是人的特性，第二种指的是事物的特性。哲学、社会学、心理学、教育学等学科把个性问题复杂化了，各学科都有各自对个性的一套解释。如何理解人的个性，用它来指导教育实践并形成教育的个性化特点，成为一种面向未来的教育改革和发展的理论课题。

人们一提到“这个人个性强”或“这个人很有个性”，总会和“性格怪异、执拗倖强、我行我素”等联系在一起。但“个性教师”不是这个意思，它是指在教育教学上有独特思想和独特教育教学行为的人。

教育家乌申斯基曾经说过：“在教育中，一切都应当以教育者的个性为基础，只有个性才能影响个性的发展与定型，只有性格才能培养性格。”新世纪的教育工作者，需要有新时代的个性，只有个性才能孕育创新，也只有创新才能展示个性。

我国教育体制长期以来带有浓厚的计划色彩。统一的教材、统一的教学大纲、统一的集体备课等，把教师严格限制在一个比较固定而又相对封闭的框架之中，教师没有作为一个充满活力和创造性的个体受到应有的尊重。教育教学虽然应该有一定的规章制度，但归根到底还是一项个性化工作，它需要教师智慧的火花，需要教师灵性的闪光。假如没有教师主观能动性的自觉发挥，教育就是无本之木、无源之水。

课程改变，给予学生更加广阔的学习和发展空间，同样也给予教师展现自我的舞台。新的教学理念，赋予教师更多个性色彩。教师的人格魅力、个性色彩，往往就是我们教师征服学生的关键所在。

个性集中反映了一个人的精神面貌，表现着个体对现实的态度，是经常的、稳定的心理动力系统。一个个性张扬的教师，一定拥有积极的态度、活跃的思维、昂扬奋发的精神、不怕挫折的意志，能够打破常规，能够匠心独具。这样的教师一定是独立的、别出心裁的，而不是顺从的；一定是协作的，而不是孤僻的；一定是锐意进取的，而不是自甘落后的。

一个具有教育教学个性的教师，要有坚实的专业知识，能够在教育教学中厚积薄发；要有“杂家”的角色意识，能够博采众长，取长补短；要有不拘于时的胆识，只要有利于提高教育教学质量就敢于尝试。

（二）个性化教育

21世纪，经济、政治、意识形态等各个领域都提出了与以往不同的要求。教育要从大规模培养完全一致的人才的传统教育形式，转变为更具有个性和强调不同体验的个性化教育。

所谓的个性化教育，就是根据学生独有的个性因材施教。它强调充分尊重和发挥学生的学习积极性，重视学生个性和谐发展，并通过教学唤起学生的求知欲和对个人全面发展的追求。同时，引导学生独立思考，主动获取信息，实现知识、能力和人格协同发展。

教育个性化有三层含义，一是教育的人性化，尊重人的个性，突出学生在整个教育过程中的主体地位，培养学生的主体意识和主体能力；二是教育的个人化，包括个人的生理、心理、年龄特点，天赋、特长、兴趣、爱好、社会志向和职业选择等；三是学校的个性特色，包括有个性特色的培养目标、课程设置、教学形式和教学方法，教师的个性以及有特色的校园文化等。

个性化教育的总体目标是，一方面尽可能挖掘每一个学生的潜能，另一方面还要承担起促进学生社会化的重任。前者重差异，后者重趋同。这也是素质教育的最终目标。

（三）个性教师与个性化教育

苏霍姆林斯基曾经说过：“一个无任何特色的教师，他教育的学生不会有任何特色。”只有教师的个性得到了充分的发展，学生的个性才有可能得到全面和谐的发展。当我们教师都成了个性鲜明的教育艺术家时，我们的教育天地就会生机盎然。

1. 教师个性影响着学生的精神世界和教育的效果

（1）教师个性影响力的含义：一是指教师个性的丰富内容从不同侧面、

不同角度影响着学生的心理发展；二是指教师个性对学生的影响是多渠道、全方位，无时不在、无处不有的。

（2）教师个性影响力的特征：一是教师良好的个性品质对学生的影响是潜在的、自然的、含蓄的，不但作用于学生心理意识层面，而且作用于潜意识层面；不是灌输的，而是让学生心悦诚服、自觉自愿接受影响。二是在教师的教育影响力中，个性影响力往往处于主导地位，比强制性的权威影响更强、更持久，也更有效。

2. 教师个性对学生的影响作用是巨大的

（1）示范性。由于成长中的学生的品质、性格、能力还没有完全形成，理想、信念、人生观还没有真正确立，这就使教师个性的导向示范作用成为必要。正如乌申斯基所言："教师的个性对年幼的心灵的影响是任何教科书、任何道德箴言、任何惩罚和奖励制度都不能代替的一种教育力量。"教师良好的个性品质一旦被学生认可，就会激起学生强烈的学习需要，从而由认同到模仿到内化。因此，教师个性对学生个性的目标、方向和形式有着积极的宣传、解释和信息示范作用；对于学生有悖于良好个性的观念、行为具有转化、改变和抑制作用。

（2）凝聚性。美国教育家布鲁纳曾经说过："教师也是教育过程中最直接的有象征意义的人物，是学生可以视为榜样并拿来同自己做比较的人物。"富有个性魅力的教师如同粘合剂，能将学生紧紧地凝聚在自己周围，进而产生团结一致、齐心协力的群体意识。这是一种令人难以抗拒的教育力量。

教师个性是其取得威信的第一要素。缺乏个性魅力的教师，往往因循守旧，思想保守，禁锢学生的个性，可能加大师生之间的心理距离，难以取得良好的教育效果。同时，教师不仅影响学生个性品质的形成，也决定教师自身的教学艺术水平和教学风格。因为教学是一门科学，也是一门艺术，艺术总是带有鲜明的个性。有个性才有魅力，缺乏个性的教师，课堂教学机械呆板，创造性、艺术性不强；富有个性魅力的教师，能够形成独特的具有较强审美意味的教学风格，进而使学生不由自主地喜欢这一门课。

四、教育要敢于说"不"

改革创新，是人们对社会进步的渴盼。要改革创新，就要敢于否定那些腐朽落后的阻碍社会进步的东西，敢于否定那些没有实际效果的形式主义的东西，敢于否定束缚人们思想却被奉为真理的东西。教育不敢说"不"，受教育者的思想就不开化，未来的社会就不开化。

教育要敢于说“不”，首先教育工作者的思想要开化。否定自我，是超越自我的开始。

（一）对落后的教育观念说“不”

古今中外的教育思想观念，对我国教育的发展做出了巨大的贡献。从现实和未来的角度看，有些传统教育观念仍有现实意义，并且永不过时。但也有些传统教育观念经实践验证，严重阻碍了学生的健康发展，对此，要敢于说“不”。

我国传统的教育观念以儒学为基础。儒家文化受自然经济的影响，重视家族和等级关系，忽视个性和个人。这正与西方教育思想相反，西方社会由于很早进入工业化社会，强调个人奋斗，以个人为本位的思想已经成为一种传统。

儒家文化重视家族，强调“百善孝为先”，所以就有“天地君亲师”“天下无不是之父母”等观点，继承下来的结果就是，学生必须顺从师长，学生的个性不能得到充分发展，学生的主体性不能得到充分发挥。

儒家文化重视等级关系，所以就有“君为臣纲，父为子纲，夫为妻纲”“学而优则仕”“两耳不闻窗外事，一心只读圣贤书”等观点，继承下来的结果就是，崇拜权力，急功近利思想严重。学习是为了中高考取得好成绩，这与“学而优则仕”如出一辙。

儒家文化以“和”为贵，所以就有了“忍一时风平浪静，退一步海阔天空”“小不忍则乱大谋”等观点，继承下来的结果就是，明知不对，少说为佳；事不关己，高高挂起……人们的思想行为都以顺从领导的好恶为准绳，不敢越雷池一步；思想被禁锢，行为被束缚，个性和创造性消失殆尽。

近年来，随着国学兴起，只注重读、背，不注重学以致用的现象比较严重。现代教育和古代教育不同，教育理念和方向、目标都存在差异。对传统教育的盲目崇拜和迷信，会走向极端。

在我国现代教育思想的发展进程中，西方教育文化的传入对传统教育产生了较大冲击。引进西方现代教育体系只重视了“知”的一面，忽视了“行”的一面；只重视了“形式”的先进性，忽视了“内容”的实用性。如学习了苏联教育家凯洛夫的《教育学》，教师在备课编写教案时，确定了教学目的和重难点之后，就一律套用“组织教学、检查复习、讲授新知识、巩固新知识、布置课外作业”五个环节。

小组合作学习率先兴起于美国，现在我们把它作为教学改革的举措，已广泛应用于中小学课堂教学。但实践证明，小组合作学习存在费时费力、影响优秀生提高等诸多弊端，这就需要我们多法交融，因材施法。

要强调教师是学生学习的引导者和促进者，强调在教学过程中积极互动、共同发展，对师生关系不平等的教育教学意识说“不”；要打破单兵作战的局面，强调相互合作，善于调动一切积极因素为教育教学服务，对传统教育中缺乏家校、师师、师生、生生之间的合作意识说“不”；教师要研究学校的实际，研究教育的趋势，研究教材的特点，研究学生的心理，对传统教育中缺乏研究意识说“不”；教师要加强自身素质，与学生一起探讨问题，真正做到教学相长，对传统教育中缺乏学习意识说“不”；要打破课堂教学中的沉闷气氛，把学生的个人知识、直接经验、生活世界作为重要的课程资源加以开发，并有机融入课堂教学，对传统教育中缺乏开放意识说“不”；要强调教师的作用是创设一种能引导学生主动参与的学习环境，积极为每个学生的全面发展服务，为发挥每个学生的潜能和创造力服务，对传统教育中缺乏服务意识说“不”。

（二）对落后的教育体制说“不”

“十二五”期间，国家教育体制专项改革包括十大试点任务：基础教育有三项，分别是加快学前教育发展、推进义务教育均衡发展和探索减轻中小学生课业负担的途径；高等教育有三项，分别是改革人才培养模式、改革高等学校办学模式和建设现代大学制度；另外四项是改革职业教育办学模式、改善民办教育发展环境、健全教师管理制度和完善教育投入机制。基础教育中中小学生课业负担过重的问题，主因是以“考”为主的中高考制度。不对落后的教育体制说“不”，就无法彻底解决“负担重”的问题。虽然目前还不能取消中高考体制，但探索“减负”的多途径考试已成必然。

当前，教育人事管理体制还带有几千年来形成的“封建制”“家长式”色彩，这是阻碍教育发展的最大障碍。教育行政部门对校级领导的管理，对学校、对教师的管理，学校内部对教师的管理等，无不体现了这种色彩。教育要发展，就要彻底对这种管理体制说“不”。要完善并严格实施教师准入制度，严把教师入口关；完善教师退出机制；加强校长队伍管理制度建设，改革现行的选拔、任命制度，建立民主选拔及流动机制等。

（三）对落后的教育内容说“不”

教什么比怎么教重要。教育内容是教育活动中传授给学生的知识技能、思想观点、行为习惯的总和，包括德、智、体、美、劳等。学校教育内容的表现形式是课程计划、新课标、教科书和教学指导书，其中教科书是最关键的内容。现在的课程设计以及教科书，尚有内容空洞、抽象、重复和缺失等问题有待解决。例如，许多中学设有历史与社会、思想品德、心理与健康等课程，这些课程内容重复交叉、空洞抽象，只有“知”没有“行”，尤其是历史与社会、思想品德两门课程。

再如，语文教材只是古今中外名作选集，教什么、怎么教完全取决于教师，这种内容上的缺失，使得某些教师不得不根据教学参考书组织课堂教学。

此外，学校和家庭在性教育方面有所缺失，有些青少年误入歧途；道德教育被试卷冲淡，学习成绩成为评价学生的标准；传统的英语教育重在语言知识的学习，忽略了语言应用能力的培养，导致语言知识与实际应用相脱节。

教育内容要现代化、综合化，就必须改变教育体系中教育内容单一、陈旧的状况，广泛吸纳当今世界科技新成果、新知识。在知识量剧增的今天，各门学科正在打破原有的界限，教育内容正在不断交叉融合，许多新的知识就是在学科交叉点上产生的。许多综合性课程在各级各类学校中开设，如美国中学开设的社会研究囊括了历史、地理、经济、社会、人口、心理等内容。

为了更好地发掘人才、培养人才，大多数国家都在课程的深广度方面加大了弹性，以便于教师针对学生个体差异因材施教。许多国家在原有必修课的基础上增开了选修课，供不同基础和不同兴趣爱好的学生选择。

人们普遍认为，中小学生基础知识扎实，创新性、实践能力缺乏，这与我们目前落后的教育内容有关。教育的功效，不仅在于让学生知，而且要教会学生行。只有理论和实践相结合，才能培养出具有创新精神和实践能力的人才。

（四）对落后的教育方式说“不”

有人说我国目前的教育是应试教育、听话教育、保姆教育，也有人说是家长式教育、灌输式教育、扶持式教育。目前教育中的确有一些突出的问题需要解决，教育方式以及教材不是以学生的全面自由发展为中心，不是一切围绕学生的需要与发展进行教育，而是以教师和教材为中心，他们代表着强大的、统一的、千篇一律的教学要求。这种教育不可能培养出民主、开放的思想和有创造性的思维，更不可能培养出具有独立创造精神的人；这种教育严重削弱了全民族的批判怀疑精神和创造竞争精神；这种教育扼杀了学生的主动精神和自由论辩的精神。

应试教育以考试能力为中心，分数成为教育成败的价值尺度。以应试教育为核心的教育思想，不但影响了多数学生全面提高素质，也影响了部分学生身心和谐发展，产生了学生课业负担过重、影响学生身心健康等不良后果。

听话教育无视人格独立，扼杀创新精神，对中华民族的振兴有严重危害。统一的要求、统一的教材、统一的教学方法、统一的考试制度与方式，培养的是同一个规格的人才。孩子在家中，家长经常夸奖他们“乖”。孩子为了获取“乖”或“听话”的好评，不得不放弃自己的个性、爱好和兴趣。听话教育不仅在家庭教育中存在，在学校、社会中也存在，因此改变起来很不容易，需要全社会的努力。

保姆教育是一切顺从学生意愿，一切包办代替，使学生出现依赖性，独立意识被弱化、拼搏精神被削弱的教育。这种教育的后果就是，学生动手操作能力低，自理自立能力弱。这与发达国家的教育形成了鲜明的对比。

改革教育方式，应从规范教育内容体系、改进课程设置和教育教学管理方式、创新人才培养模式等方面着手，变灌输式、封闭式、应试式教育为开放式、启发式、互动式教育。坚持以人为本，注重因材施教，促进学生全面发展。

（五）对落后的教育评价说“不”

教育评价是根据一定的教育价值观或教育目标，运用可行的科学手段，通过系统地搜集信息、资料和分析整理，对教育活动、过程和结果进行价值判断，从而为自我完善和教育决策提供依据的过程。教育评价有评估、考评、评定之分。评估是针对教育机构和教育方案的评价，一般是对地区和学校的教育教学工作的评价；考评是对教育者个体，即教师工作的评价；评定是对受教育者个体，即学生综合状况的评价。

教育评价存在的主要问题是，评价手段落后，评价导向功能、鉴定功能、改进功能、激励功能、管理功能、研究功能等没有充分表现出来；措施不落实，不能真实地反映情况等。

地方教育工作的评估是上一级评价下一级，采用绝对评价法和相对评价法相结合、数量化方法和非数量方法相结合的方法。这种方法存在的问题是，地区教育预期目标不明确或得不到重视，评价标准单一，数字弄虚作假等。

学校工作的评估，各地方教育行政部门都有自己的一套方案，都对促进学校的发展起到了一定作用。但问题也比较突出，例如，标准和要求不一致，重点不突出，没有体现评价的导向功能、促进功能；工作检查面小，不能全面了解情况；各种专项评估不注重实际情况等。

教师工作的考评是对教师的德能勤绩的考评，绝大多数学校实施的是年度考核制度。存在的主要问题是，“集中”替代了“民主”，形式大于内容，评价结果脱离客观工作现实。

学生学业的评定是依据一定的价值标准对学生的学业成就、个性发展、品德状况、体质体能等方面进行价值判断的过程。目前突出的问题是，只重视学生学业成就的评定，不重视个性发展、品德状况、体质体能等方面的评定。

要使教育评价手段不落后，就要树立正确的教育观、人才观，引入多元评价标准，完善评价理论体系和工作方案；加强督导队伍的建设，提高评价工作的质量；采取有效的措施，落实教育目标责任制；不断增强教育评价的作用，充分体现教育评价的导向功能、鉴定功能、促进功能、激励功能、管理功能、研究功能等。

对教育敢于说“不”，不是怀疑一切、打倒一切，而是“吾日三省吾身”，不断否定自我、超越自我；不是否定传统，而是更好地继承和发扬；不是固步自封，排斥先进经验，而是更好地去粗取精，去伪存真。对教育敢于说“不”，思想才会提升，社会才能进步。

第6课

教师的角色修养

一、校长是什么角色

校长是官吗？有人说“不是”。理由是，“官”这个词指的是政府机关或军队中经过任命的、一定等级以上的公职人员。学校不是政府机关或军队，所以校长自然就不是官。

校长是官吗？也有人说“是”。理由是校长具备了“官”这个具体职业的基本特点：人事决策权、财务支配权……

校长是不是“官”本身并不重要，重要的是，校长的自我感觉、认识、定位要明确，“莫把校长当官做！”

（一）校长应该是“好教师”

校长要求师生怎样做，校长首先就要这样做。校长的教育教学思想和观点与对师生的要求必须走“从群众中来，到群众中去”的路线。校长的主要工作是深入到课堂、教师和学生中去，既要用科学的理论指导教育教学实践，又要通过实践总结适合本校实际的科学理论，再用新的理论指导新的实践。

苏霍姆林斯基1948年至1970年一直担任一所偏僻的十年制普通乡村学校——帕夫雷什中学的校长，并从事教育实践和理论探索，积累了丰富的学校管理工作经验，其中不乏真知灼见，其著作被誉为“活的教育学”。他认为校长不能陷入事务的旋涡，也不能用官腔官调的行政命令来领导。苏霍姆林斯基说：“如果你想成为一个好校长，那你首先得努力成为一个好教师，一个好的教学专家和好的教育者。”因此，他本人始终兼教一门语文课，常年做班主任工作，并天天坚持听其他教师的课。直到今天，苏霍姆林斯基的观点和做法仍然值得我们借鉴。

校长首先应该是教师，或者是教师的“领头羊”，是教师中的佼佼者、教师中的表率。试想，一个校长连课都上不好，怎么能指导教学呢？所以，校长不能凌驾于教师之上，不能只注重职位和权力，成为不与师生沟通的“孤家寡人”。校长首先要努力成为一个好教师，并把精心打造高素质、高水平的师资队伍作为自己最主要的工作、最重要的职责，因为校长的教育思想最终要在教学这片沃土上生根、开花、结果。

（二）校长应该是“服务员”

服务是现代管理的最高境界。校长对学校的管理，就是为学校、教师、学生服务。学校运转出了问题，校长要跑前跑后，查原因、定措施；教师工作或生活上遇到了难题，校长要伸出援助之手；学生犯了严重错误，校长要想方设法去挽救。服务，能使校长发现学校管理的疏漏，发现教师的个性特长，发现学生的需求，了解学校师生的心理，为教师完成任务提供和创造必要且有利的条件；服务，可以使校长赢得师生的爱戴和信赖，可以将学校的力量拧成一根绳，形成一股合力，进而推动学校向着理想的目标前进。

管理要以人为本，对师生的管理要彰显人文关怀。校长站在为教师服务的角度去对待教师，对教师的管理就不是约束和规定，不是控制和干预，不是苛责和批评。而是对教师关心体贴，想教师之所想，急教师之所急；在工作中身先士卒，耕耘在教学第一线；在制度面前率先垂范，一视同仁；对青年教师循循善诱，促其成才。教师就会觉得校长既是好领导，又是好同事，更是贴心人。如果校长站在为学生服务的角度对待学生，对学生的管理就不是呵斥和惩罚，不是控制和干涉，而是晓之以理，动之以情，关心和爱护学生，与学生平等对话，想学生之所想，急学生之所急。学生会觉得校长既是好教师、好校长，又是好朋友，更是贴心人。

（三）校长应该是“教书将”

教育科研是提高教育教学质量的第一生产力。要创建科研先导型学校，校长首先应该是教育科研的积极探索者、践行者。“一个好校长就是一所好学校”，许多名校的校长都是教育科研的专家。试想，校长不重视教育科研，不专注于教育科研，教师的教育科研工作又怎么可能蔚然成风？校长对教育教学的探索，不在于校长做几个课题研究，而是校长根据现代教育科学的理论，结合学校具体情况，设计出具体的方案，提出可操作的原则和要求，并建立以学生为中心的多种课堂教学模式，让教师按照要求去探讨、实践。校长要以课题做抓手，积极开展实验研究，更新教学思想，改革教学方法，探索教学模式，提高教学质量。校长要把课题研究作为重要工作，定期召开课题工作会议，每学年举行课题研究成果报告会，奖优促劣，奖勤罚懒，形成全校上下以有研究方向和课题为荣、以谈课题研究为荣的良好局面。

走经验型教学之路，只能是“教书匠”；只有走教育科研之路，才能成为“教书将”。不可否认，教学经验不断积累和丰富，是教师教学水平不断提高和教师走向成熟的重要基础。但只注意经验的积累和丰富，不会给教育教学效果带来质的飞跃，更不会使教师形成科学的教育教学思想和独特的教育教学风格。当前，很多中小学教师缺乏个性化教育教学风格。为什么会这样呢？因为很多教师没有教育理想、缺乏动力和自我发展能力。怎样才能解决这个问题？促使教师形成自觉发展的要求，推动教师进行教研、科研活动，是解决问题的最佳途径。教师虽不是科研工作者，但应该是肯学习、有思想的实践者。因此，校长要推动教师走科研型之路，帮助他们成为教育教学的研究者，并逐步成为学者型教育教学专家。

校长应当成为教育科学理论和实践的中间人，为教师的教育科研工作创设研究的环境，提供研究的条件，对研究进行指导，解决研究的困难，总结研究的成果，推广研究的经验，真正把科研兴校战略落到实处，努力使学校成为科研先导型学校。这是校长管理学校所追求的崇高目标。

（四）校长应该是“小学生”

苏霍姆林斯基曾深有感触地说：“读书、读书、再读书。”校长要真正成为“师者之师”，就要读更多的书，并且要学会带着问题去读书学习，还要善于在学习和实践中发现问题，在“实践—认识—再实践—再认识”的过程中不断提高自己的学习能力和工作能力，让学校工作迈上一个新台阶。

在信息化时代，学习成为伴随人们一生的重要内容。校长，不仅自己要成为学习型领导，还要全力打造学习型集体，使学校师生具有爱学、乐学、笃学的精神；要创设良好、宽松的学习环境，促进学校成员间及时沟通、交流和讨论，充分发挥备课组、教研组、教务处、教科室、政教处、总务处、办公室等组织机构的作用，建立各种学习小组，制订学习计划和学习制度，使学习成为教师职业生活的自觉行为；要建立健全促进教师专业发展的学习体系，形成学历教育和专业教育相结合、培训与教研相结合的教师学习系统，让教师根据自己的需求和愿望进行学习，体现教师作为学习者的主体地位，使教师的业务知识不断拓宽，教学素质不断提升。

校长必须要排除“为官”的各种干扰，把终身学习放在首位；必须在“人的发展”理念指导下，组成一个高效能的学习共同体，在师生之间、生生之间、干群之间、学校与社区之间，建立起良好的团队合作和互动关系，使教师的知识与能力不断发展、不断提升。

二、校长为何难成教育家

近现代中外教育大家，许多人是校长，因此人们说校长最容易成为教育家。诚然，校长比教师容易成为教育家，作为一校之长，校长对教育教学的方向以及人、财、物的使用具有决定权，在管理中会遇到许多新情况、新问题，需要不断学习研究，更新思想观念，提高综合素质，以解决实际问题，适应形势发展的需要。诚然，校长比教科研人员容易成为教育家，因为教科研人员的研究常常停留在教育教学的理论层面，理论研究缺乏教育教学实践，校长则没有这些问题。诚然，校长比教育行政部门领导容易成为教育家，因为行政官员所做的工作大多是宏观的决策，缺少教育教学的实践经验和创新的能力……

教师、教科研人员、教育行政部门领导不容易成为教育家，但不意味着不能成为教育家；校长最容易成为教育家，但不意味着就能够成为教育家。能否成为教育家取决于客观环境，更取决于主观的努力。因为外因是变化的条件，内因是变化的根据，外因通过内因起作用。

最容易成为教育家的校长，却难以成为教育家，为什么？

（一）校长难成教育家的客观因素

1. 官场化的现实使校长难成“家”

教育是专业性比较强的工作，是一项教书育人的复杂工程，有自身的特点和规律。这就要求校长要具有较高的专业水准和管理水平。蔡元培之于北大，梅贻琦之于清华，张伯苓之于南开，都有力地说明，一位素质高、业务精、能力强、有人格魅力的校长，对于一所学校形成良性的管理机制和深厚的校园文化、造就无数的社会栋梁多么重要。

一个人能当好行政官员，却不一定能当好校长，因为优秀的校长管理学校不是靠行政指令，而是靠教育家式的引领。可是，许多校长成了名副其实的“官员”，整天忙着来往应酬，而不是潜下心来研究教育教学工作，自身素质和业绩得不到提高，身上缺少教科研精神。

教育行政化、学校官场化的现实，阻碍了校长成为教育家。

2. 大一统的管理体制使校长不能成“家”

现行教育管理体制中的方针政策和考核标准，使校长只能按统一标准和要求做事，校长根本没有自主办学的空间，于是千校一面、千人一面的格局便产生了。

目前的校长选拔、管理方式，埋没了一部分真正具有教育家潜质能当校长的人才。当校长只想在任期内维持学校稳定的时候，当校长无法按自己的思想对学校做长远规划的时候，当校长只想着干几件有影响的“大事”的时候，校长还能成为教育家吗？

3. 不科学的评价机制影响了校长成“家”

著名教育家陶行知说过：“要想评论一个学校，先要评论学校的校长。”科学评价校长，有利于校长的成长和发展，对提高学校办学水平及管理水平有现实意义。

我国在教师评价、教学评价、学生评价、综合办学水平评价等方面探索出不少成功的范式，但校长评价工作相对而言起步较晚，没有形成系统的评价方案，还停留在不够规范的一般化民主评议上。虽然国家教育行政部门1991年颁布了《全国中小学校长任职条件和岗位能力要求（试行）》，1992年颁布了《关于加强全国中小学校长队伍建设的意见（试行）》，明确了校长任免、考核、奖惩、待遇等问题，但考核内容总体上属粗线条，主要侧重考核贯彻执行教育方针、提高教育质量情况和学校办学管理、学校领导班子和教师队伍建设，以及遵守职业道德和遵纪守法等方面。考核程序是校长述职，民主评议（测评），主管部门评议，最后反馈考核意见。考核比较简单，已经不能满足当前教育发展和校长专业化的需要。以考核为主要手段的评价，主要目的在于决定校长的升、留、免、降或褒、奖、惩、戒，忽视了校长工作改进和校长的专业发展。这种重“督”轻“导”的评价取向，不利于校长素质的提高。

虽然国家又相继下发了《中共中央、国务院关于深化教育改革全面推进素质教育的决定》《国务院关于基础教育改革与发展的决定》《义务教育学校校长专业标准（试行）》《中小学校岗位安全工作指导手册》等文件，积极完善校长评价工作，但到目前为止，还没有形成有利于校长成长为教育家、有利于教育家办学的评价体系。

4. 应试教育的现实限制了校长成“家”

在应试教育的背景下，离开升学率与考试分数的硬指标，很难评价校长的工作绩效，这其实不是简单的技术性问题，而是整体教育氛围造成的。家长和社会对学校的评价，看的还是升学情况、考试成绩。

现在一些所谓的名校，最大的成就就是学生的考试成绩得了第一，就是培养了几个“状元”。一些本来很优秀的校长，因为升学率、优秀率、良好率、及格率等应试指标的束缚，不得不放弃自己的教育理想，而一切向分数看齐。

（二）校长难成教育家的主观因素

1. 急功近利无大志，心中无“家”

许多校长上任伊始，就把校长当成了“官”。为了自己的政绩，他们抢生源、拼时间、拼精力，师生苦不堪言；为了改善办学条件，他们向政府要钱，找企业寻求帮助，拉关系，找门路。长此以往，即使一个有潜力的校长也会在疲于奔命中泯灭教育智慧，放弃教育理想，迷失办学方向，染上世俗的陋习。

2. 素质低下，无能力成“家”

校长需要具备四项基本素质：品德、能力、作风和健康。其中品德是前提，能力是基础，作风是关键，健康是保证。校长要想成为教育家，首先要具有成“家”的潜质和能力。

校长要具备思想力、执行力、协调力、创新力和领导力等多方面能力。其中思想力是基础，是办学的灵魂，领导力是思想力、执行力、协调力、创新力等能力的最终表现。

受人事制度、校长选拔机制的制约，许多德才兼备、具有教育家潜质的优秀教师没有走到领导岗位，进而影响了校长队伍的素质；受校长管理体制的制约，许多具有教育家潜质的优秀校长失去了个性化的思想，也影响了校长队伍的素质；受学校评价机制的制约，许多具有教育家潜质的优秀校长失去了成为教育家的时间和空间，更影响到了校长队伍的素质……目前，我们缺少那种能够挣脱枷锁、突出重围，能够静下心来潜心探索先进教育思想和方法的优秀校长。

三、如何做好中层干部

学校的中层干部无论遇到什么类型的学校领导，都要具备以下素质和能力。

第一，甘当绿叶的心态。中层干部主要职责不是决策而是执行，即把领导的决策化为具体的行动。为此，中层干部在工作中要保持谦虚谨慎的态度，在尊重、理解并服从领导的同时，充分发挥承上启下的作用，并积极发挥主观能动性，在认真做好本职工作的前提下，努力配合领导做好各项工作。中层干部要有勇于承担责任的胸怀，不可凡事邀功显名，在失误面前推脱责任。

第二，务实创新的精神。对于自己职责范围内的工作或领导安排的工作，中层干部要有创意地完成，并在具体工作中丰富和完善工作思路。中层干部既是指挥员又是战斗员，作为指挥员就应该体现自己的能力和水平，越是面对棘手难缠的问题，越要沉着冷静，不能把矛盾推给别人；作为战斗员就要能做事、会做事，并对所做工作敢于负责和善于负责。

第三，纵观全局的观念。在学校出台一些涉及教师切身利益的规章制度的时候，中层干部需要做教师的思想工作，讲清局部与全局的关系，讲清教师的根本利益、长远利益与全局利益的关系。在涉及自己利益的时候，中层干部要有吃苦在前、享受在后，服从全局利益的精神。

学校整体工作是由每个中层干部所负责的局部组成的，只有所有中层干部拧成一股绳，步调一致，才能使学校工作获得生机。为此，每位中层干部都要有集体荣誉感，要把自己分管的工作作为全盘工作的一部分来对待，要主动与学校其他中层干部配合，紧紧围绕实现全校的共同目标开展工作。当分管工作和学校整体工作发生矛盾和冲突时，中层干部必须以大局为重。

第四，汇报请示的习惯。为使学校各项工作协调一致，有条有理，中层干部的各项工作必须事前请示，事后汇报。对重大事项或超出工作权限和职责范围的事项，要逐级请示报告，不得擅自答复和处理，紧急、特殊情况可越级请示报告，但事后要及时报告分管领导。

请示报告要抓住重点，简明准确。各种会议或公务活动结束后，要认真整理汇报材料，如实向领导汇报，不要延误、拖拉。在工作中发现问题要制订解决方案，然后再向分管领导请示汇报。

中层干部需要爱岗敬业，放开手脚，大胆创新，不断学习和实践。

四、年轻教师“五戒”

年轻教师是教育发展的希望，任重而道远。在当前社会大环境下，如何提高“忠诚于人民的教育事业”的思想认识，使自己出淤泥而不染，刻苦练就过硬的思想和业务本领，戒除不良习气，是年轻教师以及全社会应该关注的问题。

（一）戒懒

懒惰是一种意志消磨、精神颓废的表现，是自理、自立能力差，缺乏竞争力，影响事业发展的主要原因。美国著名政治家、科学家富兰克林曾经说过：“懒惰像生锈一样，比操劳更能消耗身体；经常用的钥匙总是亮闪闪的。”

懒惰是一种心理上的厌倦情绪。主要表现在以下几个方面。

（1）懒学。有的人一提学习就头疼，稳不住神，静不下心，学不进去；有的人表面上在学习，但不是为了掌握科学理论和现代知识，以提高自己的教育教学水平，而是为了装点门面、应付检查；有的人目光短浅，胸无大志，不把时间花在学习上。

（2）懒思。有的人只唯上，不唯实，只认教材及参考书等“本本”，照抄照搬；有的人只干不“思”，即使工作了几年甚至几十年，也只有“半成品”，缺乏真知灼见；有的人只学不“钻”，看似认真读书看报，实则“读书看目录，读报看标题”，蜻蜓点水，一目十行，不求甚解，不愿联系实际做深入思考。

（3）懒做。有的人好吃懒做、眼高手低，说的好、做的差；有的人明明知道怎样做事是最好的，但就是缺乏身体力行的精神；有的人拈轻怕重，缺乏吃苦耐劳的精神；有的人整天苦思冥想，不爱从事体力劳动或体育活动，对周围的人和事漠不关心；有的人日常工作和生活无规划，饮食起居无规律。

如何戒除懒惰？懒惰的反义词是勤奋，力戒懒惰就要倡导勤奋。勤奋是成功之道，懒惰是衰败之源。倡勤戒懒，是弘扬中华民族传统美德的客观需要，也是为人师表的需要，更是提高教师素质的需要。勤能补拙、强身、精业、养德。“业精于勤荒于嬉，行成于思毁于随。”纵观古今中外，凡有成就者无不是勤奋之人。可以这样说：“成功之路千万条，但勤奋是通往成功的必由之路。”

由勤变懒易，由懒变勤难。要养成勤奋刻苦的良好习惯，需要有崇高的理想和追求，这是人生的精神支柱和力量源泉，也需要坚韧不拔、不达目的誓不罢休的毅力，更需要坚持从点滴做起。

要戒懒，就需要做到“四勤”：一是勤于学习，善于积累——多读书、多听课、多参与教育教学活动；二是勤于思考，善于总结——多写教育教学笔记，多写研究性论文；三是勤于实践，勇于吃苦——大胆尝试、持之以恒、百折不挠；四是勤于钻研，精于本职——爱岗敬业、深钻细研。

（二）戒骄

“虚心使人进步，骄傲使人落后”，这是一个亘古不变的道理。年轻教师接受了现代教育，有很强的优越感、表现欲，很容易滋长傲慢情绪。有的人过于自信，总觉得自己一身本领，取得一点成绩，受到一点表扬，就飘飘然，甚至自吹自擂、沾沾自喜；有的人坐井观天，总感到自己工作不错，看不到自身的弱项和差距，不注重学习借鉴别人的先进经验；有的人汇报工作夸夸其谈，讲问题避实就虚、避重就轻，甚至避而不谈。

年轻人有点骄气可以理解，但不能以此为理由放纵自己、随心所欲。一味放纵会蒙蔽自己的双眼，导致发展停滞，问题频出。

当今世界竞争激烈，每一个人都应该深刻认识自身的差距和不足，埋头学习和实践。年轻教师更要实事求是地对待自己，正视自己的不足，加强自我修养；要谦虚谨慎，增强紧迫感，自我加压，有计划、有步骤地学习一些理论、业务知识；要不断将所学知识应用到实践工作中去，在实践中深切领会和把握教育教学的精髓，使自己成为一名合格的教师。

戒骄，最重要的就是谦虚。只有学会谦虚才能不断进步，才能有所发明，有所创造。

（三）戒躁

“躁”是指在社会竞争日益激烈的情况下，急于求成却不愿付出相应代价，进而出现急功近利的情绪和价值取向。

“躁”主要表现在以下几个方面。

（1）浮躁。有的人学习时坐不住、静不下心，往往浅尝辄止，满足于一知半解；有的人调查研究不深入、不细致，掌握情况不全面、不准确，指导帮带走马观花、蜻蜓点水；有的人任职一两年就稳不住神，想进步又不愿付出艰苦努力，热衷于拉关系、找门路。

（2）急躁。有的人急功近利，急于求成，急于表现，眼高手低，投机钻营；有的人不顾教育教学的客观实际，盲目追随教学改革；有的人不顾大局，弄虚作假，沽名钓誉。

（3）烦躁。有的人工作上安于现状，喜欢风平浪静；有的人生活上追求玩乐，贪图享受，热衷于应酬、拉关系，一有任务就烦，一说做事就烦，一遇到困难就烦。

（4）暴躁。有的人教育学生没有耐心，方法简单粗暴；有的人遇事不能保持头脑清醒，动辄发怒、发火、发脾气、发牢骚；有的人工作凭个人喜好，喜欢挑三拣四，感兴趣的事就做，不感兴趣的事就推三阻四；有的人工作干劲时高时低，摇摆不定。

克服“躁”，重在“稳”。“非淡泊无以明志，非宁静无以致远。”古今中外，凡成大事者几乎都具备沉稳的性格。他们经得起诱惑，耐得住寂寞，无论在什么环境中都能坚持操守。年轻教师一定要把“戒躁”作为人生的守则，在追求沉稳中走向深远。

“骄”和“躁”有共同的特性，就是好大喜功、急功近利、忘乎所以、见利忘义。戒骄戒躁就是要不骄不躁，要态度谦逊，本本分分做人，踏踏实实做事。逆境时，要想着一定会有柳暗花明的一天；顺境时，要尽力使自己平静下来，不骄不躁。

（四）戒势利

所谓势利，是指以权势大小、地位高低、财富多寡等作为追逐、奉承、利用对象的标准，以达到获取个人利益的目的的行为。势利具体体现在待人接物的态度、择友观念、是非倾向等方面。唯“上”是从、唯“本”是从、唯“财”是从是势利的表现；认为夫贵妻荣，父贵子骄，也是势利的表现；见权贵则献媚，见平民则鄙视，更是势利的表现；不重内涵，只看派头、行头，还是势利的表现。

势利的形成与我国几千年的封建传统文化的消极影响有关。在封建社会，人们的理想就是“学而优则仕”，后来形成看重官势权位、轻视科学文化的观念。普通人要想提高自己的地位，就必须走沟通官员的门路，必须靠个人交情和私人效忠才能达到目标——势利就在这种背景下逐渐形成了。

势利对学生，有关照与漠视；势利对同事，有亲疏与远近；势利对工作，有虚与实。势利者的心中根本没有国家民族的大业、仁义道德的正气，他们追求的是一己私利，只要对自己有利，就不择手段，奔走攀附，见风使舵。势利害人又害己，是事业发展的大忌。年轻教师对社会缺乏了解，免疫功能差，很容易被“病菌”侵蚀肌体，被势利左右思想和行为。

戒势利，关键在于“出淤泥而不染”，刻苦练就高尚的师德。师之魂是师德，德之魂是身正。身正就是要“讲正气，行正义”：在是非面前要处正断直，切不可人云亦云；在对错面前要旗帜鲜明，切不能混淆视听。教师讲正气、行正义的意义，不仅仅在于提高自身道德水准，更重要的是对学生施加影响和教育，使他们明辨是非。

（五）戒忌妒

忌妒是对才能、名誉、地位或境遇等胜过自己的人心怀怨恨。其实，忌妒是人皆有之的对己不如人的一种不满足的心态，“怨恨”的情绪只是个别的不良现象，并非妒忌的全部，但我们要警惕这种个别不良现象。

争强好胜，不想输在起跑线上，是绝大多数刚参加工作的年轻教师的共同心理特征。如何克服忌妒心理？

（1）走自己的路，不盲目攀比。一个人的能力有大小，不能一概而论。人各有短长，心中要装有“取长补短”的雄心壮志，走适合自己的路，努力做最好的自己，这样才不会产生不良的忌妒心理。

（2）保持“比上不足，比下有余”的知足常乐的心态。周围总有一些人会比自己强，这叫“山外有山，人外有人”，但周围也总有人不如自己。忌妒心起时，要感激目前拥有的一切。

（3）把握已有的“财富”。不要因为尚未得到的东西妒火中烧，我们拥有稳定的工作、稳定的收入、幸福的家庭、知心的朋友等。将视线转移到“我拥有”，而不是“我想要”，这样就会找到满足感。

（4）用祝福的心态看待他人。忌妒的时候，试着马上改变思路，将忌妒心转换成对他人的美好祝愿。理解他们成功背后的努力、运气和奋斗，真心祝贺他们，用他们的成功激励自己。

（5）相信自己也能成功。努力不一定成功，但放弃就一定会失败。人各有志，每个人有不同的能力，发现自己的特长，明确自己的人生目标，锲而不舍地去学习、实践，再学习、再实践，就一定会闯出属于自己的成功之路。

年轻的教师，走在人生工作旅程的起点上，需要注意的问题很多，并不只有上述所列几条。新一代的教育工作者应该扬长避短、奋发图强。学校领导和教育行政部门，应该为年轻教师创造一个温馨、融洽的环境和氛围，以促其发展，促其成才。

第三章 3 教师的文化修养

教师的文化修养是教师的学识水平、知识视野、思维品质、创新意识、审美能力、气质品位、人格修养等的总和。一个优秀的教师，只有不断地学习，提高自己的文化修养，才能更好地投身到教育教学中来。

第7课

教师的基础文化修养

一、教师基础文化修养概述

未来教育充满希望与挑战，以基础教育课程改革为载体的素质教育对教师的素质提出了更高的要求，教师要培养适应未来社会发展需要的创新型人才，培养大批德才兼备的高素质劳动者，首先必须提高自身素质，文化修养就是其中重要的一项。

文化修养是人文修养、科学修养和审美修养的总和。从本质上说，这三方面是既有联系又有区别的有机整体，它们共同构成一个人的整体素质。其中，人文修养是一个人修养的基础和核心，科学修养和审美修养是以人文修养为出发点和归宿的，是人文修养的延伸。因此，科学若离开了人文就迷失了方向，也就失去了存在和发展的意义；审美若离开了人文就失去了根基，黑白美丑也就失去了判断的依据。

(一) 人文修养

人文是指人类社会的各种文化现象，它包括崇高的思想道德素质、高水平的科学文化素质、高层次的人文文化素质、高度自觉的创造思维素质、高质量的身心健康素质五个方面。这里侧重的是人文文化素质，它蕴含哲学、语言、文学、艺术、历史等人类社会文化知识，是一个人精神风貌和内在精神气质的综合表现。近些年，社会上出现了种种不良现象，信念遭到嘲讽，理想受到冷落，道德濒临危机，情操蜕变为欲望，责任淡漠并与金钱捆绑在一起，诚实成了愚昧的代名词，堕落成为聪明和强者的象征，金钱常常腐蚀法律和正义，权力变成了商品。所有这一切正在严重影响着个体的幸福和社会的发展，蚕食社会稳定的根基，动摇人们的道德信念和理想，扰乱人们的政治信仰，导致了不少社会矛盾。这些固然由多种因素导致，但不能否认，人的文化修养，尤其是人文修养的缺失是十分重要的原因。

由此可见，提高人文修养是社会发展的迫切需要，对此，承担教书育人重任的教师任重而道远，因为提高全民的人文修养，要从学生抓起。这就给我们教师提出了一个新的课题，要让别人提高素质，首先自己要有素质，要让别人有文化修养，首先自己要有文化修养。

人文，是指人的价值具有重要的意义，包括“人”与“文”两方面，体现了对人的关怀和对文化的关切。人文的意义，首先是人学，是人的自省和自审之学。它超越了生理的层面和心理的意趣，在人的自我超越中领悟人性和人道，进而用人创造的价值之光净化人的心灵。

人文的主题是人文精神，人文精神泛指人文科学体现出的对人类生存意义和价值的关怀。人文精神追求人生美好境界，推崇感性和情感，看重想象性和多样化的生活，使一切追求和努力都归结为对人本身的关怀。

人文精神是对人的价值和尊严的肯定，是对人的理解、容忍、接纳和尊重，是对人的爱护和关怀、对人生终极价值的追寻、对人类命运的忧患。它重视思想和理性的价值，关注人的发展，认为人具有潜能；以人为本，以人的发展和幸福为本。教师在具有人文修养的前提下施教，可将古人“传道授业解惑”的理想活化为心灵的撞击与熏陶，课上就能实现师生真正平等的对话。这种对话不能简化为一个人向另一个人灌输思想的行为，不能仅仅是预设一个“圈套”，让学生按照程序顺利地完成这个“圈套”，而是一种创造性的行为。

（二）科学修养

科学修养是对日常生活、社会事务及个人决策中所需要的科学概念和科学方法的认识和理解，并在此基础上形成的稳定的心理品质。它包括自然科学知识修养、科学文化修养与科学精神修养三个方面。具体来说，科学修养包括了科学知识、科学能力、科学方法、科学意识和科学品质等。就个人而言，包括科学兴趣、情感、动机等个性化因素；就学科属性而言，包括数学修养、生命科学修养（生物学）、物质科学修养（物理学、化学）、地球与宇宙科学修养（地学、天文学）等。

如果说人文给人以方向，那么科学则给人以力量。所以，教师要提高自身的科学修养。

现代科学教育强调通过现代科学知识及其社会价值的教学，让学生掌握科学概念、学会科学方法、培养科学态度，懂得如何面对现实生活中科学与社会有关的问题，并做出明智决策。在教学过程中，要注重科学精神与人文精神的结合，现代科技与日常生活的结合，科学内容与科学过程的结合，以及知识教育与能力培养的结合。

教师要在加强自身科学修养的前提下，明确学生科学修养的形成不是简单通过教师的讲授就可以实现的，其中科学方法与能力、科学态度与价值观的培养，往往需要学生在科学探究活动中体验和感悟。在教学活动过程中，必须体现学生的参与性和主体性。学生有主体能动性，教师要从学生的主体角度出发，设计教学全程并创设各种条件与机会。科学观察能力作为科学素养的一个重要方面，在学生认识客观事物及实践活动中占有重要作用，教师在教学中要特别注意。

观察作为一种感知活动和认识方法，在人类实践活动中具有重要作用。将观察作为一种认识方法运用于科学研究过程，就是人们常说的科学观察。教师要善于有计划、有目的、有步骤地训练学生的感知能力，使自己和学生能够真正获取观察事物的主观映象的方式和方法，掌握一些常见的观察和实验方法。

（三）审美修养

审美修养是人们在对事物认知的基础上，通过后天的开发、学习和培养而习得的对美的形象的体验、感悟、想象与创新，最终形成一种相对稳定而可变化的心理品质。审美修养包括审美知识及欣赏美、鉴别美、创造美的能力的修养等。

如果说人文让人求善，科学让人求真，艺术则让人求美。

教育教学本身就是一种艺术生活，它要求教师不仅是一个博闻强识的“杂家”，同时也应该是善于审美的美学家。教师应该用审美的眼光去观察每一节课、每一个学生和周围世界的每一个角落，假如能够做到这一切，那么周围的世界就会变得生动起来，学生也会从美的胸怀中感受美，并在潜移默化中审视美、创造美。现实社会只重功利不重超脱，只重利益不重意义，只重结果不重过程，为功利而读书、为职业而读书、为前途而读书的想法比较普遍。“书中自有黄金屋，书中自有颜如玉”“学而优则仕”，这些观念严重影响了世世代代的知识分子，官场的通途使他们形成了功利的读书观，使他们沉醉于适用层面，缺少了哲学家胸怀天下、关怀人类的宇宙情怀。

作为教师，我们一定要从这种狭隘的圈子里走出来，从古希腊“认识你自己”的哲学名言出发追问自己，去领略那种超功利的审美境界。我们要追求教学简约，不断丰厚文化底蕴，要简朴，不要杂芜，要空灵，不要贮满。给生命腾出空闲，让自然的绿意柔和丰盈，这本是教师追寻的底色。

当前，有些学生被学校频繁的考试遮蔽了心性，学校生活中除了无休无止的考试外，学生根本没有多少时间和空间去感受生活、思考自我。学校也没有提供新鲜的生活氛围，把考试置于至高无上的地位，学生根本没有什么自由，他们的思想受到限制。这时，教师不给他们思考人生的空间，不带他们领悟人生的意义，不给他们旷达的审美眼界，学生就可能陷入强大的物质世界。

在经济全球化、世界数字化的今天，世界观、价值观多元化已经成为发展趋势，人们的成功领域不断拓宽，就业渠道和就业机制不断趋于完善，人们取得成功的机会不断增加。我们对个人的评价也应该是多元的，我们在讲台上要用好这个多元的评价机制，鼓励学生丰富自己，开拓学生看问题、看社会、看人生的视野，引导学生身心充分发展，从而让学生多层次享受学习，享受生命和成功！

（四）教师如何提升基础文化修养

教师基础文化修养的缺失必将导致课堂僵化。中小学教师应该是有较深文化底蕴的智者，在今天大力倡导“互动”“生成”的课堂中，面对的是思想活跃、敢于质疑的学生。如果教师文化素养不高，极易出现视野不宽——教学乏招，搬教参、对答案、死记硬背；底蕴不厚——创新乏力，学生的质疑没底气回答，无法与学生互动生成；修养不足——育人乏术，责任心极强，教学艺术却极差，自我感觉良好，反思能力不足；情趣不多——生活乏味，类似套中人，人未老心先衰，心灵缺乏阳光，难与学生沟通交往。

综上所述，教师的基础文化修养绝不能简单地等同于知识水平，更不能简单地等同于学历水平。它是指教师经过较长时间培养而逐渐形成的一种从事教育工作专门需要的涵养，是教师的学识水平、知识视野、思维品质、创新意识、审美能力、气质品位、人格修养等的总和。

教师文化修养是难以培训和“灌输”的，修养需要日积月累的“浸润”和“孕育”。

首先，教师要精通所任课程的专业知识，掌握本学科新课标所规定的教学内容——这是教育学生的基础。苏霍姆林斯基曾经说过：“教师所知道的东西，就应当比他在课堂上要讲的东西多十倍、多二十倍，以便能够应付裕如地掌握教材。到了课堂上，能从大量的事实里挑出最重要的来讲。”

其次，教师必须具备广博的知识，要广闻博见，博古通今。教师除了在本学科知识方面有一定的深度、广度外，还要了解邻近学科的知识。地理教师要有相应的历史、人文常识。语文教师要有一些地理、历史、哲学等国学方面的知识，这样语文课才不会变成纯文字的教学。

再次，教师具备的知识要有时代性。社会在发展，人类在进步，知识更新的速度不断加快，尽管学校的教学内容具有相对稳定性，但是教师的教学要跟上时代的步伐，教师必须不断充实自己，掌握新知识。

提升教师的文化修养，最重要的是养成良好的阅读习惯，系统地阅读，批判性地阅读。

学习是现代人的第一需要，是每位教师的人生必修课。从某种角度说，学会读书和学习已经成为现代人生存和发展的基础。只有学会读书和学习，我们才能提高自身的文化底蕴。没有学习，就没有教师的成长；不吸收人类几千年历史中创造和积累的文化财富，教师在教学和管理活动中就无法做到从容不迫、游刃有余、把握有度；不汲取人类几千年积累的智慧和道德理念，在社会主义市场经济的浪潮中，教师就无法抵御物欲和声色的诱惑，无法远离浮躁的心态，也无法在繁重的日常教育生活中保持冷静和克制，把握教育的契机。因此教师要学会学习和读书，在博览群书中思考、积累，丰富自己的知识和思想，拓宽文化视野，提高思想高度，增加思维的深度和广度。教师尤其要阅读经典，与思想家、教育家对话，学习他们的研究成果，提高文化素养，尤其要提高人文素养，并在此基础上培养科学精神。这是教师的教育思想和智慧形成、发展的基础，也是教师成长的必备条件。

从一定意义上说，教育思想和智慧的形成，就是教师跨越东西方文化经典构成的桥梁的过程。在我国，要成为一名优秀的教师，一定要在汲取西方文化的科学精神、民主精神、实证精神的基础上，重视中华优秀传统文化的学习，背靠五千年博大精深的中华文化，从中汲取营养，学会思考和“拿来”。唯有如此，教师才能远离平庸和浮躁，才能真正成长起来，成为学生心理健康的维护者、精神生活的指导者，才能让学校和教师的管理更有效，让教育更成功，更有智慧，更加人性化。

总之，一个优秀的教师，只有不断地学习，提高自己的文化修养，才能更好地投身到教育教学中来。正如我国教育家陶行知先生所说：“要想学生好学，必须先生好学。惟有学而不厌的先生，才能教出学而不厌的学生。”

我们教师应勤奋好学，努力提高自身的文化修养，这样才能适应新时代教育教学的需要。

二、教师要饱读诗书

（一）现在教师为什么不读书

1. 社会价值观的影响

目前“读书无用论”非常流行，社会越来越浮躁，越来越功利。崇尚权势与金钱，漠视知识、理想和志气的现象十分严重，教师不可能不受影响。

有的教师认为，身边的同事都不读书，自己读了也无人欣赏，更无用武之地。这种低俗与功利的价值观，造成了读书氛围的缺失，使很多以前很爱读书的人也加入了不读书的队伍，聊天、玩游戏、炒股等活动成为很多教师业余生活的最爱。

即使读书的人，读的书也大多是小说、报纸和杂志，关注的无非是娱乐、情感、体育、证券、饮食、健康等知识，以及具有刺激性的“八卦”消息。很少有教师主动读教育教学方面的书籍，更别说读哲学、史学等方面的书籍了。

2. 应试教育的影响

中高考一考定终身的人才选拔机制，使中小学教育的价值取向聚焦在考试上。这种功利性的教育体制，使教师不可能有从容不迫地读书的心境和时间。

“应试”前提下的教学，只不过是把教材里规定的那些知识让学生死记硬背，考试的时候能够取得好分数。课堂教学关注的无非是重点、难点、知识点和易考点。教学方法主要是加班加点、题海战术、反复演练。长期以来，教师被“以纲为纲，以本为本”的“紧箍咒”牢牢地禁锢着，不敢越雷池一步。在这种情况下，教学早已演变成为一种非常简单的技术性劳动，根本不需要智慧、艺术，尤其不需要渊博的知识、学问。教师哪里还用得着读书？

现实的教学状况表明，没有多少知识的教师能教出“成绩好”的学生，而知识渊博、很受学生欢迎的教师的教学成绩未必优秀。原因是，我们的教学是灌输知识，而不是发展学生的智力、智能、智慧。这种情况下，教师不需要广博的文化知识，也没有读书的内在要求。

3. 没有时间读书

一切为了分数的应试教育千头万绪。由于社会、家长对学校的期望越来越高，学校之间的竞争日趋激烈，再加上各种比赛、考核、检查活动，绝大多数教师忙于备课、上课、批改作业、辅导，忙于开会、谈话、考试、分析、总结、接受检查……教师的业余生活因繁重的教育教学工作变得贫乏，从而造成职业上的倦怠。在这种状态下，教师哪里还有读书的欲望？

阅读需要充裕的时间、安静的环境、从容的心态。自然的作息规律一旦被打破，教师就会陷入身体疲劳与精神疲劳的双重境地，即使在休假时，很多教师也只选择玩游戏、打麻将、游山玩水等活动来放松自己，而不选择读书。

除了上述三种主要原因以外，还有主观因素和客观因素。主观因素有不求进取，满足于现状，懒惰等。客观因素有读书管理无序，书籍昂贵，多媒体发达使传统的读书方式受到挑战，以及受社会娱乐化的影响，整个社会缺乏读书氛围等。

（二）怎样引导教师读书

1. 健全组织

学校要有一个能够调动教师阅读积极性的组织，专门负责读书的事情。例如，成立以爱读书的各科教师为主体的“教师读书促进会”，明确分工及责任，每月组织一次活动，将参与活动的时间计入教师工作量。

教师读书促进会的职责是，拟定教师读书计划及各项规章制度，如《教师读书操作规范》《教师读书汇报展示制度》《教师读书考核制度》等；推荐教师必读书目、选读书目；每月组织一次读书活动；评选奖励“书香”人物；教师期末写出总结并公示等。

2. 营造环境

（1）教师根据读书促进会的要求，拟订学期读书计划。

（2）充分利用图书馆、阅览室，实行阅读登记制度，并把阅读次数作为评选“书香”人物的重要依据。

（3）学校要为每个办公室订阅一定数量的报纸杂志。

（4）每天为教师提供不少于30分钟的读书时间。

（5）要求教师每周写读书笔记，并在期中、期末进行检查。

3. 榜样激励

（1）以兴趣引领阅读。让每个教师定期推荐好书，评选最佳推荐者，学校也适时召开好书推荐会，并按教师的意见购书，鼓励教师读自己爱读的书。

（2）名师引领。邀请名师讲述阅读故事；购买名师关于师生读书的光盘，如购买、组织观看窦桂梅的《读书，心灵成长的奥秘》和陶继新的《读书与教师生命成长》等读书故事的光盘，让名师的亲身经历震撼教师的心灵，以激励教师阅读。

（3）领导带头。以校长为首的学校领导要以身作则，做读书的带头人。学校领导要轮流做主讲人组织全校业务学习，积极参加教师论坛和读书交流会，将读书的内容、体会与大家分享和交流。校长要把自己打造成终身读者和阅读指导专家，以带动教师的阅读。

4. 活动促进

学校每学期都要有组织、有计划、有目的地开展读书沙龙会、读书笔记交流、读书知识竞赛、经典诗文诵读、读书故事讲述、读书成果汇报展览、师生同读一本书、“书香”教师评选奖励等活动，以活跃校园读书生活，激发教师的读书热情。

（三）教师应读什么书

1. 教育理论与智慧类

教师应该阅读经典的和最新的教育理论著作。例如，《陶行知教育名篇》《杜威教育名篇》《国际教育新理念》《赏识你的学生》《大教学论》《给教师的建议》《和教师的谈话》《教育漫话》《怎样培养真正的人》《班主任工作漫谈》《民主主义与教育》《多元智能》等。这些都是对国内外教育产生过重大影响的图书。

2. 教学智慧与探索类

这类书能够帮助教师吸收一线教学经验和智慧。例如，《新课程教学问题与解决丛书》《新课程教学现场与教学细节》《新课程备课新思维》《推敲新课程课堂》《另类课堂》《英美精彩课堂》《教师科研有问必答》《课改新课型》《课堂掌控艺术》《教师反思的方法》等。这些书来自实践，针对性强，能够帮助教师解决具体问题。

我们既要读理论家的书，也要读实践者的书，前者可以使思想深刻，知道自己未曾想过的东西，后者可以使自己思路开阔，了解未曾做过的事情。

3. 学科相关类

例如语文教师要读一点语文教育史的书，如郑国民的《从文言文教学到白话文教学》；读一点语文教育大师的经典性专著，如胡适的《中学国文的教授》；读一点当代语文教育专家的论著和教学实录，如《优秀语文教师上课实录》；读一点阅读学、写作学、训诂学等相关学科著作，如周裕锴的《中国古代阐释学研究》；读一点中西文化及其经典，如《西方名著入门》；读一点古代文学作品的选本和注本，如《中国文学发展史》；读一点教材所涉及的作品，如读《浮生六记》再教《童趣》，读《论语》再教《〈论语〉十则》等。

除了读本学科的书籍，教师还要读其他学科的书籍，例如，文科教师读一读理科书籍，感受科学的严谨，体味逻辑的力量，看看数字构建的宏伟瑰丽的世界；理科教师读一读人文类书籍，感受人文情怀，把握思想进步的脉络。

4. 学生喜欢读的书籍

学生喜欢读的书，最能体现他们的思想倾向。现在大多数学生爱看网络著作以及漫画等书籍，这些书籍良莠不齐，教师也需要读一读，以此了解和掌握学生的心理状态，给缺乏甄别能力的学生提供指导性意见。这既有利于学生的成长，又能够促进教师自我发展，还可以促进教育教学工作。

5. 提高自身修养类

教师的思想修养、文化修养对学生的影响是潜移默化的，是深远的。为此，教师应自觉提高自己的文化修养，多读一些古今中外的文学作品、历史与哲学著作。

教师还应该关注家庭教育类书籍，如《谁拿走了孩子的幸福》《中国孩子缺什么》《孩子是管出来的》等；更应该关注那些对工作具有直接指导意义的书，如《怎样培养习惯》《反思教育习惯》等。

教师读书，要坚持实用、实效，能够提高教育教学素质的原则。专业阅读应该是因人因书而异的，不能强求一致。有些推荐的书籍，教师并不喜欢阅读，因为这些书籍并不适合教师，教师阅读专业书籍应该有层次。例如，许多中小学校向教师推荐苏霍姆林斯基的《给教师的一百条建议》，但事实证明，大部分教师在专业起步时期并不适合读这本书，小学教师读一些类似《孩子们，你们好!》的书籍会更实用一些。

（四）教师应该怎样读书

1. 问题读书法

教师的专业阅读一般不是对教育学、心理学原理的阅读，而是以解决问题为导向的阅读。专业阅读必须与教育教学实践紧密结合才有生命力。

带着问题去读书，其目的是读为所用。这种方法是指通过对某一理论或实践问题的思考，找出需要解决的问题，然后再去读书。例如，我们不知怎样去上复习课，那么就要到图书馆去寻找关于复习课内容的书籍，到网上去寻找关于复习课内容的文章来阅读，然后分析、概括和总结，形成一篇研究性的文章，围绕复习课的意义、性质、种类，复习课的基本结构、方法步骤，复习课要遵循的原则及注意事项等问题进行阐述。文章定稿后积极发表，以验证其是否具有科学性，同时也便于与同行们分享交流。

苏霍姆林斯基总是带着教育领域中的一些问题去读书，经常从教育学、心理学、教育史以及各种教育方法专著中摘录“最出色的内容”，然后分门别类编辑成专题研究笔记，撰写论文。他的著述被誉为“学校的百科全书”。他说：“面对浩瀚的书刊海洋，要非常严格慎重地选择阅读的书籍和杂志。要善于限制阅读范围，从中排除那些可能会破坏学习制度的书刊。”

带着问题读书，既解决了为什么读书的问题，又解决了比较、鉴别不同读书方式的问题，还能解决教师创新精神的培养、独立人格的养成和科研能力的提高等问题。可谓一劳多得，事半功倍。

2. 系统读书法

这里所说的系统读书，不是泛泛而读，而是根据自己的工作职业及岗位，全面、系统地读本专业的书籍的方法，也可以说是一种狭义的泛读法。如果是班主任，就要全面收集有关班主任工作的书籍一本本地阅读；如果是科任教师，就要收集本学科的书籍一本本地阅读。

系统读书的第一个层次是选读，即静下心来，选择本专业、本岗位的书籍从头到尾认真读一遍，重要内容还要反复读。教师应该在系统读书中掌握专业岗位要领，拓展专业岗位知识，为准确把握专业岗位的知识结构、发展历程、研究现状和发展前景奠定基础。

系统读书的第二个层次，是在选读的基础上精读。即根据自己的兴趣和重点研究方向，进一步有选择、有重点地精心阅读，这也是由浅入深的细读。精读需要全面掌握相关资料，了解这一领域的发展进程，认识各家的论点，弄清学术动向。要做到这一点，就要在纷繁的观点中理出逻辑顺序，归纳概括出较为科学的理论。

系统读书的第三个层次是研读，是系统读书的最高层次。研读是学习理论和实践方法以及语言形式的研究性读书法。研读的文章和专著一般是名师的成名著作或学术力作，即使不是名师的作品，也应该是在本专业岗位研究领域具有代表性或权威性的著作。在研读过程中，我们主要学习两个方面的内容：一方面是治学方法的研读学习，即研究学习名师怎样科学地组织文章并形成专著的结构体例，怎样通过这种结构体例论述自己的理论见解，又是通过什么样的研究方法达到自己的研究目的；另一方面是研究学习名师如何运用丰富的语言论述研究对象和问题，这种语言的学习很重要。

读书的方法很多，以上只是常用的读书方法。

教师是履行教书育人神圣职责的人，如果教师不读书，那还有谁能够读书或者说应该读书呢？如果教师不读书，那么《国家中长期教育改革和发展规划纲要（2010—2020年）》所制定的“到2020年，基本实现教育现代化，基本形成学习型社会，进入人力资源强国行列”的战略目标又该如何实现呢？教师天生就应该与书为伴。教师读的书越广泛，学生的知识就越丰富；教师读的书越精深，学生的能力就越强大。假如在读书中教师能坚持思考与写作，那就距离专家、学者不远了。我们耳熟能详的名师，哪一位不是读书、研究、写作的高手？

三、教师的写作“必修课”

（一）教师为什么要学会写作

1. 教师职业的需要

教师无论是传道、授业还是解惑，无论是教书还是育人，都需要有知识、有思想。而写作就是丰富知识、提升思想的最有效的途径。

教师工作具有创造性、示范性、繁重性等特点，这就要求教师要不断学习，不断吸收和总结经验与教训。而写作就是吸收和总结经验与教训的最重要的手段。

计划、总结、课后反思、下水作文、教育教学研究性论文……一个教师在职业生涯中，时时处处都面临写作问题。可以这样说，没有一定写作能力的教师就不是一个称职的教师。

著名教育家李吉林曾经说过，没有文章，思想就行不远。倘若教师只能上课，成不了教育家，就是一百节课一千节课也不行，一定要有理论构建，要有著述，形成自己独特的东西。李吉林正是这样一个身体力行的实践者，她有论文两百多篇，著述达到三百多万字，并总结出“学、思、行、著”教师专业成长的“四字经”。

北京师范大学的肖川教授对课堂与写作的相似性进行了比较论述。他认为，写作的四要素“主题、素材、技巧、语言”与教学的四要素“主题、教学资源、教学设计、教学语言”一一对应，好课的标准其实与好文章的标准是一致的。他认为，一个能够写好文章的人是不可能上不好课的。

有人把衡量一个教师专业水平的标准定为上好课和写好文章两条，是有一定道理的，因为教师只会上课，不会写文章，专业发展不会走太远。写作是对上课的总结、反思、提升，能够不断地促进课堂教学水平的提升。读书、写作是教师专业化发展的两翼，教学则是教师专业化发展的主体，没有写作就像鸟儿折了一只翅膀，无法飞翔。

从事教师这个职业，如果不甘平庸，有自己的教育追求和理想，想当一个好教师甚至想成为名师，就不仅要完善教学，而且要进行教育写作。语文特级教师李镇西曾充满激情地说：“教育写作是教育与人生的里程碑，是一段生活的定格，是一种精神的凝固，是一份情感的珍藏，是一道理想的光芒，是一串记忆的珠贝，是一束青春的花朵……那些理想之火不灭的教师们，千万不要忘记，每天，走下讲台之后，请坐到书桌前，打开电脑，开始你们的教育写作之旅吧！”

当然，如果我们教师写作不仅仅是职业需要，而是像苏霍姆林斯基那样守住自己心灵的净土，躬耕精神的园圃，把困惑变成收获，把收获变成反思……让不懈的写作真正成为一种生命的自觉。那么，我们的内心就会永远充满言语创造的激情，对学生精神世界的影响也会变得深刻而悠远，从而引领学生走进精神创造的殿堂。

2. 全面提高素质的需要

目前，教师队伍素质状况令人担忧，这与写作水平低不无关系。为什么教师作文水平低？这又得从我们的教育说起。从小学到高中，我们的写作教学培养的是应试作文的高手。到了大学欣赏别人的作品，而自己不再“舞文弄墨”。参加工作后，主要工作又与写作没有直接关系，所以也就不再练习写作，作文水平低也是意料之中的了。

阅读和写作，是提高教师素质的主要途径。阅读是写作的基础，写作可以提高阅读的品质。教师常写作，不仅可以提高业务素质，促进教学，还可以提高教学质量。

写作会使人更加用心地品味生活，反思自我的得与失，进而洞明世事，去捕捉工作中、生活中有意义的现象和信息；写作会帮助人们梳理思绪，使人变得井井有条，使个体经验概念化；写作能使人提升口头语言表达的品质；写作会帮助人们深化对问题的认识……教师为了研究一个课题、写一篇文章而广泛阅读时，其视野要开阔得多，对某学科或某一问题的认识更加深入，能迅速提高专业素质。假如一个教师每年研究几个课题并把探讨的过程及成果写出来，那么这个教师的专业素质能得到迅速提高。更为重要的是，教师勤写作能给学生潜移默化的影响。学生从教师那里获得了言语感受力和想象力的启迪，会涌起言语创造的激情，自然获益匪浅。

教师几乎每天都在进行教学实践，写作题材十分丰富，教学设计、教学建议、教材分析、备课札记、教法改革等都在可写之列。教学实践为我们的写作提供了取之不尽、用之不竭的第一手材料。教师若能经常把自己的感动、困惑、成功与失败、希望与梦想变成文字，写成文章，那么，无论是教师的气质、情怀，还是内心世界，都会慢慢变得纯净、澄明、细腻和丰富。

一个人的文章能走多远，他的思想就能走多远，影响就有多远。只有动笔写作，思想的成果才可能在更广空间和更长时间内传播。

（二）教师要怎样写作

1. 心中时时有问题

要学会写作，就要勤奋好学，心中时时有问题，且能持之以恒地钻研探索。要善于把在教育教学中，在看书学习中，甚至是在闲谈中偶然产生的问题，形成一个个小型的科研课题。通过学习、实践、认识，再学习、再实践、再认识的过程，形成一篇篇研究性文章，每一篇文章都是一个研究课题的结果。

怎样搜集论题和素材？

（1）反问昨天的经验和教训是什么。教育教学中取得了一点成绩，经验是什么？没有取得良好成绩，甚至出现了失误，教训是什么？只有善于反思这些问题，总结过去，才能有所提高，有所进步。

（2）审问教育教学中出现的知识疑点。在学习、备课、讲解或解答学生提问时，教师经常遇到自己不懂、似懂非懂或有争议的问题，这就要深入探究，给学生一个交待。

（3）质问现在的做法是否省时而高效。在教育教学中有许多做法是低效甚至无效的劳动。要达到省时、高效就要课改，怎样课改是值得教师探究的问题。

今天的课堂是否节省了教与学的时间？即教师是否做到了少讲、精讲或不讲，学生是否做到了精练。今天的课堂是否提高了教与学的效率？即是否提高了教师教学的效率，在有限的时间传授了无限的并且能够使学生终身受益的知识；是否提高了学生学习的效率，在有限的时间学到了无限的并且能够终身受益的知识；个体、整体的学习成绩是否得到明显提高；学生素质是否普遍得到提高，是否培养出了某一学科中的突出人才等。

能够发现问题，这就是认识水平的提升；能够寻求解决问题的方式方法，这就是做学问。

（4）叩问明天该怎样设计才能适合社会发展的需要。现在的问题如何解决才能使明天更美好？是教育体制还是教育手段？是教学方法还是教材、课程？反问昨天是为了今天；审问疑点是为昨天负责，进而把握今天，为明天奠定基础；质问现在则是为了更好地构建明天。做到这几“问”，并“博学之，审问之，慎思之，明辨之，笃行之”，我们的教育教学活动就能上新台阶，我们的小课题就会具有大价值。

小课题，大学问。总有“问”，才能总去“问”，才能有大学问。

2. 以研究性教育论文为核心兼顾其他

有人喜欢写诗，有人喜欢写小说，教师应学会写什么？教师应该先写研究性教育论文，然后是读书笔记、教育叙事、案例反思、散文等。

（1）研究性教育论文。教育论文是评定职称的必要条件。写论文可以记录新的科研成果，进行学术研究；可以促进学术交流、成果推广和科技发展；可以促进科研的深化；可以考核作者的科研水平；可以培养人独立思考的能力。

（2）读书笔记。读书笔记是读书时把自己的读书心得记录下来或把文中的精彩部分整理出来而做的笔记。写读书笔记常用的形式有摘要式、评注式、心得式、笔记式等。

（3）教育叙事。这是近几年很流行的一种方式，也是教师喜欢的一种写作方式。教育叙事就是把自己在教育教学中发生的故事叙述出来，然后加上自己的一点感悟。

（4）案例反思。选择教育教学中对自己或别人有启发的案例，写出自己的思考。案例要具有典型性，反思要深刻。写作形式是在案例的基础上反思。

（5）散文。教师要会写散文，尤其是语文教师。冰心曾经说过，作为一名称职的语文教师要做到“三个一”，即一手好书法，一副好口才，一笔好文章。如果一个语文教师不会写文章，怎能以评析他人文字、指导青少年写作为终身职业？

四、教师要掌握的语言文字类政策法规

教师是文化的传承者，只有对国家的语言文字法规政策文件有所了解，才能授业、解惑。目前需要掌握的主要有以下三十种。

(1)《中华人民共和国国家通用语言文字法》。

(2)《广告语言文字管理暂行规定》。

(3)《普通话水平测试管理规定》。

(4)《高等师范学校学生的教师职业技能训练大纲（试行)》。

(5)《师范院校“教师口语”课程标准（试行)》。

(6)《职业中学普通话教学基本要求》。

(7)《关于在中小学加强写字教学的若干意见》。

(8)《第一批异形词整理表》。

(9)《关于广播、电影、电视正确使用语言文字的若干规定》。

(10)《出版物汉字使用管理规定》。

(11)《关于企业、商店的牌匾、商品包装、广告等正确使用汉字和汉语拼音的若干规定》。

(12)《中国地名汉语拼音字母拼写规则（汉语地名部分)》。

(13)《关于地名用字的若干规定》。

(14)《关于开展普通话水平测试工作的决定》。

(15)《普通话水平测试等级标准（试行)》。

(16)《普通话水平测试大纲》。

(17)《国家语言文字工作委员会语言文字规范（标准）管理办法》。

(18)《第一批异体字整理表》。

(19)《汉语拼音方案》。

(20)《普通话异读词审音表》。

(21)《简化字总表》。

(22)《现代汉语常用字表》。

(23)《现代汉语通用字表》。

(24)《标点符号用法》。

(25)《汉语拼音正词法基本规则》。

(26)《现代汉语通用字笔顺规范》。

(27)《信息处理用 GB13000.1 字符集汉字部件规范》。

(28)《中华人民共和国国家通用语言文字法》。

(29)《出版物上数字用法》。

(30)《出版物汉字使用管理规定》。

五、教师要掌握的教育类法规文件

教育类法规文件，是教育工作的法律依据和操作规范，教育工作者要了解和掌握。目前教师要掌握的国家教育类法规文件主要有以下四十八种。

(1)《中华人民共和国教育法》。

(2)《中华人民共和国义务教育法》。

(3)《中华人民共和国民办教育促进法》。

(4)《中华人民共和国职业教育法》。

(5)《中华人民共和国高等教育法》。

(6)《中华人民共和国教师法》。

(7)《中华人民共和国学位条例》。

(8)《中华人民共和国未成年人保护法》。

(9)《中华人民共和国预防未成年人犯罪法》。

(10)《中华人民共和国国旗法》。

(11)《中国汉语水平考试（HSK）办法》。

(12)《国务院关于贯彻实施〈中华人民共和国教师法〉若干问题的通知》。

(13)《教学成果奖励条例》。

(14)《教师资格条例》。

(15)《教师和教育工作者奖励规定》。

(16)《教育行政处罚暂行实施办法》。

(17)《中小学德育工作规程》。

(18)《中小学教师继续教育规定》。

(19)《中小学校长培训规定》。

(20)《〈教师资格条例〉实施办法》。

(21)《普通话水平测试管理规定》。

(22)《国家教育考试违规处理办法》。

(23)《中小学教师职业道德规范》。

(24)《中小学班主任工作规定》。

(25)《义务教育学校校长专业标准》。

(26)《幼儿园教师专业标准（试行)》。

(27)《小学教师专业标准（试行)》。

(28)《中学教师专业标准（试行)》。

(29)《幼儿园管理条例》。

(30)《幼儿园工作规程》。

(31)《中华人民共和国义务教育法实施细则》。

(32)《小学管理规程》。

(33)《流动儿童少年就学暂行办法》。

(34)《中华人民共和国民办教育促进法实施条例》。

(35)《中华人民共和国中外合作办学条例》。

(36)《中华人民共和国中外合作办学条例实施办法》。

(37)《社会力量办学印章管理暂行规定》。

(38)《社会力量办学教学管理暂行规定》。

(39)《学校体育工作条例》。

(40)《全国学生体育竞赛管理规定》。

(41)《学校艺术教育工作规程》。

(42)《中小学校电化教育规程》。

(43)《学校卫生工作条例》。

(44)《学校食堂与学生集体用餐卫生管理规定》。

(45)《中小学卫生保健机构工作规程》。

(46)《中小学校园环境管理的暂行规定》。

(47)《中小学幼儿园安全管理办法》。

(48)《学生伤害事故处理办法》。

第8课

教师的语言文化修养

一、教师语言的特点

（一）规范性

《师范院校“教师口语”课程标准（试行）》明确规定，普通话是教师的职业语言，是教师的职业基本技能。语言符合语法、逻辑，语句完整，条理清楚，能说一口流利标准的普通话，这是对教师的基本要求。课堂中的教学语言不仅要准确地传达信息、传授知识，而且要对学生起语言示范的作用。教师能够用普通话清晰明确地表情达意，将课本知识用语言表达出来，学生就容易接受。如果具有一定的普通话水平，教师就可以在课堂上进行课文的范读、领读，活跃课堂氛围，可以提高课堂教学质量。如果教师的语言语意含糊，表达不清，就会影响学生对知识的理解，从而影响课堂教学的效果，学生也得不到良好的语感训练。

语言的规范性，主要体现在以下几个方面。

（1）教师必须使用普通话授课。推广普通话是国家一项重要的语言政策，教师是这项政策的最佳执行者和传播者。

（2）戒除口头禅。口头禅会使一句完整的话变得支离破碎，甚至会影响学生的注意力。

（3）减少方言成分。方言会给课堂带来负面影响，使普通话的表现力受到影响，减弱教师语言的说明作用。有时方言还会引起误会，干扰课堂教学，影响教学效果。

（4）提高语言素质。教师的语言应通畅，在用词、造句、语音、语调上力求规范，无句法、用词错误，并且符合语言美的要求，使学生乐于仿效。

（二）准确性

准确，就是观点明确，语意清晰，发音标准，遣词得当，造句符合文法，推理合乎逻辑，用语具有专业性和学术性。准确是课堂教学语言的基石和生命。

准确是指内容的科学性、知识的确凿性、说理的实在性，就是传授知识必须善于选择最能表现事物本质特征的语言，必须善于用适当的语句对事物做出合乎逻辑的判断。教师准确的教学语言，能使教师授课更具凝聚力，在教学过程中充分吸引学生的注意力，更好地组织教学。

语言准确还应体现在精炼上。所谓精炼，是指语言言简意赅，论述简明扼要，分析鞭辟入里，描绘画龙点睛，见解独到深刻。

教师教学语言虽属日常口语，但应该是加工提炼的口头语言，与随想随说的日常交谈有区别。教学语言既要有经过锤炼的活泼的口语，又要有优美严密的书面语言。只有这样，才能在讲课时让学生置身于优美的文化氛围和语言环境中，并从中受到教育与感染。

（三）激励性

语言作为一种感人的力量，真正的美离不开言辞的热情、诚恳和富于激励性。因此，教师一定要努力把活生生的灵感和思想渗透到自己的话语中去，使之情动于中而言溢于表，从而打动学生，使学生产生强烈的共鸣，受到强烈的感染。教师语言的感情色彩，源于教师科学的世界观、人生观，源于教师对教育事业的无限热爱，对科学文化知识的强烈渴求，以及对学生的赤诚之爱。

学生是有思想、有感情的人。好胜、自尊、虚荣相互交织是学生显著的心理特征。尤其是中学阶段，学生虽然不像成年人那样成熟，但希望别人把他们当作成年人一样平等对待，他们自尊心极强，也极敏感。教师应针对这一特点，对学生多鼓励、少批评，即使批评也要体现激励性，尽可能调动学生的积极思维，激发学生上进的情感，让学生学会自我调整，学会自尊与自爱。

（四）启发性

孔子说："不愤不启，不悱不发，举一隅不以三隅反，则不复也。"朱熹对此做出解释："愤者，心求通而未得之意；悱者，口预言而未能之貌。启，谓开其意；发，谓达其辞。”后来，人们概括孔子的教学思想，吸取了朱熹的注释，就称为“启发”或“启发式”。“启发”一词的原意是“教导学生”，即不到学生想求明白而不得的时候不去开导，不到学生想说却说不出来的时候不去启发。

启发性的语言在教学的过程中可起到指点迷津的作用，能使学生茅塞顿开，豁然开朗；可引导学生不断步入新的求知境界，以此发展学生的创造性思维，克服灌输式教学的弊病；可让学生由“听而得之”变为“思而得之”，使学生由被动学习变为主动学习，大大提高课堂教学效果。

一个形象的比喻、一个有力的反问、一个巧妙的设问，都是启发性语言的具体形式。注重启发性，就要尽量少用告知性的教学语言。告知性的教学语言是指教师不重问题分析过程，而直接以结论告知学生，让结论性的语言充斥课堂。告知性语言排斥师生对探索过程的共享，堵塞学生的思路，不利于学生的思维训练，也不易于感染学生，达不到培养学生学习能力的目的。注重启发性，就是要充分调动学生的思维，激发学生的各种分析能力协同活动。对问题的提问和解答，往往不是一问一答，而是提供一些思考问题的线索，让学生自己动脑去探讨解答问题的多种途径与方法。

教学语言的启发性，要求教师语言要有直观性、感染力和感情色彩，以创设“愤悱”情境，启迪学生思维。同时，教学语言还要注意含蓄，要含而不露，耐人寻味。教师往往不讲本意，而用委婉的话来烘托和暗示，让学生“思而得之”。教师要透过有限展现无限，启发学生思考，让学生运用自己的知识、经验和想象力去丰富和补充，以“不全”引出“全”的结果。

（五）教育性

教师的职责是教书育人，传道与授业两者是相辅相成、同时进行的。教师在向学生传播知识的同时，也要将一定的思想、道德、情感融入其中，把思想教育渗透到知识教育之中。教师要善于使用教育性语言，使自己的语言富有情绪上的感染力。教师和学生交谈时循循善诱，能够使学生端正思想认识，明确学习目的，激发进取的热情。相反，教师缺乏良好的语言修养，不但不能解决学生的思想问题，反而让学生产生逆反心理，难以取得好的教育效果。

教师在课堂中使用的语言主要有两种，一种是知识传授性语言，一种是教学组织性语言。这两种课堂语言实际上是传统教学中“教师中心”“知识中心”的反映。新课程改革呼唤教师语言更具教育意义，为了每一个学生的发展，教师的语言仅仅规范、科学是不够的，仅仅不讽刺、不侮辱学生也不够。教师的语言应该尊重学生、唤醒学生、激励学生，让每一句话都对学生的发展产生积极的教育影响。

（六）生动性

生动的语言可以使事物逼真地再现，使人物形神毕肖，使景物真切动人。因此，生动的语言在教学中的作用是多方面的，它能够创造气氛，让学生身临其境；能够突出重点，使中心明确；能够同化难点，化难为易；能够引发学生的学习兴趣，调节课堂教学的气氛，寓教于乐。

幽默，是用诙谐的语言、形象化的手法，暗示自己的思想，启发人们思考，产生韵味深长的美感趣味。幽默是一种较高的言语境界，教师的语言幽默，可使讲课的内容易被学生理解、接受；可以激活课堂气氛，调节学生情绪；可以提高批评的效果，让课堂违纪的学生心悦诚服；可以开启学生的智慧，提高思维的质量。

教学语言的生动和形象是紧密联系的。生动，要求教师表达时富有情趣，善于使用一些成语、典故、比喻，穿插一些风趣机敏的话，以增添语言的感染力和情感色彩；形象，要求教师表达时善于形容、比拟，绘声绘色，充分发挥语言的直观性和形象性，使学生容易理解学习的内容。生动形象的语言，是最令人深思、最能开启智慧之门的语言，教师在课堂教学中恰当应用，就能使语言充满魅力、富有启发性；就能启迪学生的思路，加深学生对知识的理解；就能唤起学生的求知欲，激发他们动脑去思考、动眼去观察、动口去表述、动手去操作，并从中获得知识。

（七）情感性

情感性即语言要有真情实感，要力争做到“四分含情，六分叙理”。无论是讲课、讲演，还是谈话、谈心，教师语言必须有情，“情不深，则无以惊心动魄”。

为什么有时学生对教师的话不感兴趣，似听非听，或者听而不信，无动于衷？因为教师的话不能打动学生。要想打动学生的心，取得学生的信任，教师就应当用充满真情实感的语言和学生交谈、和学生交心，使学生感受到真情实意。这样的语言才有力量，才能打动学生，赢得学生的心。

学生是有头脑、有情感的。教师讲真话还是讲假话，讲实话还是讲虚话，用心讲授还是敷衍了事，真情实意还是虚情假意，学生能够分辨出来并做出不同的反应。

教师的语言，除应具备上述特点外，还应该语言清晰、准确、生动、幽默。这实际上也是对教师语言的共性要求。语言是丰富多彩又极富个性的，教师的语言要因教育对象、教学场所及教育内容和形式的不同而不同。

二、教师的语言修养

教师的语言修养，指的是教师在教育教学活动中，准确规范地运用普通话来表达思想情感、观点见解时，需要具备的基本素养。教师的语言修养包括思想修养、文化修养、技能修养、体态语言修养等。

（一）思想修养

语言是思想的直接表现形式，语言的修养取决于思想的修养，也就是言为心声。很难想象，一个根本不热爱教育工作的人，会讲出热情洋溢的话语来；很难想象，一个没有民族责任感和时代紧迫感、思想境界平庸的人，会说出催人奋起、激人上进的精妙语言。

教师要提高自己的语言修养，先得提高自己的思想修养。教师要锤炼语言，应先锤炼思想。教师要使语言闪光，使语言引人入胜，先得使自己的思想迸发火花。

（二）文化修养

一个人的语言能力与文化修养、文化水平有着密切的关系。要提高语言表达能力，就必须多看书读报，博闻强识，从书籍中吸取营养。一个阅读面窄、词汇贫乏的人怎么会有很强的语言能力？教师只有大量阅读，广泛积累，才能养成敏锐的语感，提高自己的口语表达能力。

教师的知识首先要“专”，即要深入钻研和掌握本学科的相关知识；其次要“广博”，古今中外、文理史哲经都要有所涉猎；另外还要掌握教育学、心理学等知识。

语言与它承载的知识、信息、思想、情感密不可分。教师的文化修养越高，对语言的思想内涵和文化底蕴把握得就越充分，教学效果也就越好。

（三）技能修养

教师口语技能主要指发音技能。口语表达中语音是活动的、有声的、立体的。口语中语音传情达意的手段是极其丰富的，语音的轻重、语速的快慢、语调的升降、节奏的处理及态势配合等，都是传递信息的有效手段。同样一句话，用不同的音量和语速、不同的重音和停顿、不同的语调和口气说出，会表现不同的含义，产生不同的效果。

1. 语音标准，吐字清晰

语音标准是教师语言的基本要求。如果教师发音不准，吐字不清，就会妨碍信息的正常传递，影响教学效果。教师要做到口齿清楚，首先要努力掌握普通话语音基本理论知识，随时注意正音，克服方言语音干扰。其次，要纠正不良的发音习惯。有的教师发音时，发音器官的运动不到位，语音缺乏力度，造成语音含混；有的教师爱拖音，造成音节之间界限不清，甚至发生拼合现象；有的教师鼻音特别重，说起话来让人听不清楚。

教师语言的优美还表现在音质上，好的音质，圆润清亮，饱满洪亮，使人听了悦耳舒心，有利于增强语言的感染力，激发学生的学习兴趣，营造良好的课堂氛围，从而提高教学效果；差的音质，粗糙沙哑，干涩低暗，使人听了刺耳烦心，影响课堂情绪，自然也影响教学效果。音质的好坏有先天的因素，但不是由先天决定的。掌握正确的方法，进行科学的训练，可以使音质得到改善。

2. 音量适度，语速恰当

教师在课堂上应当把音量控制在适当的程度。要使坐在每一个位置上的学生，都毫不费力地听清楚教师讲的每一句话。音量过大，说话声嘶力竭，容易使学生产生听觉疲劳；音量过小，说话细声细气，学生会听不清教师讲的话。音量过大或过小都会影响教学效果，教师要做到音量适度，必须养成敏锐的空间感和距离感，要有音控意识，能根据学生的多少、教室的大小以及教学内容和课堂气氛等因素，科学、合理地调节自己的音量。

教师口语表达还需要合理的速度。上课时，教师语速太快或太慢都会影响教学效果。语速太快，信息发送频率过高，学生的大脑无法及时准确地进行处理；语速太慢，信息发送频率过低，学生大脑处于等待状态，会使学生兴趣转移，听课兴致降低。当然，教师的语速还受表达内容的制约。

3. 语调丰富，语气生动

善于运用不同的语调来表情达意，是教师口语表达能力的重要体现。教师在口语表达中的语调运用，必须具有准确性和丰富性。准确性是指语调的平升曲降与所要表达的意思一致，若教师用错了语调，学生就会不明白教师的意思。语调运用还应丰富多样，富于变化，要善于把不同语调的句子交错使用，避免语调呆板平淡，这样才能使语言抑扬顿挫，起伏有致，富有韵律美。

语言生动，是教师口语表达追求的目标。教师必须善于根据特定的言语内容、言语对象、言语场所与言语目的使用不同的语气，恰如其分地表达自己的情感态度，只有这样才能取得好的表达效果。

（四）体态语言修养

在课堂教学中，除了有声语言外，还有一种无声的语言，这就是体态语言。体态语言就是教师在组织教学的过程中，向学生传递信息时所用的非言语性信息符号。

学生全神贯注地听课，除耳听以外，还有视觉的感知。倘若教师在讲课时，毫无动作的配合，怎能使学生的兴趣持久？因而，在运用教学语言的同时，教师应该辅之以必要的动作、姿势和眼神，如用教鞭当作直尺，用粉笔盒当被研究的物体，两手水平伸出当天平，对学生回答问题正确时点头微笑等。这不仅能够增强语言的表达效果，还能起到调节课堂气氛的作用，能够帮助学生更好地理解教材的内容。教师虽不是演员，但为了提高教学质量，也应注意锤炼动作美。

行为科学告诉我们，几乎一切无声语言都可以用来作为人际间沟通的手段。教学实践证明，教师恰当运用体态语言，变平面为立体，能够帮助学生更好地揣摩课文中人物的心理活动和文章的思想感情，能让学生如临其境，如见其人。美国心理学家布鲁克斯曾经说过：“体态语言对于教师帮助学生保持长时注意以便于完成教学任务而言，不失为一种强有力的措施。”

体态语言主要包括动作、表情、服饰三方面。

1. 动作

教师在教学过程中，或剖析教材中某一人物形象，或诠释某一道理，会做出一些直观的形象化的动作或姿态。这些动作或姿态能够化抽象为具体，使学生随着教师的动作，自己领悟其中的奥妙。

2. 表情

表情包括面部表情、言语表情、姿态表情，这些表情相互配合，起着信息交流的作用，成为一种特殊的言语形式。苏联教育家马卡连柯说：“做教师的决不能没有表情，不善于表情的人就不能做教师。”教师的表情既要保持亲切自然的常态，又要有变化。

按照心理学的观点，教师丰富情感的外化——表情有机地与教学中枯燥单调的文化知识融合，最容易被学生接受。伴随丰富情感的课堂教学最活跃、最生动、最形象、最直观、最吸引人、最容易使人产生想象、最能启迪人的心智、最能使人产生共鸣。

人类的表情受社会文化的影响，主要是后天习得的，不仅具有生物适应的价值，而且成为社会交往的重要手段。体态语言与教师工作的关系特别密切，教师在课堂上的一切表现，如一招手、一扬眉、一微笑、一声响，目光的迎送、身体的俯仰等，都在向学生传递着自己的情感，伴随着讲授的文化知识感染、触动学生的情感意识和思维活动。

3. 服饰

教师的服饰也直接影响到课堂教学效果，庄重、整洁、得体的服饰，体现了人民教师的风范，增强课堂的学习氛围。

以上只是教师语言修养的基本要求，此外，受人的个性、教育环境等因素影响，我们每一个教师都要根据自己的实际情况取长补短，提高思想水平，强化业务能力，探讨语言问题，掌握多方面语言知识，在教学中注意语言运用，做到形神兼备、运用自如，以获得良好的教学效果。

第9课

教师的才艺文化修养

一、教师的音乐、美术、舞蹈、朗诵修养

强化教师的艺术修养，不是要教师成为艺术家，而是适应现代化的教育教学，为实施素质教育奠定基础。现代教育强调寓教于乐，在活动中学习；强调学以致用，理论密切联系实际；强调教师是“全才”“杂家”，学生要全面发展。

我们这里所说的教师的艺术修养，是指教师的艺术知识和技能的学习状况和水平，是教师对艺术作品的审美感受力和理论洞察力。教师的艺术修养是对艺术史、艺术理论、艺术作品的形式因素和艺术技巧有一定程度的了解，对艺术形象、艺术境界有一定的感受能力及在此基础上的理论分析能力。教师的艺术修养，并不是指艺术家、艺术工作者等在艺术实践中形成的相对稳定的艺术风貌、特色、作风、格调和气派的艺术修养，也不是指艺术家、艺术工作者等赖以生存的基础条件的艺术修养。

教师要具有艺术修养，对于教师而言，不求各种艺术门类样样精通，但求样样知晓一些。音乐、美术、舞蹈、表演、朗诵、演讲、书法、辩论等都是人生必备的基本素质，也是中小学校经常组织的活动项目。在倡导实施素质教育的今天，教书育人的教师有责任、有义务帮助学生全面提高综合素质。因此，教师需要博学多才，具有艺术修养。

（一）音乐修养

1. 了解音乐的特征及分类

(1) 特征。声音、听觉、情感、时间的艺术。

(2) 分类。声乐——歌曲、说唱音乐、戏曲音乐、歌剧等；器乐——独

奏曲、重奏曲、合奏曲等。

2. 了解音乐基本要素

音乐的基本要素是指构成音乐的各种元素，包括音的高低、音的长短、音的强弱和音色。这些基本要素相互结合，形成音乐的常用形式要素，例如，节奏、曲调、和声，以及力度、速度、调式、曲式、织体、音色等。构成音乐的形式要素就是音乐的表现手段，音乐的最基本要素是节奏和旋律。

3. 掌握记谱方法

记谱方法主要是五线谱和简谱。

4. 掌握一些简单的歌唱常识及练习方法

简单的练习方法有吸气、呼气的方法；训练横膈膜力量的方法——数数、仰卧起坐等；颤音、气声、哭腔、挑音、嗐音、高音训练等。

（二）美术修养

1. 了解概念、分类和分支

（1）概念。在艺术分类中，美术包括造型艺术、视觉艺术、空间艺术、静态艺术。它是指艺术家运用一定的物质材料，如颜料、纸张、画布、泥土、石头、木料、金属等，塑造可视的平面或立体的视觉形象，以反映自然和社会生活，表达艺术家的思想观念和感情的一种艺术活动。

（2）分类。美术主要包括绘画、雕塑、工艺、建筑、书法、篆刻、设计、新媒体和摄影等。

（3）分支。美术包括中国画、油画、版画、雕塑、抽象国画、内画、手绘、指画、工艺美术、书法、素描、水粉画、美术字、壁画、漫画、写生、速写、白描等。

2. 了解一些名词术语

教师应了解美术术语，如造型、黄金分割、二度空间、三度空间、质感、量感、空间感、体积感、透视、明暗、轮廓、构图、色相、色度、色调、色性、笔触等。

3. 学会几种简单的创作

教师应学会简笔画、素描和书法等。

（三）舞蹈修养

1. 掌握舞蹈的概念及特性

（1）概念。舞蹈是在三度空间中以身体作为语言做“心智交流”现象的人体的运动表达艺术，一般有音乐伴奏，以有节奏的动作为主要表现手段。

（2）特性。艺术的特性和舞蹈的特性。

2. 了解舞蹈的种类

（1）生活舞蹈。包括习俗舞蹈、宗教祭祀舞蹈、社交舞蹈、自娱舞蹈、体育舞蹈、教育舞蹈等。

（2）艺术舞蹈。一是根据不同风格特点分为古典舞蹈、民间舞蹈、现代舞蹈、当代舞蹈和芭蕾舞；二是根据表现形式的特点分为独舞、双人舞、三人舞、群舞、组舞、歌舞、歌舞剧、舞剧等。

3. 掌握初学者柔韧度训练的基本方法和注意事项

（1）提高身体的柔韧度。压腿——正压、侧压、后压；劈叉——横劈腿和竖劈腿。

（2）柔韧度练习注意事项。柔韧度练习，以完成各项技术要求为基本要求，不必达到最大程度；处理好柔韧素质和力量素质的关系；协调拉伸力量的强度、重复次数、练习时间等相关因素的关系，切忌用力过猛；多运用主动柔韧性训练方式，少使用被动柔韧性训练方式，减少柔韧性训练中的疼痛感；要长时间、有规律提高柔韧性；注意柔韧性与温度、时间以及疲劳的关系。

（四）朗诵修养

1. 掌握口诀

教师应掌握朗诵口诀，即确定材料、基调和语速，把握发声、停顿、重音和节奏。

2. 了解口诀的含义

（1）定材料。

（2）定基调。感情基调和语调，是指语句的高低升降。其中句子结尾几个字的升降变化最为重要。语调根据表示的语气和情感态度的不同，可分以下四种。

第一，升调（↑）。前低后高，语势上升。一般在疑问句、反诘句、短促的命令句，或者是表示愤怒、紧张、警告、号召的句子里使用。

第二，降调（↓）。前高后低，语势渐降。一般用在感叹句、祈使句或表示坚决、自信、赞扬、祝愿、沉痛、悲愤等感情的句子里。

第三，平调（→）。语势平稳舒缓，没有明显的升降变化，用于不带特殊感情的陈述和说明，还可表示庄严、悲痛、冷淡等感情。

第四，曲调（↗↘）。全句语调弯曲，或先升后降，或先降后升，往往把句中需要突出的词语拖长念。一般用来表示讽刺、讥笑、厌恶、反语、夸张、强调、双关、特别惊异、意在言外等特殊的感情或语气。

朗诵中的语调是一个涉及面广、较为复杂的问题，不能以一概全，除了以上四种语调外，还有笑语、颤音、泣诉、重音轻读等技巧。

（3）定语速。语速是指说话或朗诵时音节之间连接的速度。决定语速的因素有很多。

第一，不同的场面。急剧变化发展的场面宜用快读；平静、严肃的场面宜用慢读。

第二，不同的心情。紧张、焦急、慌乱、热烈、欢畅的心情宜用快读；沉重、悲痛、缅怀、悼念、失望的心情宜用慢读。

第三，不同的谈话方式。辩论、争吵、急呼，宜用快读；闲谈、絮语，宜用慢读。

第四，不同的叙述方式。抨击、斥责、控诉、雄辩、抒情，宜用快读；记叙、说明、追忆，宜用中速或慢读。

第五，不同的人物性格。年青、机警、泼辣的人物的言语、动作，宜用快读；年老、稳重、迟钝的人物的言语、动作，宜用慢读。

（4）掌握简单的发声技巧。

第一，气入丹田。先用腹式呼吸慢慢地深吸一口气，用手放在腰的两侧，感觉腹部在涨大，这就是气入丹田。

第二，选择几个字或几个拼音字母来做声音气息训练。如读汉字“我”，做气息下沉到丹田的训练。

第三，掌握同一句话在不同的距离、场景、情景下音色和音量的转变方式。

此外，还有胸腔共鸣练习；低、中、高音，音高、音色跳跃练习等。

（5）掌握停顿的技巧。

第一，生理停顿。生理停顿即朗诵者根据气息需要，在不影响语义完整的情况下做短暂的停歇。

第二，标点符号停顿。句号、问号、感叹号、省略号停顿略长于分号、破折号、连接号；分号、破折号、连接号的停顿时间略长于逗号、冒号；逗号、冒号的停顿时间略长于顿号、间隔号。另外，在段落之间，停顿要比一般的句号时间长些。有时为表达感情的需要，在没有标点的地方也可以停顿，在有标点的地方也可以不停顿。

第三，语法停顿。语法停顿是句子中间的自然停顿。它往往是为了强调、突出句子中主语、谓语、宾语、定语、状语或补语而做的短暂停顿。学习语法有助于我们在朗读中正确地停顿断句，不读破句，正确地表达作品的思想内容。

第四，感情停顿。感情停顿不受书面标点和句子语法关系的制约，完全是根据感情或心理的需要而做的停顿处理，它受感情支配，根据感情的需要决定停与不停。它的特点是声断而情不断，也就是声断情连。

(6) 把握重音。

第一，语法重音。语法重音是按语言习惯自然重读的音节。常见的规律是，短句子里的谓语部分常重读；动词或形容词前的状语常重读；动词及部分词组充当的补语常重读；名词前的定语常重读；有些代词也重读。

如果一句话里成分较多，重读也就不止一处，往往优先重读定语、状语、补语等连带成分。值得注意的是，语法重音的强度并不大，只是同语句的其他部分相比较，读得重一些罢了。

第二，强调重音。强调重音是为了突出表达某种思想感情而把语句中的某些词语加以强调的音，又叫“逻辑重音”。强调重音没有固定的位置，它是根据表意的内容和需要来确定的。

强调重音一般为了突出话语重点，表明语意内容；表示对比、并列、照应和递进等关系；表达某种强烈感情。

第三，感情重音。感情重音可以使朗读的作品色彩丰富，充满生气，有较强的感染力。感情重音大部分出现在表现内心节奏强烈、情绪激动的情况。

(7) 控制节奏。节奏是指朗读过程中由声音抑扬顿挫、轻重缓急而形成的回环往复的形式。掌握节奏的基本要领是，句首不同起，句尾不同落，句腰不同峰。也就是说要读出变化、读出特色。常见的节奏类型有以下几种。

第一，轻快型。这种节奏语速较快，多扬少抑，多轻少重，声轻不着力，词语密度大，有时有跳越感，多用来描绘欢快、诙谐的情志。

第二，沉稳型。这种节奏语势沉缓，多抑少扬，多重少轻，音强而着力，词语密度疏，常用来表现庄重、肃穆的气氛和悲痛、抑郁的情感。

第三，舒缓型。这种节奏语速较缓，语势较平稳，声音轻柔而不着力，常常用来描绘幽静的场面和美丽的景色，也可以表现舒展的情怀。

第四，强疾型。这种节奏语速较快，多扬少抑，声音强劲而有力，常用来表现紧张急迫的情形和抒发激越的情怀。

朗读是一门复杂的语言艺术，方法也不仅仅是上述几种。教师还要注意语音技巧，如声母发声、儿化音、平翘舌等问题；语言表达的技巧，如落停、扬停、直连、曲连等停连的方式；表情模仿的技巧，如笑和哭、酸甜苦辣等基本生活表情，激动、悲伤、郁闷等内在情绪表达；形体技巧，如上下台走姿、台上站姿、行礼和移动等；表演的技巧，如观察和模仿、动作与规定情境等。

二、教师的演讲、辩论、表演修养

（一）演讲修养

1. 演讲准备

演讲准备包括撰写演讲稿，编写提纲，做好精神准备。

2. 演讲技巧

（1）明确要点和要求。内容要有针对性、真实性，语言要有论辩性、鼓动性和艺术性，感情要朴实真诚，动作要自然，服饰要得体，仪表要端庄，风度要优雅。

（2）善用多种艺术。要善于使用开场白的艺术、结尾的艺术、立论的艺术、举例的艺术、反驳的艺术、幽默的艺术、鼓动的艺术、语音的艺术、表情动作的艺术。通过运用各种演讲艺术，使演讲具备两种力量：逻辑的力量和艺术的力量。

（3）表达恰到好处。表达要有创意，能吸引人；要表达自己的见解、自己的情感。

（4）“双语”配合得体。“双语”是指有声语言和态势语言。有声语言包括语质、语调、语速等；态势语言即有形语言，包括衣着打扮、举手投足、眼神表现等。

演讲是由“演”和“讲”两方面构成的，在重视“讲”的同时，也要重视“演”。“演”是态势语言，“讲”是有声语言。

3. 要明确的问题

教师要明确演讲与诵读的区别；演讲与发言的区别；演讲与表演、报告的区别。

（二）辩论修养

1. 辩论赛常用模式

辩论赛常用模式是四对四的团体辩论赛，有时还有观众参与活动。双方各有四位辩手，分工明确：一辩一般承担破题竖旗的任务；二辩一般在内容上承接一辩，继续正面阐述己方观点；三辩要转换论证角度，从新的视角深化己方观点；四辩要求驳立结合。

辩论赛一般由主持人主持，流程通常是，宣布辩论赛开始，宣布比赛规则，介绍评委，宣布辩题，介绍参赛代表队及所持立场，介绍参赛队员，辩论比赛，评委打分，观众参与提问，评委点评，宣布比赛结果，颁奖。

辩论赛赛程一般分陈词阶段——正方和反方一、二、三辩交替发言，各方累计时间一般在四五分钟左右；自由辩论阶段——正方和反方双方互提问题给对方，或观众向正方和反方提问，各方累计时间一般在五六分钟左右；总结陈词阶段——由正方和反方四辩进行各自为时三四分钟的陈词。

2. 辩论赛准备

（1）审题。

首先，定准基调。辨析辩题的三种类型——价值性命题、事实性命题和政策性命题；辨析辩题的倾向和色彩。

其次，探求辩论的焦点。明确辩题概念、分析辩题范围、逐步“聚焦”核心问题。

再次，选准角度。打开思路，尽可能把问题想周全。

（2）立论。即确立自己一方的观点。立论可分为五个步骤：界定概念，解释辩题，对论点进行分点阐述或分层推导，例外说明，价值提升。

除了准备本方立论方案外，还要预设对方立论方案。

（3）材料收集。辩论是材料的较量。辩论材料包括事实材料——视听材料、例证、统计数字等，理论材料——有关这个辩题的含义、影响、评价等。

（4）辩论稿的撰写要围绕论点，根据内容编写大纲，撰写辩词论证。

3. 辩论技巧

（1）攻击技巧。每位辩手应准备20个问题。准备提问的问题应涵盖现象、理论、价值层面等。其中事实层面问题包括历史事件、现实事实、国别事实、数字事实等；理论层面的问题除了立场中的论据，也可以延伸到哲学的层面。

首先，攻击的组织和发问，要体现有序性和流变性，以争取场上的主动权。为此，场上应有“灵魂队员”，其任务是冷静把握自由辩论的局势，充当场上的指挥员，主动转移战场，化被动为主动并再次发起攻击。

发问有设置两难问题、主动引申、以矛攻盾、归谬发问、熟事新提、逼入死角、多方追问、夹击发问、同题异问、异题同问、反复逼问、辐射发问、同义反复、布陷发问等类型。

其次，攻击的风格和节奏包括情绪型、理智型、稳健型三种。自由辩论的风格当以稳健为上，从比赛的实践看，稳健型风格的辩论队不仅易于取胜，且留给观众、评委的印象也比较深刻。节奏应以张驰有度、疾徐有致为佳。

(2) 防守技巧。防守技巧包括盯人、长项发挥、合围、夹击、指误、归谬、反问、幽默、短答、启导、揭弊、激怒、评价、闪避、反复、类比、陷阱、侧击、连环、名言、错接、引申等。

(三) 表演修养

1. 课本剧

(1) 编写剧本。

第一，剧本内容及舞台说明。内容一般包括题目、人物、时间、地点、道具、背景、幕名、正文等。舞台说明一般包括对人物、时间、地点、布景的说明；对人物动作和表情的说明；对舞台美术、音乐和人物上下场的说明；对开幕和闭幕的说明等四个方面。

第二，研究课文，确定思路。选择小说还是选择剧本，选择整篇课文还是课文的一个片段，不仅要考虑到故事情节是否具有激烈的矛盾冲突，还要考虑到剧组成员的兴趣和特长；完全忠实于原文还是对原文内容进行改编，编成独幕剧还是多幕剧，这些也要根据学生的具体情况而定。初学者应以编写精短的独幕剧为宜。

第三，构思情节，安排人物。当基本思路确定之后，需要设计哪些情节，安排哪些人物，小组成员要发挥集体智慧，大胆构思。

第四，提炼台词，设计动作。剧本编写必须根据剧中人物的个性特点，认真提炼每个演员的个性化台词，设计每个演员的个性化动作。

第五，配置音乐，设计道具。编写剧本时，还要考虑每个情节需要配置的音乐，演员需要的头饰、服装和道具等。舞台布置及道具要从简，提倡制作简单有创意的道具。

(2) 表演。

首先是排练。角色选择很重要，要力求各取所长、各尽所能。排练前，要组织剧组人员阅读剧本、了解剧情，口头复述角色台词，揣摩人物心理，再次审视修改剧本；排练时，要注意各个角色协调配合，场景转换流畅连贯，并请有关人员观看指导；排练后，要组织剧组成员讨论，相互交流看法，共同完善剧本。

其次是准备。表演前要做好充分的准备工作，如舞台的布置、道具的安排等。

(3) 评议。表演后，要组织开展评议活动：一是评编演，评论改编是否合理，表演是否到位，哪些是创新和成功之处，哪些是有待改进的地方；二是议课文，要结合课本剧的表演研读课文，深入挖掘文本的内涵。

2. 小品

(1) 小品创作。小品的一般结构包括开端、发展、转折、高潮、再高潮和结局五个部分。写作的主要方法是起、承、转、合。起是开端，承是承载，转是悬念进入高潮时的扭转，合是结局。贴近生活、角度新颖、语言精练、感染力强，是小品创作的基本要求。

写好小品要深入生活，体验生活，从生活中找灵感；题材宜小不宜大，要"大题小做"；要有笑料和"包袱"；要主题鲜明，突出小品特点。

(2) 小品表演。表演是行动的艺术。行动的链条是感觉—判断—行动。行动的三要素是做什么、怎么做和为什么做。这三个要素都受规定情境的制约。大量精彩而又符合人物身份、性格特征的个性化细节，都需要从规定情境中去挖掘。只有规定的情境清楚、细致，演员才能表现出真实而又精彩的动作细节。

一个好的演员，需要信念、理解力、想象力和激情等四大素质。信念是最基础的素质，每一个表演者都要敢于当众表演，完成人物的行动，敢于展现自己的激情。

真实感是表演的根本。表演讲究真听、真看、真感觉。表演者要使自己的表演真实，符合生活逻辑。表演小品需要注意的问题有以下几方面。

首先，紧张心理。在小品表演中减少自我批判，增强游戏感，集中注意力，摆脱杂念。

其次，组织行动。学习表演就是要学习如何组织行动。行动来自对规定情境的细致分析，来自对自己所扮演的角色性格的分析。以角色的思维、逻辑对规定情境进行充分的感受。要有意识地锻炼自己按照行动的链条去行动，真听、真看、真感觉，在头脑里进行思索判断后，把意志交给身体去执行动作，可以适当地拉长行动的链条进行训练。

再次，注意力集中在对手身上。小品表演经常是两个人或两人以上搭戏，表演者不能一直想自己的调度和台词，要按对手的戏去行动。对手由于某些原因临时改戏时，表演者要灵活应对，让观众看不出痕迹。

最后，多练习、多上台。表演是实践的艺术，没有上过专业艺术院校的人，也能成为优秀的演员，这与大量的实践分不开。只有具备大量切身体验，才能真正学会表演。

第10课

教师的科研文化修养

一、论文是只“潜力股”

自从教师评定职称将“公开发表的论文”作为必备条件之后，人们对此的争论就一直没有停止过。争论过后，我们不妨明确几个问题。

首先，论文及其特点。论文是学术论文的简称。学术论文是某一学术课题在实验性、理论性或观测性上具有新的科学研究成果或创新见解和知识的科学记录，或是某种已知原理应用于实际中取得新进展的科学总结，用以提供学术会议上宣读、交流或讨论，在学术刊物上发表，或做其他用途的书面文件。简单地说，就是指用来科学研究和描述科学研究成果的文章。它既是探讨问题进行科学研究的一种手段，又是描述科研成果、进行学术交流的一种工具。

教育科研论文是指专门研究、探讨教育教学规律的学术论文。教育科研论文主要研讨学科教学的内容、方法及对象，通常包括以下四个类型：知识性小论文，经验总结性论文，研究性论文，实验报告或调查报告。论文一般具有独创性、科学性、创新性、学术性、可读性特点。

其次，为什么要写论文。教师需要做的工作主要是两个方面：一是教学，二是教研。教学引领教研，教研促进教学，两者缺一不可、相互依存。教研是为教学充电，补充给养；教学是为教研提供源泉。如果只教不研，就容易原地打转，几十年如一日，“教书匠”即由此产生；如果只研不教，就会成为空头理论家。只有研教结合才能成为“教书将”。

教师的工作是备课、上课、批改作业、阅卷、管理班级等，这些就是我们通常所说的教育教学工作。进一步说，备课需要钻研教材，上课需要选择恰当的教学方法，管理班级需要选择恰当的教育方法，这些实际上已经是教研的初级阶段了。再进一步说，备课、上课、批改作业中有哪些成功的做法，又做了哪些无用功？期间是否有提高教育教学效果的奇思妙想？把这些经验和教训甚至奇思妙想及时记录、整理、描述出来，并由特殊到一般，上升到理性认识，这就是搞教研、写论文。教学与教研是紧密联系在一起的，反思和写作是将两者连在一起的有效方式。

成长＝经验＋反思，这是波斯纳关于教师成长的经典公式。著名教育专家叶澜教授说，一个教师写一辈子教案不一定成为名师，如果一个教师写三年教学反思就有可能成为名师。古希腊哲学家苏格拉底有一句名言："未经省察的人生没有价值。"作为教师，如果我们只教书，不读书、不反思、不梳理自己的成败得失，就不可能提升自己的教学水平。特级教师于漪，每堂课后都要认真记下对教材的理解和处理、对教法的选择和运用，记下学生学习的障碍和思想的火花，记下自己教学中的得与失。她的"教后思"没程式、不深奥，但点点滴滴都言之有物、思之有悟。

教师学会做研究与写论文，是履行自己的岗位职责、完成工作任务的一个重要组成部分。那种认为只要拥有学科专业知识就能胜任教师工作的想法，是不符合教育教学的客观发展规律的。教师必须时刻用先进的教育理论武装自己，掌握教育心理学、班级管理艺术、教学理论与设计、家庭与社区沟通理论等，这就离不开借鉴别人的研究成果和自己独立开展研究工作。

教师做研究与写论文的主要目的是改进工作，完善和提升自己。时代在前进，以创新为核心的素质教育需要科研型教师，减负要求我们向教育科研要质量、要效益。不少教师拥有宝贵的教育、教学经验，若能将其总结出来并发扬光大，既是人生价值的体现，又能以点带面、影响一片，进而提高教师队伍整体的素质，何乐而不为呢？

人是有惰性的，谁能克服它，谁就有了成功的希望。勤于动笔、肯于吃苦的人成了作者，懒于动笔、不肯吃苦的人的就只能当读者。读者和作者之间相互联系的方式是勤为径，苦作舟。仅能吃苦不行，还要进入以苦为乐的境界，正所谓"知之者不如好之者，好之者不如乐之者"，假如我们能将做研究与写论文看作自己工作、生活的一部分，看作个人成长、身心愉悦的经历，那我们的教育教学工作就会出现勃勃生机。

事实上，有关部门规定评定职称要有论文发表的初衷，就是要鼓励引导教师要不断学习、刻苦钻研，切实提高专业水平和理论修养。遗憾的是，在执行过程中往往过于强调形式，忽视了要求的本意，其结果就是教师为了评定职称而抄论文、买论文，花钱发表论文。

做研究与写论文的功利现象由来已久，职称评定的规定又起到了推波助澜的作用。这一切负面问题的出现，都应归咎于我们的教育教学管理不到位。要解决这些问题，给做研究与写论文“正名”，应该做好以下两个方面。

首先，规范、净化文化市场，从源头上堵住漏洞，让那些不靠质量谋求生存，而是收费刊发文章的报纸杂志无藏身之地。

其次，完善内容考核体系，加强教育科研的形成性过程管理和考核。教育行政部门考核学校、学校考核教师，要将写论文列入重点考查内容，而不是只有到评定职称时才成为必备条件。上级有关部门及学校要将做研究与写论文纳入日常的教育教学管理之中，要注重培养教师的科研能力，每个学年，甚至每个学期要求教师写一篇教育教学论文，存入业务档案。评定职称时不仅要提供一两篇代表作供专家评审，还要根据教龄审查教师是否达到了每个学年，甚至每个学期都撰写论文的要求。

“独到的思想者、不倦的实践者和终生的学习者”，这是当今社会发展对教师提出的要求，也是教师专业发展中所追求的崇高理想和最终目标。然而，在现实中很多教师难以做到三者齐备，为什么？只知教，不善思、学和写就是其中最主要的原因。而思、学和写就是在搞科研。

教育要发展，科研要先行，作为科研成果的载体——论文，又怎能游离于外呢？

二、论文发表的技巧

为什么有的教师投稿的命中率高？因为他们掌握了写作、投稿的技巧。

1. 小角度

选题不宜过大过宽。题目过大，势必精力分散，道理讲不清、讲不透。最好是取一个小题目，就某一问题的某个角度进行探讨，把道理说清楚，使人看后能得到启发，受到教益。

2. 迟定稿

一个论题确定之后，不要急于求成，要广泛收集资料，全面思考，等到论据充分之后再动笔写作。即使初稿完成，也不要马上就定稿，先要搁置一两天，每天都重读几遍，看表达是否清楚，计算是否准确，推理是否严谨，题目是否恰当，结构是否合理，有无明显的错误及字迹模糊的问题。发现一处修改一处，等几轮修改之后再定稿。

3. 讲求新

无论写什么文章，关键都在于有新意，有自己的观点。如果深层次的创新一时做不到，那么可以沿着别人的工作道路前进一小步。

4. 篇幅短

虽然现在是信息社会，但正规的报纸杂志数量有限。这里的“正规”包括两方面：其一，有国家统一刊号的报纸杂志；其二，不巧立名目收取版面费、审稿费、修改费等，而是以文章质量刊发稿件的报纸杂志。试想，数以千万计的稿件，面对有限的报纸杂志、有限的版面，长篇大论与短小精悍谁更占优势？自然是短小精悍者。初学写作，一般以两三千字为宜，轻车熟路之后可以增至四五千字。

5. 数量多

我们应该持之以恒地写，把研究问题作为自己的兴奋点，淡化发表文章的名利，把没有发表的文章看作修改、完善的动力。不间断地写，不间断地改，不间断地投，就会由不中到中，再到多中。

6. 巧投稿

(1) 要掌握报纸杂志的性质、栏目及近期的活动和讨论的问题等信息，这样投稿才能有的放矢。

(2) 配合教学进度的稿件，向杂志投稿要提前三四个月，向报纸投稿要提前一两个月。

(3) 虽然报刊杂志一般都有“切忌一稿多投”的要求，但是，除了特约稿件、参加各种活动的稿件外，我们可以把稿件投给不同区域、不同级别的报刊杂志。如果稿件被采用，就及时通知其他报纸杂志撤稿。

(4) 在投稿时，还可以写上一封短信，与编辑取得联系，寻求其对稿件的意见和建议，以及对研究工作的看法等，然后修改稿件，再次投稿。这样就会提高投稿的命中率。

第四章 4 教师的专业素质修养

教师专业素质是以一种结构形态存在的，是教师拥有和带往教学情境的知识、能力和信念的集合，是在教师具有优良特性的基础上经过正确而严格的教师教育所获得的。

第 11 课

教师专业素质修养概述

一、教师专业素质的相关概念

（一）素质、教师素质和教师专业素质

1. 素质

素质是一个人通过环境影响、教育和内因逐步形成，并不断发展的相对稳定的内在特质，这种特质通过气质、言行、修养、品格和风度等表现出来。素质包括相对素质和绝对素质。相对素质，即所谓专业素质，指一个人为了顺利从事某种具体的实践活动应具有的特殊能力。绝对素质是指任何人顺利从事实践活动所具备的基础条件，一般包括德能、智能和体能。

2. 教师素质和教师专业素质

教师素质是指教师具备的所有素质，体现的是对理想教师形象的追求，突出全面性、理想性。包括作为一名模范公民的所有优良品质和从事教育工作所需要的高超的专业技能。

教师专业素质是一种相对的素质，是指教师在系统的教师教育和长期的教育实践中获得并逐渐发展而成，在教育活动中体现出来并直接作用于教育过程，具有专门性、指向性和不可代替性的心理品质。

教师素质和教师专业素质不是完全等同的概念，教师专业素质是教师素质的一部分。教师素质强调的是全面性、理想性，是所有模范公民都应具有的基本素质，而教师专业素质强调教师职业的特殊性、标志性，是所有优秀教师都应具有的专门素质。

(二) 国外学者对教师专业素质的研究

1. 苏霍姆林斯基的观点

苏霍姆林斯基在《帕夫雷什中学》一书中提出了教师必须具备的四个条件。

(1) 热爱儿童，了解儿童的心灵。

(2) 热爱自己所教课程，并有丰富的知识，了解本学科的最新发现和最新研究成果。

(3) 懂得教育学和心理学。

(4) 掌握某一种劳动技能。

2. 第斯多惠的观点

第斯多惠是19世纪德国著名的民主主义教育家，他的教育思想可以分为论教育、论教学和论教师三部分。他为德国国民教育事业做出了贡献，因此被称为“德国教师的教师”。第斯多惠曾经指出，一个好教师应该具有裴斯泰洛齐的热情、莱布尼茨的学识、苏格拉底的智慧、耶稣的博爱。他认为教师的作用关乎整个人类的发展，教师要完成这个任务首先必须完善自己，他对教师提出了以下要求。

(1) 教师应学会自我教育，自我教育是教师终身的任务。自我教育的内容包括优秀的品质、学科知识、文化修养、教育学、心理学等基础理论知识。

(2) 教师必须有坚强的意志和充沛的精力。只有坚强、果断的人才会知情达理，懂得要什么，为什么要，用什么方法来锻炼意志。只有这种性格的人才会培养出性格坚强和果断的人。

(3) 教师必须学会吸引学生的注意力。因此，第斯多惠认为，教学要引人入胜，要注意讲课的形式、风格和教学方法；教师保持良好的精神状态，可以调动学生的情绪。这一切都来源于教师热爱教育事业、热爱学生。

(4) 教师要注重培养学生的语言能力。

第斯多惠认为，教师必须具备的专业素质有教育学、心理学等教育专业知识，学科专业知识，敬业、爱生、爱岗、坚强等优秀专业品质，灵活多样的教学方式、手段、方法等实践方面的专业技能。他的理论为教师专业素质的研究奠定了坚实的基础。

3. 唐纳德·R. 克里克山克的观点

美国学者唐纳德·R. 克里克山克采用了综合研究的方法，在检视评阅十个相关研究后，他综合归纳出七大类有效能的教师行为。

（1）教师的人格特质。

第一，有效能的教师应具有下列特质：热忱、温暖、鼓励、目标导向、宽容、友善、圆融、信赖、弹性、应变、民主等。

第二，有效能的教师对学生往往抱有较高的期望，对学生不存有负面的刻板印象，能给予学生学习责任感的机会，能真情流露，不取悦于人，不刻意追求他人的认可，并具有好的倾听技巧等。

（2）教师知道的知识。

教师应知道的知识包括学科知识；一般教育方法学知识，即各科的原则性教学策略，例如班级经营等；课程知识，即对于教材与教学方案的了解；学科教学知识，即应根据不同学科而有不同的教学方法，例如，语文、体育、数学、自然等学科均有不同教学重点和方法；对学生身心发展及其特征的认识；对教育环境的认识，如教育制度、经费、指导单位、社区资源等；对教育目的、价值与教育哲学及历史的知识等。

（3）教师教学的内容。

有效能的教师应采取有效的教学方式，教给学生最需要及最适当的教材内容，并且能尽量多地为学生提供学习的内容。具体表现在经常组织有建设性的活动，使用适合学生认知程度的问题等。

（4）教师如何教学。

有效能的教师在班级中扮演主导角色，但同时容许学生参与组织及计划；课程不仅要有组织而且应维持课程的进度，保持学习进度，关注学生发展；进行个别化、多元化的教学；引导学生正确回答问题，经常复习总结；有效应用小组合作，增加挑战性。

唐纳德·R. 克里克山克认为，有效能的教师能清晰地表述，能有效运用小组方式教学，能注意并督导每个学生的学习，能根据学生学习的需要提供多样结构的教学方式，以及能建立与维持自身教学专业能力不断成长。有效能的教师能关注学生学习上必需的思考历程，教师的教要根据学生的学来进行，能及时矫正学生的错误观念，同时能对自己的教学行为做出反思。

（5）教师如何回应学生的问题。

有效能的教师能有效地控制学生的身体活动；注意学生的行为表现，快速正确地处理学生的行为问题；引导学生完成自己的工作；以商讨的态度处理学生的投诉；少批评，奖赏恰当，公平合理地对待学生；接受并采纳学生的建议；为学生提供即时反馈。

唐纳德·R. 克里克山克认为，有效能的教师在处理学生问题时应采取前后一致、公平公正的态度和原则，能注意到学生之间由于多种原因造成的差异性，少批评多鼓励；对有某方面问题的学生直接提出问题，并给予其足够的时间来回答，适当地增强学生的学习积极性。

（6）教师对学生的期望。

有效能的教师为学生订立高目标，并与学生沟通目标的内容；使学生对自己的学习有责任感，让学生对自己的行为负责。

有效能的教师要对学生有更高的期望，使学生感觉到他们在学习上能获得成效，同时也要鼓励学生家长了解并参与学生的学习生活。

（7）教师如何经营班级。

有效能的教师经常保持良好的教室气氛；要求学生公开参与班级管理，并提供足够的参与时间；关注全班而非部分学生；建立及保持清楚明确的教室规则，并执行教室规则。

总的来说，唐纳德·R. 克里克山克关于教师专业素质的研究，更倾向于对教师行为提出要求，对教师在课堂教学和课堂管理方面的行为做出规范化要求，体现了以学生发展为中心的教育观，也较完整地描述了作为一名有效能的教师需要具备的素质条件。

4. 丹尼尔逊的研究观点

美国教育考试服务中心，从1987年开始进行大规模提升教师专业智能的系列研究计划，为全美各州与地方的教师资格认证提供参照。丹尼尔逊1996年的《增进教学专业能力成长：教学的专业架构》，是这个计划中的一部分，他把教学专业架构分成22个要素，而这些要素又可分为四个领域：计划与准备、班级环境的营造、教学知能和专业责任。

（三）国内学者对教师专业素质的研究

在我国，教师是专业人员的观念是在1993年颁布的《中华人民共和国教师法》中确立的。1995年，《教师资格条例》颁布，教师资格制度开始实施，教师是一种专业的观念被人们接受，教师专业化已经成为教育界努力奋斗的目标，但对教师专业素质的构成教育界至今没有达成共识。对于教师专业素质的研究，一般从现代社会发展对未来教师新形象的设计、教师角色与任务的变化对教师素质的新要求，以及对优秀教师素质的调查结果三方面进行分析研究。

1. 叶澜的研究观点

叶澜认为一种职业能否称为专业，并不仅仅以学历或对业务提出一定的要求为标准，它是由与职业性质相关的综合性要求决定的。她从不同角度的研究结果中发现，教师专业素质的三个方面内容是公认的：一是专业理论知识及专业技能，从业人员在任职前必须接受过规定的专业教育，他们应知晓自己职业行为的理论依据，而且承担发展专业理论的任务；二是职业道德要求，作为专业的职业，需要承担重要的社会责任，要求从业人员具有把社会利益、服务对象的利益放在首位的从业精神；三是具有专业的自主性。其中第一方面是最基本的，它直接决定了第三方面，即从业人员如果没有具备专业理论知识及技能的特殊要求，就不可能具有专业的自主性。第二方面指出的职业道德要求，不是盲目地靠宗教式的信仰就能实现的，它要求从业人员对自己职业的性质和意义有深刻的理性认识，还有一定的自律性。因此，第二方面与第一方面也是紧密联系的。

在此研究基础上，叶澜提出了未来教师应该具备的专业素质。

（1）具有与时代精神相通的教育理念。教育理念主要是在认识基础教育的未来性、生命性和社会性的基础上，形成的新的教育观、学生观和教育活动观。

这里的“未来性”是指立足于未来，以未来确定今日“基础”的涵义与基础教育的任务。生命性是指学生正处于最需要优秀和出色教师点拨的人生时期，需要珍爱生命，懂得生命的整体性和童年、少年期对于生命的独特重要价值，并善于开发生命的潜力。社会性包含两方面含义，一方面是指基础教育是为了培养学生成为合格的社会公民，另一方面是指基础教育与社会的相关性。因此，教师对社会和公民负责，依靠社会和社区开展工作是基础教育社会性的重要特性。

新的基础教育观，改变传统的定位于基础知识、基本技能和技巧训练的基础教育价值取向，认为 21 世纪的新的基础教育的根本任务应是关注每个学生潜能的开发和健康个性的发展，培养学生为适应未来社会发展变化需要的自我教育、终身学习的意识和能力。传统的学生观强调学生现在的状态，忽视其潜在状态，认为学生只是知识的接受者而忽略学生自我学习的能力。新的学生观认为学生是具有旺盛的生命力，具有多方面发展需要和发展可能，具有主观能动性的人，在学习活动中处于不可替代的主体地位。传统的教育活动观只关注教师的教，而新的教育活动观强调师生的互动和教与学的协调和沟通。

(2) 具有多层复合结构的专业知识。新时代的教师应具有的专业知识结构包括三个层面：最基础的层面是当代科学和人文两方面的基本知识，以及工具性学科的扎实基础和熟练运用的技能、技巧；第二个层面是一两门学科的专门性知识与技能；第三个层面是教育学科类的专门知识，它可以帮助教师认识教育对象、教育教学活动和开展教育研究。这三个层面的专业知识，需要在互相支持、渗透的情况下才能发挥其应有的作用，而教师在专业上需要终身学习和终身探究，从而提高自己，使自己胜任这份工作。

(3) 新的专业能力。理解他人和与他人交往的能力，这里的“他人”是指学生和其他教师；管理能力，包括规划教育活动的决策与设计能力和作为组织者与领导者的管理能力；教育研究能力，教师的研究能力表现在教师的反思能力和探索、创造能力。

2. 谢维和的观点

谢维和教授认为，一个优秀教师的智能结构主要包括五个方面：专业化的知识，包括学生的知识、课程的知识、教学实践的知识；对学生及其学习的承诺与责任，包括培养学生良性社会化、帮助学生成为终身学习者；教学实践技能，包括制订适合学生的教学计划的能力、应用和综合各种课程因素的能力、构建教学和学习环境的能力、对学生进行评价的能力、反省自身教学的能力；班级领导和组织的能力，包括承担领导和组织的责任、建立学习共同体、创新和变革班级；持续不断的专业学习，包括广泛的学习、专业化的学习、实践的学习。

二、教师专业素质研究综述

教师专业素质是以一种结构形态存在的，是教师拥有和带往教学情境的知识、能力和信念的集合，是在教师具有优良特性的基础上经过正确而严格的教师教育获得的。总的来说，教师专业素质包括专业知识、专业技能和专业品质三个方面的内容。

(一) 教师专业知识素质

《中国大百科全书·教育》中“知识”条目是这样表述的：所谓知识，就它反映的内容而言，是客观事物的属性与联系的反映，是客观世界在人脑中的主观映像。就它的反映活动形式而言，有时表现为主体对事物的感性知觉或表象，属于感性知识；有时表现为关于事物的概念或规律，属于理性知识。《现代汉语词典》中对“知识”的解释是，人们在社会实践中所获得的认识和经验的总和。这里的教师专业知识，就是指教师作为一名专业人员，必须具备从事专业工作所要求的基本知识，这种基本知识源于他人的社会实践经验，也源于自身积累的经验。

在这方面研究中，影响较大的是美国教育家舒尔曼建构的教师专业知识的分析框架，以及美国教育心理学家斯滕伯格等人以建立教学专长的模型来分析专家型教师的专业知识。

舒尔曼认为，教师必须知道如何把自己已掌握的知识转化成学生能理解的表征形式，这样才能使教学取得效果。因此他认为教师必备的知识至少有学科内容知识；一般教学法知识，特指超出学科内容之外的有关教师组织和管理的原则和策略；课程知识，特指掌握适用于教师作为职业工具的材料和程序；学科教学法知识，指学科内容知识与教育专业知识的混合物；有关学生及其特性的知识；有关教育的目的、目标、价值、哲学与历史渊源的知识。

舒尔曼认为学科教学法知识特别重要，它是区分学科专家与教师的重要元素，也是教师职业专业性的重要体现。

斯滕伯格等人研究认为，专业知识、问题解决的效率和洞察力三个方面，是专家教师区别于新手教师的主要表现。在专业知识方面，专家教师和新手教师拥有的陈述性知识不仅在量上有差异，而且在组织上也有明显差异，专家教师在解决问题时能更多、更有效地把知识运用于专业范围内。也就是说，专家教师不管在知识的量上还是知识的记忆组织方式上都多于和优于新手教师。专家教师拥有的知识以脚本、命题结构和图式的形式出现，比新手教师的知识整合得更完整；专家型教师具备一些社会背景方面的知识，作为教学发生的条件；专家教师还具备缄默知识。所谓“缄默知识”，是指不能通过语言文字进行逻辑说明的非批判性的知识，是人类非语言智力活动的结晶。

从不同的角度出发对知识进行分类会产生不同的结果。现代认知心理学派从知识的来源、个体知识的产生过程及表征形式等角度，对知识进行研究，认为知识分为陈述性知识、程序性知识和策略性知识三大类。

陈述性知识，一种个体具有明确的提取线索并能够直接陈述的知识。指个人关于世界的知识，是描述性的，并以命题为单位。

程序性知识，一种个体没有明确的提取线索，其存在只能借助某种活动形式间接推测出来的知识。指用于具体情境的方法或步骤，通常包括各种方法、策划、实践、程序、常规、方略、策略、技术和窍门等，用以说明做什么和怎么做，主要是说明性的。

策略性知识，指如何学习、记忆或解决问题的一般方法，包括应用策略进行自我监控的方法。

这种分类方式从客观上加深了我们对知识的理解，但是，知识并不能被简单地划分为陈述性知识和程序性知识。

认知心理学家从知识的功能出发，认为知识结构内容包含了本体性知识、条件性知识和实践性知识。其中教师的本体性知识是指教师所具有的特定的学科专业知识；教师的条件性知识主要是指教育学和心理学知识；教师的实践性知识是指教师在有目的的教学行为中所具有的课堂情境知识以及与之相关的知识，也就是教师教学经验的积累，包括关于学生的知识、现代教育技术等。

后现代课程研究者认为，知识从其获取方式或表现方式上看，分为显性知识和隐性知识。

对知识的分类是多种多样的，总的来说，教师的专业知识从功能的角度，可以划分为基础性专业知识和发展性专业知识两大类；从内容角度，可划分为普通文化知识、所教学科知识和教育学科知识三类。基础性知识包含了所教学科知识及教育学科知识，而发展性专业知识包含了普通文化知识。这些知识部分属于显性知识，部分属于隐性知识和缄默知识。

（1）所教学科知识。

教师深入了解自己所教学科的全部内容，是使自己胜任工作的必要条件，包括各学科的事实、概念、原理、理论等内容性知识，某学科领域的诠释架构及概念架构等实质性知识，某学科领域里引入新知识的方式及研究者研究的方式等章法性知识，学科的信念，学科最新的发展和取得的成果。

（2）教育学科知识。

教育学科知识属于条件性知识，也是最体现教师专业性，并区别于学科专家的重要因素，内容包括教学实施的知识、了解学生的知识、教学管理的知识等。

（3）普通文化知识。

这里的“普通”是区别于教师所教学科的专业，也就是说教师除了掌握一定深度、广度的专业知识以外，还需要储备学科以外的知识。这是教师个人发展的需要，也是教育的需要。普通文化知识本身具有陶冶人文精神、养成人文素质的内在价值。教师的个人发展需要提升这方面素质，而就教师职责来说，对普通文化知识的储备，可以满足每个学生多方面的探究兴趣及发展需要；可以帮助学生了解课本以外的丰富多彩的世界；可以帮助教师更好地理解学科知识，理解教育科学知识；可以提升教师在家长及学生中的威信。

（二）教师专业技能素质

与“技能”相近的还有“技巧”“技术”“能力”等。“技术”的一种含义是，根据实践经验和自然科学原理而发展成的各种工艺操作方法与技能；另一种含义是，除操作技能外，广义上还包括相应的生产工具和其他物质设备，以及生产的工艺过程或作业程序、方法。“技巧”是指一般的熟练技能。“能力”通常是指完成一定活动的本领，包括完成一定活动的具体方式，以及顺利完成一定活动所必需的心理特征。能力是在人的生理素质的基础上经过教育和培养，并在实践活动中吸取人民群众的智慧和经验而形成和发展起来的。“技能”是指运用知识和经验执行一定活动的方式，它与“能力”和“技巧”是不同的。教师的专业技能，是指教师在教育教学过程中运用一定的专业知识和经验，执行某种教育教学任务的活动方式。

以下是国内外对教师专业技能的内容结构的研究成果。

（1）20世纪70年代美国佛罗里达州的教师能力研究。

① 量度及评价学生行为的能力；

② 进行教学设计的能力；

③ 教学演作的能力；

④ 承担行政职责的能力；

⑤ 沟通能力；

⑥ 发展个人技巧；

⑦ 使学生自我发展的能力。

（2）吉比尼和威尔玛对实习教师能力的研究。

① 计划教学材料、设备和评估；

② 教学策略、技巧和方法；

③ 和学习者的交流；

④ 使学习者专注于学习；

⑤ 职业准则。

（3）吉林师院的“师魂、师德、师能教育系统工程”研究与改革。

① 学科专业知识和能力；

② 教育专业知识和能力；

③ 一般科学文化知识和能力；

④ 教师基本功和职业技能、能力（分为共同和专业两方面）；

⑤ 美育、体育、劳动技术教育基本知识和能力。

（4）澳大利亚特尼的研究。

① 动力技巧；

② 讲授及交流技巧；

③ 提问技巧；

④ 小组个人辅导技巧；

⑤ 培养学生思考技能；

⑥ 评估技巧；

⑦ 课堂管理与纪律。

（5）《高等师范学校学生的教师职业技能训练大纲（试行）》的要求。

① 教学设计技能；

② 使用教学媒体技能；

③ 课堂教学技能；

④ 组织和指导学科课外活动技能；

⑤ 教学研究技能。

综合以上研究成果，我们可以从不同角度对教师专业技能进行分类。

第一，从教师专业技能的广义和狭义角度，可分为教师课堂教学技能和教师教育技能。狭义的教师专业技能，主要指教师进行课堂教学实践所需要的基本技术与智慧；广义的教师专业技能，是教师在进行所有教育活动中所需要的技术与智慧。

第二，从技能的表现形式来看，教师的专业技能可分为行动技能与思维技能两个方面。

前者通常指人们所说的教学技术，即一些可以被观察到的、易于评价的操作性技术。例如，讲授及交流技巧、课堂管理与纪律、应用教学媒体技能、组织和指导学科课外活动的技能、沟通能力、承担行政职责的能力、评估技巧等。后者是隐藏于教学行动背后的思维技能。例如，教学决策和推理的技能、教师教学反思能力、信息的组织与转化能力、教学研究技能等。教学思维技能与行动技能不仅同时存在，还在教学实践中起着决定性作用。

第三，从技能本身的角度来看，可分为教师的专业技巧和专业能力两部分。教师的专业技巧主要指教学技巧，即在教学过程中，教师从事教学活动的一般熟练技能，主要是针对学生的。例如，引导学生学习，控制课堂气氛，引起学生的注意力，保证教学活动顺利进行等。在教学过程中，教师的教学技巧可归纳为以下几方面。

（1）导入的技巧。唤起学生的注意力，刺激学生的学习兴趣。

（2）强化的技巧。适时对学生正确的学习行为给予奖励。

（3）变化刺激的技巧。变换感觉的途径，变换交流的模式，变换语言的声调。

（4）发问的技巧。训练、改善学生的反应，增强学生的参与程度。

（5）分组活动的技巧。组织小型的学生小组，指导咨询，鼓励协作。

（6）教学媒体运用技巧。板书的设计，教具的使用，现代化教学手段的掌握。

（7）沟通与表达的技巧。书面语言的使用，口头语言的表达，体态语言的运用。

（8）结束的技巧。总结学习的表现，提出问题的要点，复述学习的重点。

（9）补救教学的技巧。学生的个别辅导，学生作业的指导。

教师的专业能力主要是指教师完成一定教育教学活动的本领，包括完成一定教育教学活动的具体方式，以及顺利完成某活动所必需的心理特征。

如果把教学过程看作教学设计、实施和评价三个阶段的集合体，教师的专业能力可以分为三个方面。

（1）教学设计能力。指教师在具备了专业知识的基础上，能够综合运用这些知识，根据课程标准的要求设计出教学计划的能力。具体包括分析教学内容的能力（对课程标准的解读能力、掌握和运用教材的能力），分析教学对象的能力，制订教学计划的能力，选择教学策略、组织形式和方法的能力等。

（2）教学实施能力。指教师在一般教学情况下有效地实施所设计的教学计划，并能根据实际情况控制教学情境的能力。包括课堂组织管理能力，灵活运用教学手段、策略的能力，信息传递的能力，接受信息的能力等。

（3）教学评价能力。指教师在教学过程中收集资料，运用各种评价方法了解学生的学习状况，对教师是否完成了预定的教学目标，学生是否达到了预定的学习目标做出判定，从而根据反馈的信息补救或改进教学工作的能力。评价可分为发展性评价和结果性评价两种，两种评价方式应根据具体的情况配合运用。教师需要具备选择合理的评价方式的能力、设计评价标准的能力、选择评价方法和工具实施评价的能力、分析评价结果的能力，以及及时进行反馈的能力等。

（三）教师专业品质素质

英国教育家古德森说过：“教学首先是一种道德的和伦理的专业，新的专业精神需要重申以此作为指导原则。”“在新的教学道德规范中，专业化和专业精神将围绕对教学和学生学习的道德定义而达到统一。”

专业品质，也称为专业态度或专业情意，表现为教师对教育、对学生、对自身发展的基本态度。它更强调教师的心理意愿，它是专业知识和专业技能素质的动力和前提，并通过专业知识和专业技能的水平表现出来。它是在对所从事的专业的价值和意义深刻理解的基础上，产生的一种不断为事业而追求的精神。

教师专业情感包括专业理想、专业情操、专业个性、专业自我四个方面。

（1）专业理想。教师从事本专业活动的原动力，教师对成为一名成熟的教育教学专业人员的向往和追求，直接推动了教师个人专业发展的进程。

（2）专业情操。教师对教育工作理性的价值评价的情感体验。如对教育工作的成就感、对教育功能的自豪感等。专业情操是构成教师价值观的基础，也是构成教师优秀专业个性的重要因素。

（3）专业个性。教师从事教学工作应具有的人格特征或个性倾向。美国著名的职业指导专家霍兰德认为，不同类型的职业对从业者的个性素质有特定的要求，社会型劳动者喜欢从事为人服务和教育他人的工作，其个性适合做教师，因为他们热情慷慨，善于交际，关心他人。

（4）专业自我。指教师的自我意识或自我价值。教师首先是一个人，一个有自己独特人格的人，一个“自我”的教师更倾向于以积极的方式看待自己，能更客观地看待世界或外部环境，能够认同他人，自信乐观。美国学者凯尔克特曼认为，专业自我包括自我意向、自我尊重、工作动机、工作满意感、任务知觉、未来前景六个方面。

三、教育教学温馨提示70条

（1）教育要先于社会发展。

（2）教育的本质是教人做人。

(3) 教育要不断改革、创新内容和形式。

(4) 教是为了不教，管是为了不管。

(5) 教育是一种责任，一种关怀、信任和期待；是用一个灵魂去唤醒另一个灵魂，使被唤醒者健康成长、奋发向上的伟大事业。

(6) 教育是对人的心灵施以影响的事业，专权独断的强制、压迫不是教育。

(7) 教育从某种意义上说是管的艺术。

(8) 能够使学生进行自我教育的教育，是成功的教育。

(9) 教什么比怎么教重要，学什么比怎么学重要，教做人比教得分重要，教生活、生存的本领比教书本知识重要。

(10) 安全应贯穿教育的始终。

(11) 弥补目前中国人欠缺的素质，是教育的当务之急。

(12) 指导自学是教育压倒一切的任务。

(13) 做教师要有良心，有良知，有良方。

(14) 师之魂是师德，德之魂是身正。

(15) 不了解学生、不会"管"学生的教师不是好教师。

(16) 学生喜欢的教师不一定是好教师，但学生不喜欢的教师一定不是好教师。

(17) 坚持写教育研究性文章是教师成长最有效的途径。

(18) 要和家长交朋友，形成家校联教的合力。

(19) 年轻教师要力戒懒、骄、躁、嫉妒和势利。

(20) 学校领导要力争成为教育专家。

(21) 莫把校长当"官"做。

(22) 教育要讲究产业创新与知识产权战略。

(23) 教育需要把握时机，学会等待。

(24) 教育是慢功夫，千万急不得。

(25) 教师需要多读书，多寻求理论方法，然后在实践中摸索验证，总结提升。

(26) 教育教学要尝试多种方式方法。

(27) 教育要多鼓励，少批评；多个别辅导，少整体说教。

(28) 对于"问题"学生，要采取灵活的教育惩罚措施。

(29) 非常规的教育惩罚是一把双刃剑，是一种危险的、高难度的教育技巧，要防止走极端。

(30) 惩罚教育成功的关键是惩罚后的跟踪教育。

(31) 不要把抄写《小学生守则》《中学生守则》作为惩罚学生的手段。

(32) 批评教育要注意学生的心理安全。

(33) 注意教育中的不安全管理行为：① 不及时过问没到校的学生；② 把学生赶出课堂；③ 让学生回家拿东西；④ 留学生补课；⑤ 让学生帮教师做事；⑥ 教育学生言行过激；⑦ 私自组织外出活动；⑧不能定期检查安全隐患，不能定时开展安全教育。

(34) 多组织一些活动，让学生在活动中提高素质。

(35) 教育管理要科学、民主、人性。

(36) 学校的管理是思想的管理。

(37) 尊重式管理，平等存于心。

(38) 班级管理的核心是自我管理。

(39) 省时、高效就是课改。

(40) 课改不是改掉考试。

(41) 带着理念去上课比带着模式去上课更有底气和张力。

(42) 强化观念，淡化设计，是教学兴盛之本。

(43) 教学思想决定教学模式，没有思想只学模式是机械性活动。

(44) 教学模式不可强制推行。

(45) 非教学素质比教学素质更重要。

(46) 课堂教学改革是校园文化建设的灵魂。

(47) 教学要多民主商议和探究，少武断裁决和限制。

(48) 公开课需要实也需要虚，实是讲究实效，虚是引领新潮。

(49) 教后记不一定是固定的模式，教学上的总结、随笔、散文、论文等都应视作其中的一种类型。

(50) 教后记不一定受时间的限制，不一定每次教学后都要写。

(51) 课堂教学要以学定教，先定学案，后定教案。

(52) 教案撰写要因人而异，不同情形要有不同要求。

(53) 教有法而无定法，最高级的方法是因材施教。

(54) 精讲多练中的“多练”是多给学生提供锻炼的机会，而不是题海战术。

(55) 教师给学生评分要大度。

(56) 要重视学习过程，不能只关注结果。

(57) 杜绝抄作业要从教学改革做起。

(58) 板书与多媒体设备需整合使用。

(59) 先做后教、先背后教好处多。

(60) 成绩与作业质量密切相关，与数量无必然联系。

(61) 课堂教学需要“动”，但更需要“静”。

(62) 课外预习及练习走进课堂，减负就不是梦想。

(63) 听课只是看“表”，评课则是明辨是非，听主讲人报告才是知“里”。

(64) 不要上课迟到，更不要下课拖堂。

(65) 不要找学生帮自己评卷、批改作业或做其他私事。

(66) 不要把学生赶出课堂。

(67) 不要在课堂上无休止地批评学生。

(68) 凡是学生能做的事情，让他们自己按要求去做，做完后再讲问题、方法和要点。

(69) 不要利用别人的课堂，让学生补本学科的作业或对学生进行批评教育。

(70) 不要在中午、放学后留学生补课，更不要在假期给学生补课。

四、提高教师整体素质，“领导”是关键

“加强教师队伍建设，提高教师整体素质”是《国家中长期教育改革和发展规划纲要（2010—2020）》（以下简称《纲要》）第一部分“总体战略”中的一句话。“教育大计，教师为本。有好的教师，才有好的教育。”这是《纲要》第四部分“保障措施”中的两句话。

《纲要》的这种表述，以及在一些法规、文件、材料中，把“提高教师的整体素质”作为教育发展的关键所在。这一点早已成为人们的共识，是客观性的事实存在。但是，有一个重要的问题似乎长期被忽略，那就是起组织、管理和引领作用的“领导”的素质，对“提高教师的整体素质”的作用。

教育是教师从事的事业，更是所有教育工作者从事的事业。教育工作者，是指从事与教育有关的各级领导、专家、研究人员、教师，各级各类学校、教育机构的管理人员，教学辅助人员和其他专业技术人员。教育工作者可以简单分为两大类别：一是管理者，包括对教师起引领作用的专家、研究人员、管理人员等；二是教师，包括教学辅助人员和其他专业技术人员等。教育工作者的主体是教师。

提高教师的整体素质，首先要整体提高教育管理者的素质，只有让懂教育的人管理教育，让教育家办教育，才能顺利实现“提高教师整体素质”的目标。

（一）提高教师的整体素质，需要科学的教育

《纲要》制定的“战略目标”是到2020年，基本实现教育现代化，基本形成学习型社会，进入人力资源强国行列。坚持以人为本、全面实施素质教育是教育改革发展的战略主题，是贯彻党的教育方针的时代要求，其核心是解决好培养什么人、怎样培养人的重大问题，重点是面向全体学生、促进学生的全面发展，着力提高学生服务国家服务人民的社会责任感、勇于探索的创新精神和善于解决问题的实践能力。

从“战略目标”上说，所谓学习型社会，就是有相应的机制、手段以促进和保障全民学习和终身学习的社会，是提高全民族素质的前景规划。基本特征是善于不断学习，形成全民学习、终身学习、积极向上的社会风气。

从“指导思想”和“战略主题”上说，所谓整体提高教师素质，就是有相应的机制、手段促进和保障教师在原有素质基础上更上一层楼，为成为“独到的思想者、不倦的实践者和终生的学习者”奠定基础，并促进“基本实现教育现代化，基本形成学习型社会，进入人力资源强国行列”的战略目标的实现和顺利进入“全面实施素质教育”的战略主题。而这些提高教师整体素质的措施是否得力，能否见成效，主要责任在于教育行政部门以及各级各类学校的管理者。

教师素质是以人的天赋为基础，通过科学的教育和自我提高而形成的具有一定时代特点的思想、知识、能力等方面的身心特征和职业修养。它包括良好的师德修养、正确的教育理念、多元的知识结构、完善的能力结构（较强的教育教学和研究能力、较强的现代信息技术整合能力）、健康的心理素质等。

提高教师的整体素质需要通过科学的教育，个性化的高层次的素质形成要靠自我提高。科学的教育的责任就落到了教育行政部门及学校管理者身上。

（二）全面提高管理者素质是提高教师素质的前提

教育行政部门要严格把好选拔、任用关，要让那些德才兼备、专业素质高的人才成为学校的管理者。从事教育管理工作的人员，需要具有长期从事

教育工作的经历，必须是教育家、专家、学者或者具有较高教育教学科学研究能力的人。

一个好校长就是一所好学校。我国目前的校长队伍状况不尽如人意。综合目前国内外在校长的选拔、任用、考核管理等方面的经验及教训，采用民主竞选制、培训上岗制、目标管理制、监督制约制，有利于发现、选拔、任用高素质的管理者，切合实际，具有良好发展的前景。

（三）科学引领，全面提高教师素质

有了高素质的管理者，应该怎样引领教师提高素质呢？这要从教职工的思想管理做起，只有教师的思想转变了，才能努力去转变自己的行为，进而提高业务素质。这是一项复杂、艰巨、长期的任务，不可能通过几个课题研究、几场报告、几节示范课、几次研讨、几回反思就能解决。

管理者不能把个人的理念强加给教师和学生，因为师生都是一个个个性化的人。思想管理要强调以国家教育大政方针和新课标为准则，对教师的思想管理要注意管理策略，其价值在于关心人、培育人，满足人的发展需要。为此，管理者要尊重教师的选择，注意保护其学术个性；要注意培养教师的自律意识，寻求来自教师内在的驱动力、制约力；注重满足教师的精神需要，教师心理的特殊性表现为自尊心强，渴望学术自由和管理民主；注重高层次、高质量的精神需要。

一个好的学校管理者，首先必须是刻苦的学习者和研究者，能够站在当前教育教学改革的最前沿，接触最先进的教育教学思想，然后再结合自己学校的实际情况，践行有价值的办学理念。要努力构建一个学习型、研究型的教师团队，营造重学习、重研究的氛围，让教师的思想有内涵。

付诸实践的思想才是有价值的思想。管理者一定要从事务中解放自己，把教育教学付诸实践，为教师做出榜样。比如，校长可以教一个班的课，任一个班的班主任等，和教师一起学习研究，并及时把自己的经验和体会传达给教师。这种率先垂范的管理方法对教师来讲是有说服力的，是令人信服的。管理者可以把教育教学思想分解成一个个可操作的小课题，然后落实到每个教师的教育教学活动中。教师人人有课题，把教育科研和日常教学结合起来，真正形成“实践—总结—再实践—提高”的良性循环。

教书育人是一项艰苦复杂的脑力劳动。管理者的思想要变成教师的思想，教师有了思想，才能使教育的对象——学生有思想，才能有前进的动力。

（四）科学分析，解决关键问题

“工作繁忙，没有时间学习和进修”，这是大多数教师尤其是中小学教师素质得不到提高的主要借口。其结果就是思想观念陈旧，缺乏培养学生成为具有自我管理、自我学习能力的全面发展的新型人才的观念，缺乏改革传统教育教学方法的勇气和魄力。

目前影响教师素质提高的因素主要有，学科专业知识不深厚、学科教学论欠缺、教育基本原理（教育学、心理学理论）学习理解不深刻、工作实践经验少、缺乏学习和钻研的时间等。

目前，教师亟待提高的素质主要有，教育科研及写作论文的能力；自我进修，刻苦学习和钻研的能力；对学生进行学法指导的能力；根据学生生理、心理特征进行针对性教育的能力；教师的敬业精神和师德水平；掌握现代信息技术，利用多媒体辅助教学的能力；课程开发的能力；开设选修课、指导活动课的能力；深入钻研教材、指导或辅助指导学生参赛的能力等。

科学地分析和掌握影响教师素质提高的因素和教师亟待提高的素质，对于教育行政部门在提高教师素质的培训设计、进修管理、扶优补差、查缺补漏等方面具有十分重要的意义。

提高教师的整体素质，管理者的组织、引领、支持和帮助是关键；个性化的教师素质还要靠“学习—实践—再学习—再实践”。

第 12 课

优秀教师的标准

一、国内优秀教师的标准

什么样的教师才是优秀教师？不同群体、不同部门有不同的要求和判断标准。以下是学生、家长、教师、学术界眼中优秀教师的标准。

（一）学生眼中的优秀教师

1. 学生身心发展水平不同，判断的标准也不同

有调查显示，小学生眼中的优秀教师需要有这些特点：形象佳、会讲故事、会说笑话、会带着大家做游戏；教师要像个微笑天使，在教师的引导下，每节课都能在愉快中度过。

从小学生对优秀教师的要求可以看出，教师个人形象很重要，因为教师的言行举止可能成为学生模仿和学习的对象。在学生面前保持微笑，举止大方得体，可以让学生觉得教师可亲可敬。

中学生眼中的优秀教师要公平公正、和蔼可亲，学生犯错误能够在私下说服教育，尊重学生的意见，与学生进行讨论与交流，幽默、风趣。

随着学生年龄的增长，教师对日常事物的处理能力和教学水平，成了学生重点关注的内容。一个处事公正、说话算数、知识渊博、上课生动的教师，必定能够得到中学生的欢迎和喜爱。在中学生眼中，优秀教师的标准是，上课有幽默感，随和、有启发性，该严厉时决不纵容；给学生一个充分的空间去交流和表现；关注学生的情感世界；善于表扬与鼓励；善待学生的差异；诚实守信，言行一致，有责任心；和蔼可亲，知识渊博；理解学生，坦诚相待。

大学生眼中优秀教师的最重要的三项品质是有责任感、善解人意、有幽

默感。具体标准包括，敬业，喜爱学生，有亲和力；专业水平高，上课内容“货真价实”，且能清晰、准确地表达。

综上所述，在学生眼中，教师是社会的规范、道德的化身、人类的楷模、父母的替身。他们都把师德高尚的教师作为学习的榜样，模仿其态度、情趣、品行，甚至行为举止、音容笑貌、板书笔迹等。因此，教师道德修养比教师文化修养更为重要。师德才是教师的灵魂，高尚的师德才是学生眼中优秀教师的重要判断依据。教师具备高尚的师德，往往会散发出巨大的能动力量，这有助于深化教师与学生的沟通与交流。

优秀的教师要有健全的人格、良好的心理素养；要有广博的专业知识；要客观、公平、公正地对待每一个学生；要确保教学目标清楚，教学内容系统，有较强的表达能力；具备管理能力；具备对话、分享、团队合作的能力；具备反思、终身学习的能力及国际化视野。

有人说，能讲述知识的是平庸的教师，能阐释事理的是良好的教师，能引导学习的是优秀的教师，能启发学生的是伟大的教师。

2. 不同时间、不同场所，对优秀教师评价的标准也不同

（1）课堂。教师上课不是一味地讲解，让人听了昏昏欲睡，也不是乏味地演讲，让人感到枯燥无聊，而是整个课堂气氛轻松，充满了教师鲜明的个人风格。教师妙语连珠，时而语调高昂，激情荡漾，时而语调轻缓，幽默简洁，用美妙的声音感染学生，把学生带到知识的海洋。在课堂上，教师或启发暗示，或点石成金，使学生感到学习不再是沉重的包袱，而是一件快乐的事。同时培养学生的学习兴趣，让他们的生活丰富起来，使他们自始至终陶醉在妙语迭出的课堂中。

（2）课间。教师在课间应热情宽容、幽默大方、平易近人，显示自己博学多才，内涵丰富。教师要为人师表，不仅要“言传”还要“身教”。一个不经意的微笑，能给学生带来夏日的凉爽；一句亲切体贴的问候，能给学生带来冬日的温暖。学生有进步，鼓励；学生有优点，表扬；学生有困难，帮助；学生有心事，开导。学生不畏惧教师，在从教师那儿源源不断地学到知识的同时，也体验到了教师的友情和人格。

（3）课后。教师在课后要热爱学生，关心学生，像父母，似朋友。教师给予学生充分的理解，更给予学生难以忘怀的关爱。教师与学生之间的沟通，没有声嘶力竭、怒发冲冠的训斥，也没有漫无边际、毫无益处的闲聊，有的只是师生彼此间的认识，彼此间的信赖。教师理解学生，了解学生，才能真正和学生做朋友，才能真正和学生打成一片。对于学生的提问，教师要

做到耐心、细心、用心，说理论证；对于学生指出的不足，教师要虚心接受并改正。

做一个教师难，做一个学生的榜样更难，这正是一个人类灵魂工程师——教师的光荣所在。能活跃课堂气氛，具有亲和力、吸引力、感染力的教师，才是学生眼中的优秀教师。

（二）家长眼中的优秀教师

1. 学识渊博，有爱心

教师要终身学习，不断充实自己，具有渊博的知识。优秀教师会关爱学习困难或家庭情况特殊的学生，当学生犯错时，他们会宽容、耐心地帮助学生纠正错误，不讽刺挖苦，不体罚或变相体罚。

2. 先育人后教书

优秀教师除了要教学生知识外，更重要的工作是培养学生良好的思想品德。教师要言传身教，仪表端庄大方，服饰得体，举止文明，帮助学生树立正确的人生观、价值观。

3. 公平公正

（1）一视同仁。学生犯了错误，教师要一视同仁。教师要指出学生的错误，更重要的是及时做好后续工作，让学生认识错误，改正错误。

一个班级有成绩优秀的学生，也有成绩一般的学生。教师用欣赏的眼光看待优秀学生时，也要关注其他学生。教师不应该一味地表扬成绩优秀的学生，或者拿后进生与优秀生进行比较，以免伤害其他学生的自尊心。

（2）不收家长礼金。教师拒收家长礼金是为人师表的重要标志，更是公正对待学生的基础条件。

4. 尊重家长

不论学生的成绩如何，教师应尊重学生家长，在与学生家长沟通时不能说过激的话，不能训斥家长。

5. 有责任心

（1）尽职尽责。不抛弃、不放弃任何一个学生。善于发现学生的积极因素，点燃学生内心的火花。

（2）教学认真。责任心决定教师的工作态度。教师要认真备课、上课和批改作业。

6. 多与家长沟通

（1）关注成长，合力教育。用多种形式主动与家长联系，平等交流沟通，帮助家长全面认识、了解孩子，并在教育上形成合力。

(2) 不推卸责任。沟通不是推脱责任，不能把问题推给家长。

(3) 给家长指导。有些家长不知道如何教育孩子，教师要给家长一些指导，教他们一些新的教育理念和正确的教育方法，如怎样培养学生良好的学习习惯和独立思考的能力等。

(三) 教师眼中的优秀教师

1. 爱岗敬业

热爱教育事业，有责任感和使命感，敬业上进；具有高尚的情操和人格；正直善良；教风清正廉洁，衣着得体，语言文明。

2. 关爱学生

公平公正地对待每一个学生，宽严有度，关爱有加；允许学生犯错，对不同学生采用不同方法，对学生终身发展有积极的影响。

优秀教师不仅要关爱和教育别人的孩子，还要关爱和教育自己的孩子。教师能在教育自己的孩子的过程中悟出教育的道理，这些道理在其他孩子身上同样适用。

3. 好学上进

优秀教师博学勤奋，具备坚实的专业知识、教育理论和高超的教育教学水平；备课认真，课堂设计合理有趣，教学方法多样；有自己的教学特色和个性魅力；永不满足，喜爱钻研，善于反思；热爱读书，善于学习；创新意识强。

4. 教育教学省时而高效

优秀教师课堂教学充满激情和活力，善于和学生沟通；语言幽默，口才好，课堂气氛活跃；课业负担轻，教育教学效益高。

优秀教师因材施教，善于合作，与师生、同事、家长建立良好的关系，以形成教育的合力。

5. 会生活

优秀教师首先要会生活，有比较高雅的生活情趣，在生活中学会感悟并影响学生。优秀教师给人的感觉是，心态很年轻、很阳光。

(四) 学术界眼中的优秀教师

1. 优秀教师标准

终身从教，乐观向上，持有平凡却不甘于平庸的工作态度；有不计得失的奉献精神，起躬身垂范的表率作用；师生关系融洽，爱生如子，具有服务意识，是家校联系的使者；有团结合作的意识；教书育人，以育人为本；善于管理、组织学生学习，正视学生的学习成绩，为学生的学习承担责任；刻苦钻研业务，善于学习、实践、反思与写作，具有广博的知识、精湛的业务、与时俱进的创新精神，教育教学省时而高效。

2. 优秀教师的“要素”

优秀教师要有理想、有道德、有文化、守纪律；有爱心、有信心、有宽容心、有耐心和责任心；有思想、有方法、有能力、有个性、有创新。

3. 优秀教师的标准细则

（1）学习的促进者。掌握有效的教学能力，知道如何改进教学，以适应学生已有的技能和经验，知道如何树立学生信心；要满怀激情地教学，不断激励、鼓舞学生前进；尊重学生的个性差异，了解每个学生的特长，注重分层次教学和因材施教，努力不让一个学生掉队，保证每个学生都有进步；要善于营造一个轻松的学习氛围，使学生能够在课堂上乐于学习，从而激发学生的学习积极性；要有创新的精神，形成与众不同的风格；善于通过观察、谈话、家访等形式及时了解学生的心理和思想变化，及时调整课程和教学策略，提高教学质量。

（2）灵魂的塑造者。有强烈的使命感、非凡的人格魅力；要有触及学生灵魂的智慧和让学生喜欢的本领；要诚实守信，正视和承认自己的错误；要当好学生的“心理医生”；要记住每一个学生的名字；尊重、欣赏和平等对待每一个学生，承认学生的知识能力和发展水平的差距，能根据学生的不同经历、特长和需要进行相应的教育；要有爱心和耐心，善于培养学生的自信心。

（3）知识的传播者。掌握的知识远远超过授课所需；熟练把握各知识点之间的内在联系，清楚各部分的重点和难点，能在教育教学中抓住知识的关键，以探索的形式展示知识的形成过程和内在规律；掌握教育学、心理学等相关知识以指导自己的教育教学实践，能帮助学生发现问题，并把教育理念和方法应用到问题解决中。

（4）教育的探索者。注重教材的分析和教学内容的优化整合，遵循学生的认知规律，选用最恰当最有效的教学方法，高质量完成教学任务；善于了解学情，预见学生在学习中遇到的困难，并知道何时提供帮助；懂得如何与学生一起学习，以及如何为学生选择适当的学习任务，并组织兴趣小组进行探索活动；能提供多种多样的解决问题的机会，让学生进行各种技能实践，及时帮助学生克服学习上的困难与失误；能通过丰富的跨学科教学，把各种学习线索串联起来，培养学生的综合能力；能根据教材和课程标准，结合学生实际，及时反馈教师教学和学生学习中的问题，促进师生共同发展；具有成熟的教学艺术，能把对学生的了解、学科知识和教育学方面的知识融合在一起，并将其渗透到课堂教学中；具有执着的教研精神和创新意识，能以研究者的眼光审视和分析教学理论与教学实践中的各种问题，对自己的行为进行反思，对出现的问题进行探究，对积累的经验进行总结，形成规律性认识。

（5）良好学习环境的创设者。创设一种让学生积极向上、敢于冒险、解决问题时能享受到乐趣和成功的班级氛围；给学生一定的自主权，并让学生时常得到教师和同学的肯定与赞赏；善于表扬、激励学生，发展学生自信；能给学生提供合适的学习材料，吸引学生，激发学生兴趣，从巧妙的实践活动和实例出发展开教学；知道学生学习中会出现的困难和问题，知道怎样使学生较好地理解和巩固新学知识；选择合适的教法，制定切实的目标，运用恰当的评价，采取有效的措施和组织形式，使课堂活跃、有序、实用，并结合相关知识，对学生进行思想教育；尊重家长，把家长看作鼓励促进学生学习的合作者，经常深入家庭了解情况，获取学生的能力、兴趣、习惯等方面的信息，与家长保持密切联系。

（6）评价方法的创新者。把评价融入促进师生学习的教学过程中，帮助学生认识自我，建立自信，帮助教师改进教学；把经常性的评价作为教育的一个组成部分，熟悉各种评价方法；经常为学生提供对所学知识进行反省的机会，有意培养学生的自主学习能力；拓展多样化的评价目标和方法，把过程纳入评价视野，评价要关注学生学习的结果，更要关注学习的过程中表现出来的情感与态度，帮助学生认识自我，充满自信；明确评价是为了每一个学生在现有基础上进一步发展，评价要引导学生关注解决问题的过程和策略；要注重发现学生“好”的方面，多鼓励学生，多让他们看到自己的长处和进步；教师要通过对学生的评价，分析与反思自己的教学行为，从多种渠道获得信息，提高教学水平，并进一步完善评价方法。

（7）不断反思、学习、发展、完善。知道教学反思是专业发展和自我成长的核心因素，不断对各种教育观念和现象进行优劣比较、价值判断或提出改进意见；对自己的教学进行自我回顾与小结，努力完善教学；善于与同行交流，学习借鉴他人经验；设计和使用多种教育方法，定期收集教学的信息，通过观察学生对教学内容和教学方法的反应、分析考试结果、观摩教学等手段，认真检查、反思自己的教学行为；在实践中根据教学和教育理论的发展，不断学习、不断创新，以适应时代要求。

（8）阳光心态的传播者。要对教育事业饱含深情，充满信心和希望；要有积极的人生态度，调节自己的心态，无论遇到什么样的困难，都要以健康的心态面对教育；不仅要有渊博的知识、丰富的情感，也要有健康的身体，只有这样才能做好本职工作，才能胜任繁忙的教育和教学任务；要善于取长补短；要拥有卓越的领导力；要善于管理自己的时间；要不断学习，让学习成为一生的好习惯。

从上述不同群体对优秀教师的标准可以看出，学生最渴望的不是教师教学能力多么强，而是教师能与自己有共同语言。学生与家长对优秀教师的标准并不一致。与学生有共同语言，能与学生互动、交流，了解学生的内心，相信每一个学生，不抛弃，不放弃，是学生评价优秀教师的重要依据。在家长看来，学识广博，教学严谨，方式得当，上课有激情，语言幽默有趣，简单易懂，善于与孩子沟通，理解和尊重孩子，了解孩子，是评价优秀教师的重要依据。学者对优秀教师的评价是德才兼备，要无所不能，无所不会。

二、国外优秀教师的标准

以下是国外教师、学者对教师的建议，这实际就是优秀教师的标准。

1. 幽默是一种魅力

一个教师能娴熟地运用幽默的语言，可以使叙事更加具体、生动，说理更加深刻、透明，抒情更加真切、动人；可以随机应变地解决课堂教学过程中出现的各种情况，既加深了学生的印象，又达到寓教于乐的境界。（苏联教师格瓦列夫）

2. 微笑真的很重要

我们对学生微笑，生活就会对学生微笑，学生也会微笑着面对生活。对于教师来说，微笑就是一种欣赏，一种简单，一种坦荡，一种宽容，一种幸福的体验，一种诗意的享受，一种激励、鼓励和关爱。（美国教师蒂莉·布朗）

3. 让每个学生都成为你的“最爱”

师爱是一种力量、一种品质，是教育成功的秘诀。如果没有爱，教师的工作就失去了意义和价值。当然，教育之爱未必轰轰烈烈。如果教师善于在日常教育中去播种这份爱，你就会发现，最伟大的爱其实往往产生在最平凡之处，最深的感动其实就在每一个平淡而平凡的教育细节中。（美国教师布

莱恩）

4. 做一名“阳光”教师

教师要学会管理自己的情绪，以豁达开朗、积极乐观的健康心态对待学生、对待教学工作。只有教师的言行、底蕴、心灵都像阳光一样纯洁、公正、热情，我们的学生才会时时处处感受温暖。（澳大利亚教师桑尼）

5. 教师要有一种奉献精神

我常常告诫自己：我是一位教师，我的职责就是教书育人。作为教师，就应该毫无保留地奉献自己的精力、热情、才能和知识，使学生更好地受到教育，在知识上、精神上和品德上取得最好的结果。（美国教师丁大卫）

6. 教师应该成为一名演说家

如果一位教师具备优秀的讲演能力，他必定是一位受学生欢迎的好教师，他会用他的激情去感染学生，用他的热情去追求教育，用他的思想去实践探索。（古希腊教育家伊索克拉底）

7. 要有自己的精神空间

我边教边学，因为我感到，一个勤学者是最好的教师。我希望我的学生认识到，一个时代的文学创作，与同时代发生的历史、文化事件有着紧密的联系。（美国教育家莎伦·德雷珀）

8. 努力使自己成为一名研究型的教师

作为一名教师，只要他走上了专业研究的道路，他就会自觉关注自己的课堂、自己的学生，他就会对自己和教育教学工作有更深刻的认识。他体验到工作的乐趣，不会把教学看成一种单调的、乏味的、没有创造力的机械劳动。（苏联教师维尔霍汶尼娜）

9. 教师，请注意你的仪表美

为人之师，一举一动、一言一行都会对学生起着潜移默化的教育作用。一个好的教师，不但要有渊博的知识，还应该有正确的审美观，注意自己的仪表美。除了学生向教师学习知识外，教师的仪表也时刻影响着学生审美观的形成。（美国教师布鲁肖）

10. 切记，教师要信守承诺

教师对学生的教育影响，重在身教。因此，我们教师必须言行一致。信守承诺、言而有信是一种品格，承诺一旦做出就必须兑现。作为教师，我深知“一诺千金”的重要性，因此，我一定要爬着去上班。（美国教师路克）

11. 管理好你的时间

时间就是生命，作为教师，管理好自己的时间，更是在为很多人“节约生命”。能否科学地管理自己的时间，有效地利用时间，是衡量每个管理者工作成效的基本标志之一。时间管理对于教师的工作、学习和生活具有非凡意义。(美国教育家班杰明)

12. 请记住学生的名字

如果我力图显示出自己对学生真正的爱，我就必须以最完美的形式去显示它。而这“最完美的形式”不一定是多么激动人心的方式，更多的恰恰体现在一些似乎不经意的细节中，其中就包括新学年第一天就能够叫出学生的名字。(苏联教育家阿莫纳什维利)

13. 别把学生的特点当缺点

每个学生都具有自己的特点、个性，教育的真正的意义就是要发展人的个性。因此，教师需要尊重学生，发展其个性，最大限度地调动他们的积极性，激发其巨大的潜能，让每个学生都闪烁着个性的光芒。(美国教师多伦斯·斯莱顿)

14. 学会倾听学生的声音

教师要学会倾听学生的心声，设身处地感受学生的喜怒哀乐，在解决问题的过程中享受师生友好相处的快乐。教师学会了倾听，就能够深入了解学生的内心世界，这样才能更好地教育学生，更好地帮助学生。(日本教育家小林宗作)

15. 教师要懂得尊重学生

教师不光是在教学生阅读和算术，还能给予学生除知识以外的更多的东西。如果我们怀揣着一种爱走近每一个学生，去关心、了解学生，并不遗余力地尊重他们，懂得维护他们的自尊，相信他们一定会成为一个自信而有用的人！(美国教师汤姆森)

16. 学会真诚地赞美

赞美永远都不是多余的，尤其是对于那些从未有人赞美过的学生来说，一次真诚的赞美，可以胜过一万次严厉的责备。有时，教师的鼓励与赞美虽然只是短短几个字，但正是那几个字能够给学生带来足够的信心和勇气。(苏联教师布劳斯)

17. 与学生一起阅读

阅读对教育来说，起着至关重要的作用。官方阅读课程只是为了提高学生的阅读熟练程度和速度，他们给学生提供的读物缺乏趣味性和挑战性，学生并不喜欢。而我的目标是让学生从阅读中获得一种快乐和激情。(美国教师莱福·艾斯奎斯)

18. 宽容地对待每一个学生

好奇是学生与生俱来的天性，它往往是发明创造的萌芽，保护学生的好奇心是教师的职责。只要我们用宽容之心去呵护学生的好奇心，给他们指出努力的方向，让每一个学生都能感受到进步的快乐，那么，他们就会接受和理解，并且获得健康的身心。（英国教师韦乐登）

19. 尽量挖掘学生身上的优点

无论在哪些方面，教师都要尽量去挖掘学生身上的优点，鼓励他们树立信心，并给予肯定。“优点单”记录着每一位学生的优点，使每个学生看到了教师与身边同学的评价，自己恍然大悟，原来自己还有这么多本事没有发挥出来，我一定能行。（美国教师海伦·康尔斯拉）

20. 循循善诱，教育的至高境界

在每个孩子心中最隐秘的一角，都有一个独特的琴弦，拨动它就会发出特有的旋律，要使孩子的心同我们讲的话发生共鸣，我们自身就需要同孩子的心弦对准音调。（苏联教育家苏霍姆林斯基）

21. 不过于注重学生的分数

求知是人世间最大的欢乐，只要给予合适的环境运用正确的方法，每一个学生都能快乐读书。对一个学生来说，最关键的是快乐的生活，而不是分数和名次，更重要的是得到这种快乐生活的能力，而学生的能力并不以考试的分数来衡量。（日本教育家铃木镇一）

22. 捕捉学生的兴趣所在

兴趣是学习的良师益友，很好地培养学生的学习兴趣，能起到事半功倍的效果。一个人在学习兴趣的引导下学习，自觉性和创造性便会得到最大限度的激发，学习效率也会有大幅度的提高，就会更加热爱学习，形成一个良性循环。（日本教师原田）

23. 保持和发展学生的兴趣

我们的教学不是进行死板的、僵化的、俗套的课堂教学，而是让学生融入到自然中去，从他们感兴趣的事物中寻找教育的机会。教学需要启发式的，而非灌输式的，首先从尊重孩子的天性出发，变被动学习为主动求知，激发他们的学习热情，使他们一直处在对知识的渴求状态中。（美国教育家安妮·莎莉文）

24. 让学生在快乐中学习

要尽量使学生在快乐中掌握知识，使求知成为快乐而非苦恼的事。教师应该引导学生进行探讨，自己去推论，让学生即使无人监督，也能自学不

辍。教师给他们讲的应该尽量少些，而引导他们去发现的应该尽量多些。（英国教育家赫伯特·斯宾塞）

25. 让学生的智慧在指尖上流淌

培养学生的动手能力，既是对所学知识的巩固，又使学生的创新能力得到了发展。因此，教师必须给学生提供充足的操作时间，让他们既动手又动脑，这样学习的积极性和主动性便会大大提高。（法国教师多美尼克）

26. 培养和保护学生的创造欲

艺术的真正意义在于使人幸福，使人得到鼓舞和力量。在艺术创作中，我们应该充分相信学生，不要轻易否定学生的创作成果，应最大限度为学生提供宽松的环境，释放学生的“第三只手”，创造一个又一个生命奇迹。（奥地利音乐教育家海顿）

27. 将学生的“错误”视为教育契机

作为教师，我们应该懂得，孩子的人生才刚刚开始，以往的过错和耻辱只能代表过去，真正代表一个人一生的，是他现在和将来的所作所为。每个人都不是完人，连伟人也有过错。从过去的阴影里走出来吧，从现在开始，努力做自己想做的事情，你们都将成为了不起的优秀人才。（美国教师菲拉）

28. 通过劳动发展学生的才能与爱好

我们的学生就是在这种创造性劳动的气氛中生活的。各种各样的创造性劳动好比是引力各不相同的磁石，磁石的引力越强，学生参加的劳动就越有趣，他们在这种劳动方面的能力就发展得越明显。（苏联教师科罗米依琴柯）

29. 听课要善于主动品课

让我们教师受益最多的指导，就是现场聆听老教师或同事授课。我发现，原来一样的教学内容，竟然有那么多创新性极强、自己想都没有想过的教学方式；原来，还有如此多样而又有效的课堂管理模式……作为教师，若能学会以欣赏的眼光、研究的心态和分享的神情，坚持经常去品悟他们的课，就有可能独具慧眼地变被动听课为主动“品”课。（美国教师斯蒂芬·布莱克曼）

30. “教书”就是为了“育人”

在我们教学的过程中，正确对学生进行思想品质教育，正确引导他们的人生之路，也是教师一个非常重要的责任。我宁愿我的学生从我的课上学到的是诚实，因为做人最重要。（美国教师弗罗斯特）

31. 给学生一个积极的心理暗示

作为教师，我们首先要明白，心理暗示的力量的确很强大，给予学生肯定、赞扬和积极的心理暗示，会使他们变的自尊、自爱、自信、自强。如果学生感受到了来自教师的这种积极的暗示，也认为自己是最聪明的，从而提高了自信心，提高了对自己的要求标准，那么，最终他们真的就成为了优秀的学生。（美国教师安德森）

32. 给学生一个坚定的信念

每个学生都有自己的梦想和追求，都有自己的志向和憧憬。我们的教师，应该是他们实现梦想的推动者和帮助者。给学生一个坚定的信念，给每个学生足够的尊重、欣赏、赞誉、激励和动力，这会惠及学生的一生。（美国教师皮尔·保罗）

33. 帮助学生远离“坏情绪”

教育需要爱，更需要无私的、理智的爱，没有无私的、理智的爱就不可能造就身心健康、人格健康的孩子。尤其是那些自卑的心灵，更希望得到温暖和呵护。我将会为他们付出更多，帮助学生远离“坏情绪”，并陪伴着他们健康成长。（美国教师马克西姆）

34. 对学生应抱有积极的期望

同学们，你们天赋异常，资质聪颖，风华正茂，而且年轻有为。如果你们能够时时审视自己，不断超越自我，同时要敢于设想未来的你将会拥有什么卓越的特长，并且会用它给我们这个星球带来什么，而且为这远大前景不懈地努力奋斗，那么历史将会因你们而改变，世界也将会因你们而改变。（美国教师华盛顿）

35. 信任可以培养学生的诚信

诚信是一切优点的基础，教师的信任可以培养学生的诚信。学生渴望被信任、被尊重，一旦我们相信了学生，他们就会尽其所能不辜负我们的信任，即使某个学生有不诚信行为，我们的信任也会帮他对抗说谎话的冲动。（苏联教育家马卡连柯）

36. 唤醒学生沉睡的孝心

中国孩子的祖辈和父辈都经历了很多的痛苦，也为孩子付出了他们的一切。现在的孩子一直在祖辈和父辈的宠爱当中成长，他们都是温室里的花朵，不懂得为别人付出，不懂得为别人牺牲，因此我们更需要对他们进行感恩教育。（韩国教育家申相星）

37. 教育学生要相信自己

对学生进行自信心的教育，赏识教育是前提。它能激发学生的自尊心和自信心，让学生体验到成功，重塑他们的自信。面对激烈的竞争，教师要正

确引导，让学生时刻保持一颗自信心，不要把它们一时的失利看成永远的失败。(美国教师艾伦·布伦斯汀)

38. 让班会发挥更大的效能

作为教师，我们要让班会发挥最大的效能。班会是给学生提供的一个良好机会的活动，使他们能够在一个相互尊重、相互关心的氛围里加入到集体中来，彼此交换自己对事物的看法和意见；班会是可以让学生从事鼓励、聆听、独立思考、共同决策、制订行动计划、实施评价等实践活动的一个自主空间；班会是学生之间享受彼此的陪伴、分担彼此的忧愁以及分享彼此乐趣的空间。(加拿大教育家堂娜·史泰尔丝)

39. 从细节入手，培养良好的习惯

每一个学生都有其独特的天赋和可塑性。只要经过与之相适合的训练、引导与培养，再调皮的学生也会变成有出息的优秀学生。作为一名小学教师，我们应该抱着这个坚定的信念去影响每一个学生。(美国教师罗恩·克拉克)

40. 没有教育不好的学生

一个教师必须热爱学生才能教好他们，因为在教师的眼中，没有不可教育或教育不好的学生。作为教师，要用发展的眼光看待学生，去培养和健全学生的人格，鼓励他们在原有的基础上不断进步，相信人人都可以成才。(日本教师大野幸南)

三、中、美优秀教师标准比较

(一) 美国评价优秀教师的标准

美国是教育比较发达的国家，各地制定的优秀教师的标准不尽相同，下面是几种比较典型的评价标准。

1. “五大信念”检测法

(1) 教师必须关注学生，带领学习。教师的基本信念是所有学生都有学习能力，了解学生的个别差异并能根据差异调整教学。教师必须知道学生的各方面信息：学生爱什么、怕什么，过去的表现，如何吸引他们的注意等。教师要了解学生发展与学习的原理；平等对待学生；不仅要培养学生的认知能力，还要关心学生的自我概念、人格发展、志向与公民美德。

(2) 教师必须熟悉自己的专业以及教学的方法。教师要了解所教科目的发展、组织以及与其他科目的关联；具备传授知识的知识；提供多种学习的渠道。

(3) 教师要负责管理与督导学生的学习。教师要用多种方法达成目标；组织小组学习；重视学生参与；定期检查学生的进展；留心主要的教学目标。

(4) 教师能够系统地思考自己的教学并从经验中学习。教师必须不断学习技能，拓展方法，深入了解知识与技术，做更有智慧的判断；要征求他人意见，运用教育研究与知识提升教学。教学的特质是思考、推理与学习。

(5) 教师要结合家长、专业人士及社区的力量，合作提升学校教学质量。

2. 美国州际新教师评价与支持联盟（INTASC）制定的优秀教师标准

(1) 教师应该理解学科关键概念、探索工具、纪律结构，为学生创造有意义的学习经历。

(2) 教师应该理解学生成长发展的规律，向学生提供能够促进智力、社会经验和个人发展的机会。

(3) 教师应该理解学生学习风格的差异，设计适合不同学生的教学方式。

(4) 教师应该理解学生并使用多种教学策略，另外还要鼓励学生的批判性思维。

(5) 教师应该采纳一种令人理解的个体和群体动机与行为方法，为学生创造良好的学习环境，使学生积极参与学习和自我激励。

(6) 教师应利用有效的言语和非言语技术来营造课堂中积极探索、协作和互动的氛围。

(7) 教师应该根据学科和课程目标设计教学。

(8) 教师应该理解和运用评价策略评估学习者的智力发展水平。

(9) 教师应该不断反思自己的选择和行为，对那些积极寻求专业知识的人产生影响。

(10) 教师为了支持学生的学习和发展，应该与学校同事、家长和其他机构形成合作伙伴关系。

(二) 中、美优秀教师标准比较

中国人判断一个教师是否优秀的标准是多方面的。师德方面要求勤勤恳恳，严肃认真，不苟言笑，严于律己，有责任心，公平公正；师生关系方面要求热爱学生，要像爱自己的孩子那样爱学生，关心学生；教学方面要求知识丰富，无所不知，无所不晓，讲课生动风趣，能调动学生的积极性；个性方面要求和蔼可亲，善解人意；穿着方面要求朴素大方。

在美国人眼中，优秀教师一定是一个热心的人，是一个热爱教学而不是因为稳定的薪水、较长的假期、较短的工作时间而选择从事教育工作的人，是一个能从教学中体验到快乐的人。优秀教师一定了解所教学科，不仅了解教给学生的那些知识，而且了解如何最大限度地教给学生。优秀教师一定能够通过使学生认识到他们能在学校里学到什么，以及如何研究和解决未来可能遇到的问题，来鼓励学生不断进步，并使学生保持强烈的好奇心。

在美国人眼中，优秀教师总是不断地钻研所教学科以及与学科相关联的知识，永远也不会停止学习，总能把不相关的东西变成所教学科的一部分。优秀教师不是一个一个单元地教，而是把每一个单元都与其他单元紧密联系起来，例如，减法与除法、外语与文学、地理与历史等。

在美国人眼中，优秀教师决不能只有一个刻板、有限的内心世界。优秀教师必须总是探索、再探索，学习、再学习；必须富有创造性、有良好的教养以及丰富的知识；必须对许多事物及其内在关系以及意义保持好奇心；必须对所教内容及其与生活中问题的关系以及其他领域的知识非常熟悉；必须知道学生对不同的刺激将会产生的反应。优秀教师一定痛恨由于无知而带来的无知，热爱那些不断进步的学生，热爱所有学生。

在美国人眼中，优秀教师是关注并能影响学生行为的人。优秀教师能与家长和学生保持很好的关系，是一个很自信的人，能够正确地判断学生不同的个性并采取相应的教法。优秀教师对所有的学生及他们家长的来访，总是乐于接待。优秀教师与学校的管理者相处得也很好，永远充满爱心，善解人意。优秀教师通过对学科的投入来激励学生的学习，对于贫穷、政治偏见以及不公正等明确表明自己的反对态度。优秀教师能够获得学生的尊重，并使学生的努力超过教师的愿望。优秀教师还能使学生明白，学生现在所了解的知识，在十五年后只占他们所应知道知识中的很少一部分。更重要的是，优秀教师能够激发学生“想知道更多”的欲望。

概括上述的种种标准，不难看出，美国人眼中的优秀教师主要涉及四个方面。

一是“兴趣人”，即对教育工作真正感兴趣及在此基础上产生热爱之情。毕竟，兴趣是最好的教师，有兴趣的教师可以更好地培养出有兴趣的学生。

二是“智慧人”，即钻研所教学科与相邻学科知识点之间的内在联系。

毕竟，只有智慧才能唤醒智慧。教学不仅需要传授给学生一棵棵“树木”的知识点，更需要让学生把握知识点之间的区别与联系。

三是“有心人”，即能够通过自身的人格魅力来感染、影响学生。毕竟，有心才能用心，用心才能动情，情动然后行动。

四是“榜样者”，即能激发学生的求知欲望并为学生树立终身学习的榜样。榜样的力量虽不是无穷的，但具有神奇的力量。

中、美两国在地域、政治经济状况、文化背景等方面的差异，使优秀教师的评价标准存在诸多差异，但也有一些共同点：优秀教师要心存善意，这种善意是发自内心的，只有这样才能善待学生，理解他们，设身处地为他们着想；要有智慧，既能从学生的角度考虑问题，又要有所超越，不能与学生斤斤计较；不只是“技术”的传授，还会用“心”和学生沟通交流，甚至放下架子，拉近彼此的距离；不是要学生服从教师的权威，而是启发学生的独立思考能力和质疑探索的能力；要敢于直面学生的批驳与怀疑，并为有这样的好学生而骄傲。优秀教师的最高追求莫过于能将学生身上的潜能最大限度地诱发出来，而且在这个过程中，教育者和被教育者能互相促进，发展创造力和想象力。这是世界各国对优秀教师的基本要求。

（三）中、美专家型教师标准比较

专家型教师是优秀教师之中的佼佼者。从事教育实践工作的人几乎都想成为专家型教师，教育事业的发展也需要大量专家型教师，那么专家型教师的标准是什么呢？这一问题不仅关系到对教师的评价和对专家型教师的评定，而且影响教师的职业发展方向。中美专家型教师标准有相同之处，也有明显的差异。

《中华人民共和国教师法》规定，小学、初中和高中教师要具有中师、专科和本科学历。在中国教师职前培训中，教育类学科课程一般包括教育学、心理学、学科教学法和教育技术学等。美国要求中小学教师具有本科学历，有的州要求具有硕士研究生学历。在教师职前培训中，教育类学科课程包括教育基础、教育导论、教育史、初等或中等教育原理、教育心理学、发展心理学、教育评价与测量、教材教法、普通教学法和视听教育等。中国中小学教师入职要求要比美国中小学教师低，特别是在教育专业知识方面。

1. 中国专家型教师标准

中国对专家型教师标准或特征的研究，还没有形成有影响的见解或观点。我们一般把专家型教师称为学者型教师，标准是，不仅实现了先进的理论与科学的实践的融合，而且推动了教育理论与教育实践的发展；不仅形成了自己独特的实践操作体系，而且形成了自己独特的教学思想或教育理念，形成完整的教学体系、教学风格和流派。

有人认为，专家型教师除了要具有一般教师从事备、教、辅、改、考等教学实践素质外，还必须具有一定的科研素质，即掌握从事科学研究的知识和方法，具备一定的科学研究能力，并强调科研素质是专家型教师与一般教师的最大区别。有人指出，专家型教师不仅要通晓所教学科的专业知识，具备多年的教学实践经验，而且在培养学生良好的道德品质、调动学习的积极性、使学生学会学习和学会创造等方面，教学艺术高超、教学效果显著，有一套成熟的教学理论，并被社会认可。还有人提出，专家型教师的标准应该是，具有积极进取、勤奋好学的思想；具有勤于思考、求异创新的思维；具有教研结合、成果丰硕的行为；不仅教学成绩突出，而且科研成果丰硕。

从中国专家型教师的标准可以看出，标准的制定缺少明确的理论基础或依据，除部分移植或参考国外标准外，多是对教师群体中典型个例的概括或理想性的约定；在标准的内涵上，一般强调教师要有教学和科研两方面突出表现，其中对科研方面的强调更为明确、统一。

2. 美国专家型教师标准

美国在专家型教师标准或特征研究方面较有代表性的观点有以下几种。

(1) 美国学者斯滕伯格提出专家型教师的原型特征有三个：一是将更多的知识运用于教学问题的解决。这些知识包括所教学科的内容知识、一般教学法知识、与具体教学内容有关的教学法知识以及教学得以发生的社会和政治背景知识。二是解决教学问题的效率高。他们能在较短的时间完成更多的工作，或者明显只需要较少的努力。秩序化的技能使得他们能将注意集中于教学领域高水平的推理和问题解决上。在接触问题时，他们具有计划性且善于自我觉察，时机不成熟时，他们不会提前进行尝试。三是富有洞察力。他们能够找出有助于问题解决的信息，并将这些信息有效地联系起来。他们能够通过找出相似性及运用类推来重新建构问题的表征。他们能够对教学问题取得新颖而恰当的解答。

(2) 美国学者伯利纳的专家型教师标准是，对教学情境的观察和判断是直觉的，不需要仔细地分析和思考，凭借经验便能准确地发现问题，并采取适当的解决方法。对教学情境中的问题的解决不仅达到了快捷、流畅和灵活，而且达到了自动化，在没有意外发生的情况下，不需要有意识的努力就可以处理遇到的各种教学问题。在一般情况下，很少表现出反省思维，问题的结果与预期不一致，才对问题进行反思和分析。

(3) 美国学者司德菲认为，专家型教师的标准是，具有较高水平的教学能力与技巧，同时拥有多方面的信息来源；能进行有效的班级经营和时间管理，对学生报有高度的期望；在工作中能激发自我潜能，达到自我实现的目的；具有一种内在的透视力，可以随时掌握学生的一举一动。

考察美国专家型教师标准，能够看出其标准的制定往往有明确的理论依据；在标准的内涵上，特别强调教师的教学专长，并且对专家型教师的教学过程研究得细致、深入，都没有明确提出科研专长。

3. 中、美专家型教师标准的分析与比较

(1) 中、美专家型教师标准的相同之处。

第一，都注重教学方面的素质或能力。这里的教学是指教师培养学生全面发展的所有教育实践活动。培养学生是中小学教师的职责，如果一个教师教学能力差，学生的发展水平低，那就不仅不是专家型教师，而且做一般教师也不称职。

第二，都注重教师的创造性。创造性或表现在教学一个方面，或表现在教学和科研两个方面。任何领域的专家都应在工作中表现出机智、灵活、创新，而不能机械重复。

第三，都没有强调职业道德。职业道德是教师素质的重要组成部分。中、美专家型教师标准几乎都没有涉及职业道德，这并不表明职业道德对专家型教师不重要，而是因为它是所有教师的必备素质，不能成为专家型教师与一般教师的本质区别。

(2) 中、美专家型教师标准的主要区别。

中国专家型教师标准一般具有教学和科研专长；美国专家型教师标准一般只强调教学一种专长。中国专家型教师标准侧重于教学结果；美国专家型教师标准侧重于教学行为，即如何做，在侧重结果的同时更重视过程。

在中国专家型教师标准中，科研标准要比教学标准的权重大，而美国专家型教师标准特别强调教学。中小学教师的研究活动或创造性应更多地表现在教育实践中，表现在不断提高教育质量上。因此，如何界定科研内涵、如何强调教学科研，应是制定专家型教师标准时应慎重考虑的问题。

四、“三者”齐备教师为何难求

独到的思想者、不倦的实践者和终生的学习者，这是当今社会对教师提出的要求，也是教师专业发展中所追求的崇高理想和最终目标。然而在现实中，很多教师难以做到“三者”齐备，为什么？

第一，受社会大环境影响，一线教师难以成为集理论与实践之大成者。教育的理论和实践原本是密不可分、融为一体、集于一身的，随着社会分工的细化，理论家和实践家逐渐变成了两种职业。理论脱离实践的问题就随之产生了，集理论与实践之大成的教师也就少之又少了。

在课程改革过程中，由于传统的教学方式与崭新的教学理念之间存在差异，理论家主张的理论与一线教师采纳的理论有时是分离的。一般来说，理论家主张的理论总比一线教师采纳的理论更有前瞻性，更能体现教育教学的美好理想。而一线教师采纳的理论又总是比理论家主张的理论更加浅显易行，并与传统的教学方式类似，且在目前更有市场。正因为如此，我们的课程改革落不到实处，对教学构成了潜在的威胁；正因为如此，教师如何在理论家主张的理论与一线教师采纳的理论二者之间寻找到最佳通道、最佳切入点，才成了亟待解决的问题。

第二，受应试教育的影响，一线教师的思维局限在“万般皆下品，唯有分数高”中不能自拔。应试教育不仅影响了学生的全面发展，也影响了教师的全面发展。在应试教育模式中，学校整个工作围绕着中、高考的指挥棒，为了分数而强化训练，采用题海战术，加大了教师的工作负担，加剧了教师队伍中的非正常竞争，加重了教师的心理压力。缺少研究和探索的时间和动力，严重制约了教师知识结构的扩展和各种素质的提高。

第三，受学校小环境影响，教师静不下心来思考和学习。“静下心来教书，潜下心来育人”是每个教师都要认真思考和身体力行的。然而，教师在评比检查、文山会海和评优评先中难以“静心”“潜心”。

“批评多表扬少”的管理手段，不是用放大镜来看教师的优点，而是用放大镜来寻找教师的缺点。动不动就以评优、评先、晋职晋级一票否决相威胁，动不动就以终止合同相威胁，造成了教师人人自危、个个惊恐的紧张局面。

第四，受敬业精神、思想观念等因素的影响，教师难以做到“三者”齐备。欠缺敬业精神是影响教师“三者”齐备的主要原因。争名夺利的思想是教师“三者”齐备的大敌。部分教师不能以“比上不足，比下有余”“知足者常乐”的乐观主义态度对待自己的物质生活，不安心本职工作，缺乏“能力互补，携手双赢”的和谐、合作意识。

另外，传统教育观念的束缚也是影响教师“三者”齐备的原因之一。传统的教育观念认为，教师只要拥有了一定的学科知识，具有了合格的学历，就可以胜任教师的工作；教师只要拥有了“一桶水”，就能够给学生“一碗水”。这种观念严重阻碍了教师的专业发展，也影响教育向更高层次发展，最终会影响素质教育的实施。

总之，无论是社会大环境的影响，还是学校小环境的影响，教师的自身素质和修养是关键。要做一名独到的思想者、不倦的实践者和终生的学习者，先要做一个有阅读习惯的“学者”，然后做一个有批判和继承精神的“思想者”，最后做一个勤于实践、引发变革的“行动者”——这是所有优秀教师必须经历的三个阶段。

五、教师有价值经验的积累

刚参加工作的年轻教师，在最初的几年里，他们的工作没有太大的区别，他们的经历有着很多相似之处，但是为什么他们几年后就有了不同的能力？一些老教师在教育教学的岗位上工作了一辈子，他们的日常工作也没有太大的区别，他们的经历也有着很多相似之处，但是为什么有人成了“教书将”，有人成了“教书匠”呢？这是因为他们从相同或相近的经历中总结出了不同的东西。那些能够从自己的经历中总结出富有价值的经验的人，在工作中就会有更多成功的机会。

1. 什么是有价值经验

“经验”一词的解释是，由实践得来的知识或技能；经历，体验。辩证唯物主义认为，经验是客观事物在人们头脑中的反映，是认识的开端，经验有待于深化，有待于上升到理论。

很多经历是人生的财富，很多感悟需要经过亲身体验才能获得，但是不能将经历和经验混为一谈。经验不是所有经历过的事情，而是在经历、体验中对有价值信息的抽象、升华和概括。

有价值经验，一方面来自于直接经验，就是经过自身的实践证明是行之有效的方式方法；一方面来自于间接经验，就是通过看书学习或他人传授而获得的，在实践中证明也是行之有效的方式方法。由于主客观条件的限制，每个人都不可能事事亲自实践，大量的知识是通过他人传授或书本知识等间接经验获得的。

直接经验和间接经验是“源”和“流”的关系。从源头上说，一切真知都来源于实践，都是人们亲自实践获得的。间接经验虽然不是自己亲自实践获得的，但它归根到底也是源于别人的实践。人们通过实践获得的知识，对自己来说是直接经验，对他人来说则是间接经验。

直接经验和间接经验，二者合二为一，再通过自己在实践中的不断丰富完善，总结、抽象、升华和概括，就变成了自己的有价值的经验了。

2. 有价值经验和无价值经验

从教育教学的角度说，有价值经验应具有如下特点。

（1）理念的先进性。即以现行的课程标准及现代教育教学理论为教育教学行为的指导思想。

（2）操作手段、方法的先进性。即教育教学的工具是先进的，如多媒体介入等；组织学习的方式方法是先进的，如“自主、合作、探究”学习方式的实施，进行综合性学习和社会实践等。

（3）省时、高效。凡是能够取得“省时、高效”的教育教学效果的都应视为有价值的经验。

无价值经验，就是没有先进性和省时、高效特点的经验。无价值经验否定客观实际，一切问题从既有经验出发，盲目地以是否符合自身经验来判断事物；片面强调感觉经验，贬抑理性思维，以至于把感觉看作唯一的实在，把经验论推向极端，走向唯我论和不可知论，与教条主义相呼应。无价值经验是不可取的经验。

从教育教学的角度看，无价值经验的特点是，思想保守陈旧，操作手段、方法落后。

3. 有价值经验的内容

新教师首先要学习间接经验，在间接经验的思考和实践中丰富、沉淀自己的直接经验；老教师要在直接经验的思考和实践中总结经验和教训，不断学习新的间接经验，以丰富完善自己的新的直接经验。

虽然教育教学的情况是复杂多变的，但是有价值的经验的内容有几点是共通的。

第一，努力摸索和掌握有价值经验的初衷，主要是解决问题。因此，能不能从纷繁复杂的变化中，迅速找到值得关注的现象，并从现象中抽象出具体的问题，就成为体现能力的重要条件。在现实工作中，现象和问题很多时候被混为一谈，比如，在整体教学成绩出现比较大的下降时，人们认为这是一个非常严重的问题，但是，实际上这只是一个现象或者说是结果，产生这种现象或结果的问题可能来自诸多方面：班风不正、教学方法不当、教学过程管理不严格、学习习惯不良、学习环境变化、学生转入转出变动等。在确定了问题之后，需要进一步完成分类和排序工作。因为只有确定了造成问题的因果关系，才可能有针对性地研究解决问题的方法。

第二，如果要改变落后的局面，就必须使工作有明确的问题指向——具体回答每一项工作到底要完成什么，要改变什么，要解决什么。因此，在开展工作的最初阶段能不能明确工作的实质，能不能设计出更有效的方法，在很大程度上决定了工作最终能够产生的价值。在这里，对有价值经验的提炼，更多地体现在对时机、条件、环境、曾经的挫折、可能的变化等的预先的估计和判断上。

只有预先对可能的问题和变化做出判断，并准备好对策的时候；只有把曾经的经验和教训转化成为下一次工作中的对策的时候，人们才能够真切地看到有价值经验。更准确地说，是从经验中总结出了富有价值的规律，并能够运用这些规律，使自己的努力更加富有成效。

第三，人们看重的经验，既然不是过去的事情，而是未来的能力，那么，体现出经验价值的方式，就在于能不能预先设计更合理的工作方式，在于执行的过程中如何应对那些计划之外的变化，在于能不能从纷繁的问题中总结出新的规律，发现新的机会。

教师能不能从经验中迅速提炼出有价值的经验，并应用这种有价值经验使自己的思考和实践更富有价值，决定了教师的成长能否更快、进步的幅度能否更大。

4. 如何积累有价值经验

第一，记录相关信息，为积累有价值经验奠定基础。魏书生老师曾经说过，创新必须建立在量的积累上，必须付出汗水和艰辛的劳动。教师应该抓住每一个一闪即逝的好念头，记录每一个令我们感兴趣的教育教学理念和案例。具体说就是，记录每一次成功的经验——这节课成功地突破了教学难点，问题迎刃而解；这节课灵活地利用了教学机智，化解了突如其来的“意外”和“尴尬”。记录每一次失败的教训——某个知识点讲解不够透彻，造成学生的困惑；某个生僻字读音不准，引起课堂的骚动。记录每一次学生完成课业时存在的问题——作业、考试中的知识点张冠李戴，答题没有切中要害，有许多错别字。记录每一次学生的疑问和教师的疑问——学生提出的问题教师从未考虑过或者不知道。

第二，分类研究所记录的信息，实现经验的抽象和理论的升华，完成有价值经验的原始积累。为便于今后系统研究，教师首先要将记录的信息分类，可按工作内容分为班级管理、学法研究、教法研究、备课研究、学生心理情感研究、教学理论研究等。分类之后，围绕感兴趣的问题收集资料，进行科学研究，并写成教育教学随笔或研究性论文。随着研究点的增加，由点到面，逐渐拓展到这一领域，进而构建一个完整的理论研究体系。

第三，运用原始积累的有价值经验去指导实践，并在实践中丰富、完善、发展有价值经验，力争形成个性化的教育教学风格。每个人对问题的认识都有特殊性，所以积累的有价值经验也具有差异性。根据自身的特点和积累的有价值经验去设计、实施具有个性风格的教育教学活动，进而研究探索一整套教育教学理论和模式，这是我们每个教师都应该追求的崇高理想和目标。

教师的成长，必须经历长期的有价值经验的积累、自我建构和形成风格三个过程。从学习到认同归属，从了解自我到充实自我，从切身经历中反思到发展自我个性……这不仅仅需要对教育的忠诚，更需要科学的思维方式和方法。

六、重视非教学素质的提高

教师素质可分为“教学素质”和“非教学素质”两个方面。

教学素质是指本学科的知识和技能（包括专业知识和理论素质、教学理论和实践素质两大方面）和与本学科相关的学科的知识和技能。譬如语文教师要培养学生听、说、读、写的能力，首先应该在这四个方面成为高素质的人：听，抓要点；说，准确简明、生动形象、风趣幽默、含蓄深沉，并懂得区分场合对象，且善于运用肢体语言；读，不仅标准、清晰、流利，声音还要具有美感，并且声情并茂；写，能写一手好字，写一篇好文章，能博古通今，多才多艺。

一言以蔽之，教学素质就是教师可以“为人师表”的“显性”的各方面教学素质的总和。

什么是非教学素质呢？非教学素质就是与教学素质相对的，不直接与本学科教学相联系的内容，也不包括本学科教学在内的知识和技能。主要指思想素质和心理素质两个大方面。非教学素质是教师的气质、性格、工作理念、作风、态度、责任感等，虽不直接与本学科教学联系，但又可直接影响教学效果的个性化因素的总和。

教学中存在这样的情况：两个教学素质基本相同的教师，承担一样的教学任务，所教对象的基础也相差无几，但半个学期或一个学期之后，教学效果不尽相同，有的甚至差距很大；两个教学素质相差明显的教师，承担一样的教学任务，所教对象的基础也相差无几，但半个学期或一个学期之后，“教学素质低”的教师的教学效果不一定就比“教学素质高”的差，有的甚至还要好一些。这说明了什么？说明教师的教学素质不是决定教学效果的唯一的因素。

非教学素质的基本内核是“严”，如庄重而威严的气质，不达目的誓不罢休的倔强性格，严师出高徒的敬业理念，严于律人、律己和雷厉风行的工作作风，一丝不苟的认真态度，严格规范学习行为、不让一个学生掉队的措施和手段等。这些才是提高教学质量的根本条件。

有人做过这样的实验：上课只是布置学习内容及要求，然后严格督促、严格检查、严格验收，及时反馈并提出改正要求，不让一个学生蒙混过关。其结果是，用这种简单、枯燥并不受学生欢迎，领导专家又不看好的方式，一个学期下来，教学成绩竟比其他班优秀，学生所学的知识也比其他班多了几倍。我们且不说这种实验的过程和方法是否科学，是否有大力推广的必要，仅就它的结果就发人深省。

河北的衡水中学、江苏洋思中学在教育教学方面都取得了令人瞩目的成绩。其实经验并不高深复杂，就是站在非教学因素的高度，“严”字当头，严格管理，严格各项规章制度，将个性化的非教学素质共性化，全校步调一致，理念统一明确，责任统一明确，甚至这节课讲什么，讲多长时间，练什么，练多长时间，都有明确的规定。尽管这种经验并不完全符合现代教育教学观念，但由于有了明确的理念和具体提高教育教学质量的方法和措施，且能一丝不苟、持之以恒地做下去，就取得了显著的成绩。

非教学素质对学习成绩的影响，是以对学生学习的过程严格管理为基础的，但“严”一定要讲科学：要努力、要付出，要适度、要持之以恒，要严中有爱，要以对学生的发展负责为出发点。

培养和提高非教学素质，有意识的、积极的自我修养是至关重要的。因此，我们每个教师都有形成良好非教学素质的可能，都有提高非教学素质的必要。

第 13 课

好课的标准

一、好课的标准综述

（一）好课的基本特征

1. 以促进学生的发展为教学目标

（1）基础目标。国家颁布的教学大纲和课程标准中，明确规定了学生必须掌握的学科基础知识、基本技能及基本学习能力和相应的思想品德。

（2）提高目标。主要表现为学生的主体性发展，包括自主性、主动性和创造性三方面。自主性又称独立性，指不受外部强迫与控制，独立、自由地控制自己的思想，支配自己的行为，集中表现为自尊自信、自我调控、独立判断决断、自觉自理等。主动性是对现实的选择和对外界适应的能动性，集中体现在学生对学习的选择性和对社会的适应性上，主动性强调学生有强烈的成就感和竞争意识、浓厚的学习兴趣和求知欲、主动积极地参与以及强大的合作交往能力。创造性是对现实的超越，是主体性发展的最高表现。

（3）体验目标。好的课堂教学，注重通过教师与学生间的情感交流形成民主和谐的课堂教学气氛，让各个层次的学生都能获得成功的心理体验，感受到课堂生活的乐趣和愉悦。

2. 教学内容科学合理

（1）教师正确理解并根据学生的实际发展水平和特点，创造性地使用教材，合理确定重点和难点，精选具有基础性、范例性和综合性的学科知识，让学生掌握扎实的基础知识和学科基本结构。同时，教学内容应充实，反映现代科学技术和学术研究的新成果。

（2）教学内容具有挑战性，能激发学生的学习兴趣和求知欲望，能引导学生积极思考，能吸引学生主动参与。

（3）重视教学内容的文化内涵，体现科学性、人文性和社会性的融合。一方面，从科学理性出发，努力使学生掌握基本概念、原理、规律、技能和问题解决的策略方法，并具有实事求是和严肃认真的科学态度，以及进行科学探究的基本能力。另一方面，从人文性、社会性出发，重视课堂教学中的情感、意志、直觉等非理性因素，关注群体间的社会交往和课堂教学环境的潜在影响，培养学生的人文素质，陶冶学生的人文精神，发展学生的自信心、自制力，培养积极进取的良好个性品质。

（4）关注教学内容的实践性，密切联系社会实际和学生生活实际，通过多种形式的教学实践活动，理论与实际相结合，培养学生的动手实践能力和分析、解决实际问题的能力。

3. 教学策略与方法是让学生主动学习

（1）学生主动参与。教师应努力为学生提供主动参与的时间和空间，为学生提供自我表现的机会，还给学生学习的主动权。根据研究，学生主动参与的时间应超过整节课的二分之一。

（2）合作学习。集体教学与小组合作学习相结合，教师在“权威”“顾问”“同伴”三重角色的选择中，学生在竞争与合作两种关系的处理中，形成良性发展的和谐关系。小组合作学习不能停留在形式上，应让学生在实质性的讨论中真正地交流想法、丰富见解。

（3）自主学习及差异发展。好的课堂教学非常关注学生自主学习能力的培养，通过学生的自我选择、自我监控、自我调节，逐步形成自我学习的能力；同时在课堂教学中承认学生发展的差异性，不搞“填平补齐”，而是让每个学生在原有基础上、在不同起点上获得最优发展；承认学生发展的独特性，要尽可能捕捉他们身上表现出的闪光点，发现他们的潜在优势，不追求学生各方面平均发展，而是让每个学生形成自己的特色和鲜明个性。在课堂教学中区别指导，分层教学，不按统一模式去塑造学生，使学生实现有差异的发展。

（4）鼓励创新。在体现现代教学思想的课堂教学中，教师鼓励学生质疑问难，努力挖掘学生自身的创造潜能，培养学生的创新意识和创新精神，并创造条件使学生经常体验到创造的乐趣，形成独特的创造力。

4. 教师要有良好的素质修养

（1）课堂驾驭能力。教师应该具备对课堂教学进行组织、管理和监控的能力，能够根据课堂上的情况调节课堂教学节奏，课堂教学容量适当、结构清楚、时间安排合理，课堂应变能力强。

(2) 实践操作能力。教师的现代教学技术手段、演示实验以及教具的运用，应该适时、适度，且操作规范、熟练。

(3) 语言表达能力。教师的教学语言应该规范、精练、生动；板书、板画应该设计合理，字体规范。

(二) 好课的特点

1. 新

(1) 理念新。教学能够体现新课改的精神，自觉关注学生的兴趣和体验，倡导学生主动参与的学习方式，建立新型的教与学的关系。

(2) 思路新。教学采用省时、高效的教学原则。

(3) 手段新。教学重视现代化手段与传统手段相结合。

2. 活

(1) 教法灵活。“教有法，而无定法，贵在得法”，教学中要注意多种方法的有机结合，坚持“一法为主，多法配合”，以达到教学用时少，教学效果佳，学生的参与度和知识能力的达成度高，做到教与学的最优化。要坚持启发式教学，让学生能够运用自主、合作、探究等方式参与学习，通过学生积极主动地参与学习活动，坚持面向全体、因材施教的教学原则。

(2) 用活教材。用教材教，是通研教材，吃透教材，使教材的精神内化为自己的教学思想。只有这样，上课才能挥洒自如，张弛有度，得心应手，把课上得轻松，使学生学得愉快。每节课都有教与学的目标，按照三维教学目标展开教学活动，教师不应局限于教材的内容和教学的预案，应使教材适合所教学生。在课堂活动中，把知识作为一种载体和媒介，围绕教学目标采用动态生成的学习形式，让学生在参与中获取知识，训练思维，形成能力。

(3) 教活学生。只有课堂活起来，学生才有可能主动、生动、活泼地发展，教师要培养学生的问题意识，要让学生有思维活动的空间，这样学生学的知识才能“活”起来。

教师在课堂上应诱导学生提问，鼓励学生敢问、好问，还要让学生在会问上做文章，这样学生的思维活动才有深度。

3. 实

(1) 教学内容要充实。首先，教师应当二次处理教材，合理整合教学内容，确定教学内容的广度和深度，明确教学的重点、难点和关键，科学安排教学顺序和教学环节，有效组织学生的参与策略和内容。其次，把学科教学跟学生的实际生活联系起来，使学生有亲切感、真实感，要靠知识本身的魅力去吸引学生。

（2）课堂练习要扎实。教师要力争做到边讲边练，精讲精练，讲练结合；要认真选择练习内容和练习的时机，做到课堂练习有目的、有重点、有层次，形式多样，针对性强；反馈要及时、准确、高效，不做重复的题目。

（3）教学目标要落实。学生主动参与学习，师生、生生间通过互动达成教学目标；学习资源、时间和空间有充分保障，学生能够真正理解、把握和灵活运用知识；学生的自我监控、自我校正和反思能力得到培养；学生获得积极的情感体验等。三维教学目标的落实，要达到由传授知识向训练方法转移，重在方法的形成；由传授知识向发展智能转移，重在增加思维空间，培养灵活处理及解决问题的能力；由传授知识向渗透情感转移，提炼教材的精神实质，培养学生良好的思想品质。

（4）教学过程要真实。教师要做到“以学定教”，教学形式不做秀，能真实地反映教与学的实际；能客观真实地了解学生的学习状况，有针对性地实施教学方案；能对全体学生有所启发，使所有学生都能参与其中，发挥主体作用。同时教师要明确教学目标，针对目标开展教学活动，能抓住关键，突出重点，突破难点，掌握知识，培养能力，形成知识和能力的网络体系。

4. 趣

培养学生的学习兴趣、让学生在愉快的气氛中学习，是调动学生学习积极性、提高学习效率的重要条件。学生有了学习兴趣，学习就不再是负担，而是一种享受、一种愉快的体验。

（1）导入激趣。好的教学导入能集中学生的注意力，激发学生的学习热情和兴趣，引发学生的学习动机，能引起学生的认知冲突，使学生很快进入学习状态，期待得出结论。

（2）教学过程激趣。教师在教学过程的各个环节上应不断激趣，让学生保持好奇心，以使学生保持良好的状态。教学设计应使学生的多种感官都能参与到学习中来，并能营造良好的教学氛围，让学生在愉快的环境中学习。

5. 情

一节好课需要教师用激情去感染学生的激情，用热情点燃学生的学习热情。教师富有穿透力的语言、抑扬顿挫的语调、恰当的体态语等，都可以使课堂高潮迭起、趣味横生。

（三）专家学者对好课的看法

1. 教学目标明确、恰当

教学目标是课堂教学的出发点和归宿，目标明确、恰当是一节好课的首要条件。明确，是指师生对一堂课应达到的目的、方向有共同的认识。恰当，主要指符合学段的特点，符合教材的要求，符合学生的实际。

2. 教学重点、难点突出

教师要能深刻地理解、正确地把握教材，并运用多种教学手段引领学生理解重点，突破难点。

3. 学生的主体地位得到尊重

学生主体地位是否得到尊重，是以学生的参与度为标准的。学生参与度，就广度而言，要看是不是全体学生都参与到课堂教学中来了，是不是每个环节都参与了；就深度而言，要看学生是被动、应付地学习还是积极、主动地学习，要看学生的理解程度、学习质量是否得到提升。

4. 教学方法得当

教师是否善于通过多种教学方法的相互配合和灵活运用，调动学生学习的积极性，使学生的学习紧张、有趣。其中，现代化教学手段的运用要恰当、适度。

5. 教学效果好

教学效果好包括教学气氛和谐、师生关系融洽、训练扎实有效。学生在知识、能力、方法、习惯等方面学有所得，哪怕是一课一得。

（四）好课标准的多角度分析

1. 课堂教学应是有目的、有计划的有效学习的活动过程

（1）教学是一种涉及教师与学生双方的活动过程，所以，它一定是动态变化的过程，是一种交往实践行为，是一种涉及两个人以上的实践活动。

（2）教学是一种学习的活动，本质上是学而不是教。因此，活动的主体是学生，没有学生的学习活动，就没有现代意义的教学。教师讲而学生不听不是教学，只有在教师组织下学生实现了有效学习，才是教学。

（3）教学是一种特殊的、指向性很强的教与学活动。因此，学生随意阅读不是教学，学生自主选择感兴趣的知识也不是教学，学习者在社会实践活动中观察、认识、感悟、发现更不是教学。

（4）教师组织活动，包括讲解、讲述、指导、辅导，包括展示、演示，

也包括组织各种参观、操作活动，还包括释疑问难、激励评价等。

2. 学习者能否在课堂教学中积极有效地学习，是好课的根本标准

（1）精心处理教材，设计独具匠心。一堂好课要有体现个人特色的教学设计。教材与教参只是教学活动重要的参考资料，教师必须根据教学环境、学生实际，结合自身对教材的透彻理解，加以灵活的处理，设计出独具匠心的教案，才能保证教学活动的有效性和生动性。

（2）体现课程理念，过程流畅自然。课堂教学要创设一种利于发挥学生主体性的环境，通过课前精心设计与课堂中教师的恰当引导，构建一个流畅自然的教学过程。这样的课堂教学，能让学生在不知不觉中轻松而又紧凑地参与学习与思考，较大限度地开发学生的情感、情趣。

（3）激发学生情趣，课堂活泼有序。教师应努力创设课堂情境，激发学生的学习情趣，让学生主动参与，使每一个学生在参与的过程中体验学习的快乐，获得心智的发展。

（4）展示教师素质，塑造教师形象。教师要做好课堂的组织者、引导者，而不是教材的代言人和知识的权威。课堂上，教师除了组织和谐有序的秩序、使用精彩悦耳的语言、展现漂亮美观的板书、呈现敏捷准确的思维外，还必须做到灵活应对课堂情况、合理使用网络媒体、广泛引用知识背景等。

（5）设计完美提问，思维延伸课外。教师在课堂教学过程中，不仅要让学生掌握这节课的绝大多数内容，而且要让学生学到更多的内容。在教学过程中要培养学生主动探究的能力，使学生主动加入到课堂教学中。

3. 从理论层面衡量好课的标准

（1）自主学习的程度。学生在教师引导下自己确定学习目标，选择学习方法，监控学习过程，评价学习结果，这是一种能动的、创造性的学习方式。学生自主学习的程度，主要看一节课中学生能否自由、能动、创新地学习。

（2）合作学习的有效性。合作学习是指有共同的学习目标，采用小组与团队合作的方式进行的学习活动。它以组内异质或组间同质的分组原则建立的学习小组为基本形式，通过教学动态因素之间的互动，促进学生学习。小组合作学习的有效性，主要看小组的选题是否科学，分组是否合理，是否互动互助，是否有预设、有生成。

（3）探究学习的深度。探究学习是一种发现学习，具有深刻的问题性、广泛的参与性、丰富的实践性与开放性。它要求在教学过程中以问题为载

体，创设一种科学研究的情境，通过学生搜集、分析、处理信息，独立发现问题、获得知识技能、形成情感态度与价值观的探究活动。探究学习的深度，主要看学生有没有问题意识和问题能力，以及问题的数量和质量等。

(4) 以学生发展为中心。在教学中教师要反思自己教给学生的知识和技能是否有用，这样的方法和能力是否有利于学生的终身发展等。

(5) 依新课标施教，体现人文性、综合性、开放性和实践性。

4. 从操作层面衡量好课的标准

(1) 联系阅读。联系阅读，就是指在教师的引导下，学生从相关书面材料中提取信息、获得意义并影响其非智力因素的活动。

(2) 主动问答。即学生自主、积极地提出问题和回答问题。

(3) 自主讨论。

(4) 自评互判。

(5) 引人入胜，精导妙引，结尾无穷。

5. 从教学理念上衡量好课的标准

(1) 坚持以学生的可持续性发展为本，尊重、激励、赏识学生。

(2) 能使特定的学生在原有的基础上得到特定发展。

(3) 构建民主平等的新型师生关系。

(4) 关注学生，注重学生的需求。

6. 从教师行为上衡量好课的标准

(1) 体现自身劳动的第二次创造。

(2) 激发学生的学习兴趣、动机，引导学生主动"自找水源"。

(3) 创设生活化情境，给予学生充分的思维空间。

(4) 形成相互交流、沟通、启发和补充的师生学习共同体。

(5) 语言清楚、得当，并具有充满活力、充满自信的体态语言。

(6) 教学脉络清楚，不拖堂。

(7) 多媒体和板书配合得当。

7. 从学生表现上衡量好课的标准

(1) 学习活动愉快、轻松、有序、和谐。

(2) 良好的学习习惯得到培养。

(3) 学生的心灵得到美的熏陶，感受到做人的道理，感受到成功的喜悦。

8. 从教学内容上衡量好课的标准

(1) 要有本学科基本、核心的内容，理论性内容应联系实际，实践性内容应有理论指导。

(2) 注意教学内容的科学性和先进性，概念明确、重点突出。

二、中、美好课的标准

(一) 国内著名教育专家的观点

1. 特级教师霍懋征的“五标准”

(1) 教学目的明确而且准确。目的不明确，课堂教学就没有“主心骨”，课肯定上不好。所谓准确，就是根据整个学期的教学计划以及各个阶段的教学要求，从教材和班级学生的实际情况出发，科学、有计划地安排每堂课的具体要求。

(2) 重点突出，难点突破。就教学内容而言，平均使用力量，课堂教学就不能突出重点。不管学生懂与不懂，会与不会，教师我行我素，就不能上好课。

(3) 教学方法符合学生的认识规律。课堂教学深入浅出，循序渐进，能够促进学生积极思维，能够极大地调动学生学习的积极性。课堂教学严肃认真，生动活泼，使学生成为学习的主人。

(4) 课堂教学组织严密。不浪费时间，不浪费学生的精力，教师善于因势利导，启发学生不断获取新知识，使学生感受到学习的欢乐。

(5) 教学效果好。学生从不知到知，从不会到会，从少知、少会到多知、多会，各有长进。学生不仅在知识上有所长进，在能力上也有所提高，绝大多数学生能学有所得。

2. 叶澜教授的“五要求”

(1) 有意义。初步的意义是学生学到了新的知识；进一步的意义是锻炼了学生的能力；发展的意义是在这个过程中学生有良好的、积极的情感体验，产生进一步学习的强烈要求；再发展一步，是学生会主动投入到学习中去。

(2) 有效率。一是这节课对多少学生是有效的；二是效率有高低之分，如果只是对少数学生有效率，那么这节课不能算是比较好的课。

(3) 生成性。课堂教学不是预先设计好的，而是教师和学生真实的、情感的、智慧的、思维和能力的投入，有互动的过程，有活跃的气氛。在这个过程中，既有资源的生成，又有过程状态生成，这样的课可称为丰实的课。

（4）常态性。不少教师受公开课、观摩课的影响，课堂教学中准备过度。教师课前很辛苦，到了课堂上就用准备好的资料来表演，再没有新的东西呈现。虽然课前准备有利于学生的学习，但课堂有它独特的价值，这个价值就在于它是公共的空间，需要思维的碰撞及相应的讨论，在这个过程中，师生能相互生成许多新的知识。

（5）有待完善。十全十美的课造假的可能性最大。只要是真实的就会有缺憾，有缺憾是真实的一个指标。生活中的课有待完善，这样的课是真实的课。扎实、充实、平实、真实，真正做起来很难，但正是在这样的追求过程中，教师的专业水平才能提高，同时也才能真正享受到教学作为一个创造过程的全部欢乐。

3. 崔允漷教授的观点

（1）对于课的评价。什么课是好课，这是个永恒的话题。这没有统一的标准，不同的人、不同的地域、不同的学识和阅历等会有不同的标准。

好课要教得有效、学得愉快、考得满意。三者不是前后关系，而是构成一个三角型，教师在中间发挥主观能动作用。教学质量是不能回避的，情感、态度、价值观也是重要的。一节课应该有一节课的标准，每节课都要有目标、有课程意识、有效应意识。

（2）怎么具体分析一堂课。

一是目标。目标要让学生知道，学生知道了才会积极参与、主动配合。

二是内容。为了达到目标，就需要一个载体，这就是教材内容。我们要充分理解和准确把握所教内容，把握得越准，越容易达标。

三是程序与策略。是指一堂课的先后顺序、转换办法、导入形式、手段创新等是否自然，是否有效。

四是教师素养。是指专业品质的高低，如真诚表达与沟通能力等。

五是学习状态与结果。是指学生的主动性、兴趣、参与程度、目标等。

（二）美国好课的标准

1. 课堂表现方面

（1）根据学生的课堂表现，判断学生是否了解和接受教师期望他们在课堂上做的事情。

（2）教师能把握和组织课堂上的教学和学习过程。

（3）所有课堂上使用的教学材料和教学辅助设备都是必要的，这些材料和设备都能充分恰当地使用。

(4) 教学目的达到，重、难点明确并有所突破，教学任务完成，时间分配得当等。

2. 学生参与方面

(1) 教师对学生学习和活动的指令清楚。

(2) 学生明确课堂学习和活动，该怎样与前面所学的知识以及他们今后的生活联系起来。

(3) 学生的学习和活动积极主动。

(4) 有多少学生参与了学习活动。

3. 教学过程方面

(1) 教师对知识的传授和问题的解释准确。

(2) 教师在培养学生能力方面使用了多种手段。比如演讲、小组活动、自主学习、探究活动、自编练习或试卷、辩论、社会实践和调查、师生互动以及互联网的使用等。

(3) 教师的教学对学生的学习和知识的应用有示范作用。

(4) 教师经常检查，以确保学生正确学习和运用知识。

4. 课堂练习方面

(1) 学生通过一些公开活动来练习或使用所学知识。

(2) 学生的实践活动与知识的学习有直接联系。

(3) 教师了解学生的学习过程。

(4) 在必要时以及在重要处，教师做过强调或重点讲解。

5. 知识的巩固方面

(1) 下课前教师总结或提炼该堂课的教学内容。

(2) 学生理解和掌握了该堂课的所学内容。

6. 知识和能力的拓展方面

(1) 教师对所学知识的内涵和外延进行了进一步的挖掘和扩大。

(2) 教师对学生进行过相关能力的培养和拓展。

(3) 教师布置了相关知识的课外作业。

7. 学习兴趣的培养方面

(1) 教师培养了学生的学习兴趣，活跃了课堂气氛。

(2) 教师增加或减轻焦虑以调动学生学习的欲望和兴趣。

(3) 教师保持活跃、友好的课堂气氛，使学生乐于接受所学知识。

（三）中、美好课标准的异同

1. 相同点

（1）注重课堂教学目的的达成。例如，教学目标是否达到，重、难点是否明确并有所突破，教学任务是否完成，时间分配是否得当等。

（2）注重学生的课堂表现。例如，学生的学习是否积极主动，有多少学生参与了学习活动等。

2. 不同点

（1）课堂标准的集中指向性和详略不同。美国好课的标准虽然种类繁多，但集中体现在上述几个方面。中国好课的标准虽有共性，但更庞杂。

（2）课堂学习组织的侧重点不同。美国课堂学习的组织强调"活动"，即在活动中学习，学习内容虽有集中指向性，但更具有全面性、素质性和开放性；中国的课堂学习组织则强调"教与学"，并主要是教学课本知识。

（3）对课堂教具的重视程度不同。美国课堂对教学材料和教学辅助设备做出了明确的要求，如"是否所有课堂上使用的教学材料和教学辅助设备都是必要的，这些材料和设备是否都能充分恰当地使用"等。中国好课的标准没有这项规定。

（4）对教师素质的要求不同。美国好课的标准几乎每一条都对教师提出了要求，如对学情的了解、方法的把握、练习的设计、兴趣的培养等，都对教师提出了更高的要求。中国的标准虽也有类似的要求，但没有美国的标准详细、具体、明确。

（5）对学习目的性的强调程度不同。美国注重课堂知识的实用性和能力培养，针对性极强，如"学生是否明了他们的课堂学习和活动该怎样与前面所学的知识以及他们今后的生活联系起来"和"教师在培养学生能力方面使用了哪些手段？比如演讲、小组活动、自主学习、探究活动、自编练习或试卷、辩论、社会实践和调查、师生互动以及互联网的使用等"。中国好课的标准对这一方面的要求不具体、不明确。

三、公开课的实与虚

公开课是公开展示给大家看的课。根据公开课的不同目的，一般分为示范性公开课、汇报性公开课和探究性公开课等不同类型。无论何种类型的公开课，都要体现真实性、目的性、个性化、创新性等特征。

（一）关于公开课的“实”

实就是真实，公开课的课堂组织形式和教学流程上属于常态，即不掺杂有失教学自然形态的虚假，在课堂教学内容与结构上着意设计但又浑然天成。真实的公开课要以自然、实用、有效为教学的基本原则，在真实中展示教学过程，让听课者在真实中得到某种启示。

有一节这样的语文名师公开课：教学的第一步是知识的巩固，三名学生到黑板上听写生字词，然后是师生共同讨论并矫正，用时近 7 分钟；第二步是读课文，分组读、全班齐读、个人表演读，用时近 11 分钟；第三步是看书做题，然后师生共同讨论问题，明确正确答案，用时近 13 分钟；第四步是拓展训练，用时近 10 分钟；第五步是小结。

公开课后的研讨会上，执教者和评课者一致的看法是，这节课重在一个“实”字，是对目前新课标下“花哨”教学的一种批判；是语文教学应回归自然、回归本位的一种宣言。但是，这节课有点“实”过了头，有些“俗”，有些“浅薄”，有些“陈旧”。

说其“俗”和“浅薄”，是指教学设计无个性化特征。不可否认，字词检查、朗诵训练、读书做题等环节属常态教学，是语文教学中运用频率最高的方式方法。但毕竟是谁都会用、谁都常用的手段，无须名师以公开课的形式来引领。

新课改要求每个教师从指令型课程与教学的单一执行者，转变为自己课程的创造者，这使教师形成独特的课堂教学风貌成为一种必然的教学趋势。那么要从哪些方面体现个性化特征呢？

第一，教学思路个性化。教师要有超前意识，尽可能打破原有的课堂教学模式，用自己的个性去演绎作品的个性；要找准发展学生的个性这个教学突破口，教师要因材施教，有针对性、有创造性地促进有个性的个体全面发展，进而形成优良个性。个性化的教学思路是在尊重教育规律基础上博采众长。

第二，教学方法的个性化。一是个别化，是指教学方法的选择和运用重视学生的个性差异，注意培养学生的主体精神、参与意识、独立思考能力；二是多样化，在设计教学方案时，从学生、教材、教学目标出发，在一定教学策略指导下，以一种方法为主，融合多种方法，形成一种优化组合的教学方案。

从上述两个角度看，这一节公开课存在教学思路平庸、教学方法单一等缺点，这两个缺点也影响了这节课教学风格的个性化。但教学语言准确、规范且富有逻辑性、系统性、情感性和艺术性，板书美观、大方等，这也充分体现了教者的良好的教学基本功。

说其“陈旧”，是指教学设计老套无创新性。创新性教学是以培养人的创新意识、创新精神和创新能力为出发点的一种教育实践活动，它是以“创设情境—活动探究—展示交流—反思评价”的方式来展开教学的。教学过程中，活动的组织和展开突出一个“动”字，贯穿一个“趣”字，最终落实到一个“创”字。

创新性教学表现为以下几个方面。

第一，学习目标新。教师要为解决学习中的问题而教学，教师要对所教内容进行创造性劳动。只有目标新，才能吸引学生去控制、管理自己的学习，使学生依靠兴趣和自控力展开探索活动。

第二，学习方法新。在自主、合作与交流中，学生不断对自己和别人的看法进行反思和评价，从而看到问题的不同层次和侧面，创造性地找到解决问题的途径和方法。

第三，教学手段新。多媒体技术和信息技术进入课堂，必然会引起教学过程、教学手段的变革。教师要关注现代技术发展，充分利用现代化的教育技术，把学生带进一个声、像、图、文并茂的新天地，使学生在最佳的情境中学习，进而提高教学效果。

从上述三个角度看，这节公开课显然存在教学目标高、大、全和学习方法不够新颖等缺点。值得肯定的是，教学手段比较新，教学环节设计紧凑，学生活动量大。

（二）关于公开课的“虚”

在一节语文名师的公开课上，教师课前准备了三篇2000字左右的文章，学生人手一份。教师在切入新知识的学习后，便以问题引领的方式让学生用这三篇文章与课文进行比较阅读。一节课下来，师生紧紧张张、忙忙碌碌……

公开课后的研讨会上，执教者对这节课的阐释是，探索阅读教学的新途径。但是，这节课有点“虚”，有些“假”，有些“做作”。

这里所说的“虚”有两个含义，第一个是“虚假”。公开课弄虚作假的现象通常有以下几种。

（1）授课内容造假。让学生对所学的内容做预习，把课堂上要问的问题和答案提前告诉学生，让学生在课下背熟。这样，教师上课时效果就特别“好”。

（2）授课方法造假。教师平时上课总是“填鸭式”教学，但只要是公开课，就变成了自学、合作学的“辅导式”教学。

（3）授课对象造假。为了取得“好”的教学效果，教师在同年级中挑选成绩优秀的学生，或者挑选成绩好的班级来上公开课。

这节公开课不属于上述任何一种形式的造假，而是一种从学习内容到学习方式的“虚”。比较阅读的训练方式并不是不可行、不实用，但在阅读量、问题设计、教学方式等方面要适当，以切实提高学生的语文能力为出发点，切忌华而不实。

“虚”的第二个含义是“务虚”，即就某项工作的政治、思想、政策、理论方面进行研究讨论。这种“务虚”应该是执教者本人已经探索或正在探索的、有一定成效的或在未来的发展中有一定前途的方式方法。

超前的意识、先进而实效的教育教学方法，是我们每一个教师追求的崇高目标。追求这种目标所采取的一切“务虚”行动都是必要的，都需要大力提倡，因为它体现了教育教学的美好理想和愿望，体现了新课程的精神实质。但这种“务虚”必须尊重教育规律并且是可行的，能够给人们的教育教学探索指明前进方向，必须以“实”为起点来思考和设计，还要以“实”为终极目标来实施。

这种“务虚”可能是教育教学发展的大趋势，可能是引领现代教育教学的新潮流，这种“虚”可通过努力来达到“实”的目的。这节公开课不属于这种“务虚”的范畴，因为它既无依托，又无生存发展的可行性预测和现实条件。

课堂教学中如何把握“实”和“虚”，才能有利于学生的发展？公开课如何把握“实”和“虚”，才能有利于教师的发展？这确实是一个值得深入探讨和思考的问题。教学公开课要以“实”为双脚，以“虚”为翅膀，有双脚才能走路，有翅膀才能飞向更广阔、更遥远的天空。虚实结合、相依相生才能天地通行。既自然、实用，有实效，又能引领时代潮流的教学公开课，才是一流的公开课！

第 14 课

教育教学思想素质修养

一、教师要教学生做人——以语文教学为例

（一）教人做人的基础是教师会做人

只有懂得如何做人，并且也是“真人”，教师才能敏锐地发现教材中的“育人点”，才能触景生情、感同身受，进行现身说法，增强“育人”的说服力。

教师做人不能停留在一般意义上的形式和内容，教师不仅要知其然，还要知其所以然。因为教师要在教书育人的岗位上言传身教。

（二）教人做人的关键是善于寻找育人点

语文教学是躯体，思想传递才是灵魂；语文教学是“画龙”，通过语文教学进行做人教育则是“点睛”。语文课程并不是思想品德教育课程，但在方方面面蕴含着德育的内容。语文因其表达的艺术性丰富了德育，增加了文章的“含金量”；也因为表达的艺术性，语文坚持了自身的品格，形成独立的学科性质，而不是德育的附庸。在语文教学中，有针对性地寻找与学生思想品德有关的内容进行做人教育，是每个语文教师义不容辞的责任。

1. 利用教材寻找育人点

（1）在文章主题中寻找育人点。语文教科书中的文章绝大多数具有教育意义，要仔细辨识，根据文章思想表达的不同特点来寻找育人点。

第一，从文章标题中揭示育人点，如梁启超的《敬业与乐业》、周国平的《人的高贵在于灵魂》、美国小说家杰克·伦敦的《热爱生命》等。

第二，从作品表达的中心思想中确立育人点，如朱自清的《背影》是中华民族的传统美德——孝心教育的好教材，孟子的《生于忧患，死于安乐》

是挫折教育的好教材，《羚羊木雕》是为人处世的好教材，《向沙漠进军》是环境教育的好教材等。

（2）在名言警句、关键词语中寻找育人点。教材中有许多古今中外经久不衰的名言警句，不仅具有出类拔萃的文学特色，而且含有丰富的思想内容。要紧紧抓住这些闪烁着思想光芒的句子，对学生进行做人教育，如《岳阳楼记》中“不以物喜，不以己悲”的宽阔胸襟、“先天下之忧而忧，后天下之乐而乐”的远大抱负，《过零丁洋》中“人生自古谁无死，留取丹心照汗青”的爱国情怀等。

抓住教材中具有教育意义的关键性词语、句子或段落，即“文眼”，有层次地剖析、点拨，也是对学生进行做人教育的有效途径。例如《孔乙己》中“笑”一词在文中出现了十几次，孔乙己两次出场都是在笑中走来，又在笑中离去，以笑写悲。通过这个“文眼”，可见封建制度对人们毒害之深，以及当时人们的麻木不仁，可见人物悲剧的社会根源，可使学生明辨是非，认清旧社会，更加热爱新社会。

（3）在分析人物形象中寻找育人点。中学课本中，有许多具有人格魅力的人物，在他们身上闪烁着耀眼、动人、可以世代相传的人文精神和思想光辉。善于利用这些人物形象的品格去美化和净化学生的心灵，使学生能够辨别是非曲直、真善美丑，培养学生正确的人生观、价值观和审美观，是做人教育的一种好方法。如《我的信念》中的玛丽·居里经过几万次提炼，终于得到0.1克的镭盐，测定它的原子量。这些典型的形象，能使学生懂得生活属于强者。

2. 利用语文活动寻找育人点

语文是一门实践性很强的课程，根植于现实，因此，育人价值的要素也应是立体的、多方位的。语文课程不但包含教育理念、教育体系、教育内容，也包括丰富多彩的语文教育教学活动。寓教于乐、寓教于活动是语文教学育人的重要途径。

语文活动可以在课内与课外，也可以在校内与校外。通过自我认识活动、情感体验活动、感悟自然活动、关注社会活动、走进经济活动等一系列语文表达与交流活动，使学生的语文素质得到全面发展，进而在语文活动中学会尊重他人，学会欣赏自己和他人，养成宽容的态度和关爱的品质，学会承担起解决自己身边社会问题的责任和使命。活动内容可以不拘一格，如撰写、表演课本剧，模拟法庭审判，开展社会考察和社区服务，举办朗诵会、辩论会、故事会、演讲、歌舞比赛，撰写读书笔记、参观记、访问记等。

3. 利用作业、作文寻找育人点

（1）利用作业寻找育人点。作业是一个学生每天都必须完成的一项任务，也是学生对课内所学知识的复习巩固。作业是否合格，是否规范，是否正确，是否能独立自主完成等，最能体现一个学生是否具有良好的行为习惯。

教师应要求学生每一次作业书写都要规范，都要始终如一，不抄袭。一旦有不规范现象出现，教师马上指出来，让学生立即改正。教师应要求学生作业在整洁规范的基础上，做到语言表述优美、内容表达精确，要把内容和形式统一起来。作业批改以及评语要具有启发性、激励性和指导性，使学生能够在做作业中体会做人的道理。

（2）利用作文寻找育人点。叶圣陶先生曾说："文当然要作的，但是要紧的还在乎做人。"目前中小学生的作文，假话、套话、空话比比皆是。当学生津津乐道于"编作文"时，童心已离他们越来越遥远；当教师沾沾自喜于"好作文"时，童真也越来越陌生了。为此，作文教学，实际也是教学生做人的过程。

第一，观察，要教会学生寻找周围的真善美。引导学生寻找、发现身边的真善美，指导学生正确地观察——观察得持久，观察得分明，观察出事物的特征，观察出内在的联系，观察出矛盾，观察出内涵；教会学生从特写到全景，从静态到动态，从简单到复杂，用求真、求善、求美的双眼感受生活的真实。这对陶冶学生的情操，培养学生健康的人格，无疑大有裨益。

教学中，教师可以选择一个学生感兴趣、与健康人格密切相关的问题为题目，组织学生观察、讨论，引导学生发现问题、提出问题、寻找问题答案，鼓励他们通过自己的判断、分析得出结论，形成自己的人格认识，然后进行作文。

第二，写作，要教会学生倾注真情实感。好文章是真情的流露，作文既是求知，也是求真的过程。写文章要提倡实话实说，原汁原味，要用童言写童心，心里怎样想就怎样写，培养学生诚信与敢于说真话的习惯。这也是健康人格的重要因素之一。对真情流露的作文，教师要积极表扬、热情扶持、真诚欣赏，使学生获得自我价值感，培养学生的自尊、自信，从而影响学生个体人格因素的形成。

第三，品评，要激励学生进步，培养学生的良好品格。品评是作文教学中的重要一环，包括给学生作文评等级、下评语。新课标指出，评价要尊重学生的个体差异，有利于每个学生的健康发展，写作评价应重视对写作的过程、情感与态度的评价，要关注学生修改作文的态度、过程和方法。传统的作文品评大多公式化、模式化，品评的内容大多是中心是否明确、重点是否突出、详略是否得当、层次是否分明、语句是否通顺等，忽视了培育人、发展人的要求。僵化教条的品评内容不仅很难激发学生发扬优点和修正错误的积极性，更谈不上对学生健康的写作心态的引导和高尚人格的培养。

作文品评的价值不仅仅在于评价学生习作的优劣，更重要的是能够与学生实现心灵上的交流与沟通，与学生产生情感共鸣。具体方法有启发式、指导式、谈心式、家常式、激励式、比较式、示范式等。学生通过长期的评语感染，能够领悟写作技巧，磨炼意志品质，逐步提高写作能力，实现真正意义上的和谐发展。

二、指导自学是教育的一项重要任务

自学是独立自主的学习行为，它具有自主、主动、开放、独立等特点。自学可以锻炼意志，培养良好的学习习惯以及独立分析和解决问题的能力；可以增强信心，培养注意力；可以更扎实有效地掌握知识。

成功的教育工作者，无不把培养学生自学能力看作头等大事。叶圣陶说过："教师今天的教正是为了明天的不教。"魏书生老师在总结自己的教学经验时说，教学追求的核心是培养学生的自学能力。

自学能力是知识经济时代的通行证。知识经济时代，人的素质主要表现为驾驭知识和信息进行创造性劳动的能力。因此，全民化学习和终身化学习将成为教育发展的两大趋势。接受终身教育有两种途径：一种是接受继续教育，另一种是自学。其中，自学是最重要的途径。

教育要重视青少年儿童早期智力和能力的开发。培养学习兴趣，指导自主学习，是培养人才的关键。教育要早出人才，快出人才，就要把指导自学当作教育压倒一切的任务来抓紧、抓实。

怎样才能完成这项艰巨而又迫切的任务？

（一）帮助学生拟订计划，明确目标

方向对了就少走弯路，就容易成功。计划拟订后教师要按内容类别、学习水平等因素把学生分成自学合作组，每周组织一次交流活动，也要调动家长参与督促检查。拟定计划、确定目标要遵循以下几条原则。

（1）同步效应。尽量做到内容选择与教学同步；奋斗目标与兴趣爱好同

步。如果学生作文比较突出，就有计划地多读一些名家名著，并且要尽量与教学的进度同步。

(2) 循序渐进。“千里之行，始于足下。”自学要由浅入深，由易到难，一步一个脚印。要选择适合自己水平的学习内容，要从实际出发，一步步提高。

(3) 量力而行。自学不怕起点低，也不要好高骛远。应该着眼长远，立足当前。要以学好课本为主，抛开课本去学习其他内容没有益处，只会走弯路。最好采取“短线”自学方式，即通过自己的努力，短时间内见效的自学方式。这样可以为学生带来成功的喜悦，鼓舞学生的斗志。

(二) 传授自学方法

自学方法的合理选择和灵活运用，对于提高自学效率和扩大自学成果具有十分重要的意义。

(1) 资料阅读法。要广泛阅读书籍、杂志、报纸、音像等资料；要学会使用电脑查找材料；要首先明确阅读的目的，然后根据这一目的把“泛读”和“精读”有机结合起来。

(2) 摘录写作法。在阅读资料时，可以对教材资料的主要观点、基本概念、理论体系进行摘录；也可以通过笔记把自己所学的内容整理记录下来，对于一些重点和难点的知识，应该多做分析；还可以把学习的心得体会写成小论文等。

(3) 讨论求教法。可以向同学、教师求教，也可以利用互联网等现代化手段，对所学问题进行广泛的讨论，从而加深理解，巩固和扩大学习成果。还可以向名家求教，如倾听名家的学术报告、研读名家的文章、当面求教等。

(4) 四步法。由精读材料、编写提纲、尝试背诵、有效强化等四个环节组成，主要通过由面到点的综合概括，逐步缩小记忆范围，利用较短时间掌握全部材料内容。

(5) 四到法。宋代理学家朱熹提出，读书有三到：心到、眼到、口到。再加上“手到”，就组成“四到法”。重点是“心到”，即读书一定要集中精力，进行积极的思考。

除了上述的几种常见方式，还有如“纵览—提问—阅读—背诵—复习”的五步读书法，“学习与思考、温习、践行相结合”学习法等。另外，在自学中还涉及许多技巧，如记忆技巧、审题技巧、解题技巧、应试技巧、竞赛技巧、自我检查核对技巧、不同问题的不同解决技巧等，教师可根据具体情况传授。无论采取什么方式、利用什么方法进行自学，都要强调主动和刻苦的精神。

（三）培养自学能力

培养自学能力，要从基础抓起，从习惯、方法、意志品质等抓起。

（1）激发动机，培养非智力因素。激发动机是激励主体的内部心理机制，可调动其全部心理活动的积极性。非智力因素是指智力以外的对学习活动起着起动、导向、维持和强化作用的个性心理。学生的自主学习能力，从表面上看是智力因素在起作用，其实非智力因素起着更重要的作用，因此要注意培养学生的非智力因素。

（2）明确要求。不同学习层次的学生，要拟订不同的自学计划；不同的学习阶段要提出不同的自学任务，既有单元的自学目标，也有讲授之前的自学要求；检测要根据不同层次学生的学习状况设计不同梯次的题目，并鼓励学生攀登高峰。

（3）锻炼意志，养成好习惯。意志在克服困难中表现，在经受挫折、克服困难中发展，困难是培养学生意志力的“磨刀石”。自学会遇到许多困难，要不怕困难，锲而不舍，知难而进。只有刻苦自学，持之以恒，反复实践，才能学会方法，养成良好的学习习惯。

（4）先学后教。先学是在教师指导下的自学。教师提出学习目标和要求，学生可以看例题、读课文、看注释、做实验，做与例题类似的习题，在规定时间内完成相关内容的学习。在学生自学时教师巡视，发现问题记录下来，但不干扰学生自学。后教是在学生自学后，教师与学生、学生与学生之间的互动式学习。在教师准确掌握学生的自学情况的前提下，引导学生通过讨论、质疑、交流等方式自行解决自学过程中出现的问题。

指导学生自学，已成当今教育的热点话题。家长、教师如何相互配合，对学生进行自学指导，在当前以及未来显得越来越重要。学生要成才，就要学会自学；教育要培养人才，就要积极探索指导学生自学的方式方法。

三、省时、高效就是课改

省时、高效就是课改。具体来说，教育教学要达到省时、高效的目标就要课改，课改的目的就是要省时、高效。

（一）省时

省时，即节省教与学的时间。1. 教师要少讲、精讲或不讲。“精讲”针对教师每节课要讲的内容，既是数量上的要求，也是质量上的要求。“少而精”就是精讲所要达到的辩证的统一。“不讲”是指凡是学生通过自主、合作、探究能够解决的问题一律不讲。讲与不讲以及怎么讲要根据具体内容和教与学的情况而定。

精讲要根据不同科目和不同内容而定。一般来说，要讲明这些内容：学习方法和要求，如审题方法、解题技巧、考试技能等；知识的拓宽、迁移、类比、推理，如一题多解、一题多变等；学习的疑惑和盲点，如知识重难点等；知识总结、应用及规律等。

2. 学生要精练。“精练”是学生运用教师所传授的知识和技能来解决问题的练习，是对教师精讲效果的检验。少练可以是精练，多练也可以是精练，少练、多练是练习的数量问题，而精练则是练习的质量问题。少练不一定“精”，而多练也不一定“不精”，关键在于练什么和怎么练。

一般来说，“精练”要练学生难懂、易混淆、容易出错的内容和中高考等考查的重点。练，还要有一定的广度和深度，要面向大多数学生，并有效地平衡机械性训练和开放性训练之间的关系，真正让学生在实践过程中提高能力。这就要求教师在“精讲”的基础上做到以下几点。

（1）习题设计既要突出重点、难点，又要具有基础性、层次性、开放性。基础性是指课堂所讲的基础知识和学生应该具备的基本技能；层次性是指练习设计要有梯度，要考虑不同层次的学生；开放性是指题目的设计要注意培养学生的求异思维、发散思维、创新思维，以激发学生学习的积极性，培养学生的素质。

（2）筛选可以从中归纳出解题思路或知识迁移应用的一般方法的题目。还要注意综合各知识点，使各个层次的学生都能够有所得，能够扎实掌握、灵活运用基础知识，能够发展解题能力和创新能力。

（3）精心汇集问题，及时解决学生学习过程中的盲点和误区等。

（二）高效

高效，即提高教与学的效率。1. 提高教师教学的效率。有限的时间传授无限的并且能够使学生终身受益的知识。2. 提高学生学习的效率。有限的时间学到无限的并且能够终身受益的知识。3. 个体、整体的学习成绩得到明显提高。4. 学生素质得到普遍提高。个性化程度高，培养出了数、理、化、音、体、美以及书法、朗诵、演讲、写作、表演等某一学科或某一项目的突出人才等。需要强调的是，要提高教学效率，教师必须严格管理学习过程，优异的教学成绩不是教出来的而是管出来的。严格要求、严格检查、严格督促仍是最简单、最古老，也是最有效的方式方法之一。

“省时、高效”是针对教学中存在的“少、慢、差、费”的现实问题而提出来的，它既是对教学过程提出的操作规范和要求，又是对教学结果提出的具体而精炼的目标。要达到“省时、高效”的目标，就要改变传统的教育教学观念和方式方法，优化教学过程；就要改变传统的以“灌输—接受”为主的教学方式和以“听讲—记忆—练习—知识再现”为主的学习方式；就要对现行的课程进行全方位的改革。

“省时、高效”的目标确定后，要以新课标为理论依据和指导原则来选择具体采用什么方式方法来达到目标。“教有法而无定法”，固定模式只能用于一时一地，仅能带来暂时的“果实”。这种固定模式会“树倒猢狲散”，会“再而衰，三而竭”，会“黔驴技穷”，没有长久生命力。这也是被以往的经验和教训证明了的。

“省时、高效”既体现了教育教学方式方法的改革，又体现了课程内容的改革，更主要的是，“省时、高效”本身就是一种教育教学的最高成果。事实上，也只有实现“省时、高效”的朴实目标，才能彻底解决目前学生课业负担过重的问题。因此，“省时、高效”应该是我们一线教师课程改革的主要衡量依据。

四、未来教育，需要关注家长

家庭是社会的细胞，是构成社会的最基本的单位。《国家中长期教育改革和发展规划纲要（2010—2020年）》制定的战略目标是，到2020年，基本实现教育现代化，基本形成学习型社会，进入人力资源强国行列。要形成学习型社会，首先要形成学习型家庭。

家庭是孩子接受教育的第一所学校，家长是孩子的第一任教师。孩子的脾气秉性、思想品德、行为习惯等，在很大程度上取决于家庭的教育。所以，提高家长的素质，关注教子方法的改进等，是实现教育战略目标非常重要的因素。

（一）关注家长如何教育孩子

社会发展的实践告诉我们，将“重视学校教育，轻视或忽视家庭教育”转变为“给学校教育、家庭教育以平等的地位”是大势所趋。

在教育中，重视学校教育，轻视或忽视家庭和社会教育的现象普遍存在。社会、家庭教育还不能与以学校为主体的教育协调一致，并形成合力，在方法、观念、过程等方面，还存在着严重脱节、步调不一等现象；家庭教育的方式方法还很简单，甚至粗暴，专制型、溺爱型、放任型家长还占有相当大的比重。譬如，有些家长的学识水平低、修养差、习惯不良；有些家长工作压力大，无暇顾及孩子；家庭经济情况恶化，成员之间关系不和谐；有些家长重视物质条件，忽视精神上的关爱。这些问题的存在，对孩子基本素质的形成造成了不良的影响。

如何解决这些问题？对家长实施义务教育，更新他们的家教观念，规范家庭教育的方式方法，学会民主式家教；发挥学校教育的主体作用，建立一个“家校一体”的大教育模式等。这是改变现状，使教育走向繁荣昌盛的重要途径。

《全国家庭教育指导大纲》从适用范围、指导原则、家庭教育指导内容及要求、保障措施四方面，对家庭教育提出了比较具体的指导性意见和建议。在此基础上，还要细化各条款的具体内容，形成从身心特点到培养目标，再到教育原则、方法和例子的有梯次、成系列的教材，让家长学习。

有了好的教材，还要解决如何组织家长学习，如何督导、评估的问题。《全国家庭教育指导大纲》的“保障措施”部分从加强组织领导、明确职责分工、注重资源整合、抓好队伍建设、扩大社会宣传五个方面提出了要求。开设家长学校，像学校教育学生一样来使家长接受教育是比较好的方式。家长到学校听讲座，领取学习任务；到学校交作业，交流学习心得；到学校来参加考试，领取毕业证书等方式方法值得尝试。在校学生家长资格认证制度的做法也值得借鉴，具体方法是，让家长通过家庭教育课程的学习、考试，领取资格证书。对于考试不合格的家长，学校组织学习和补考；对于已经取得认证证书的家长，仍然要定期上课学习，每学年还要进行一次年审，旨在让家长随着孩子的成长随时更新适合孩子年龄段的家庭教育方法。

（二）关注家长如何影响孩子

身教胜于言教，家长的言行举止对孩子的影响是潜移默化的。家庭教育寓于日常生活中，家长的言行举止时时刻刻被孩子模仿，这种模仿对孩子的品德形成具有重大影响。

戈登·德莱顿和珍妮特·沃斯在《学习的革命》一书中有这样一段话："如果一个孩子生活在批评之中，他就学会了谴责。如果一个孩子生活在敌意之中，他就学会了争斗。如果一个孩子生活在恐惧之中，他就学会了忧虑。如果一个孩子生活在怜悯之中，他就学会了自责。如果一个孩子生活在讽刺之中，他就学会了害羞。如果一个孩子生活在嫉妒之中，他就学会了嫉妒。"这段话充分说明了环境对于孩子教育的重要性。

哈佛大学心理学教授对 64 位世界闻名的科学家进行调查，发现其中的 62 位是生长在和睦的家庭之中；哈佛大学家庭研究学家对问题孩子的家庭进行调查时发现，几乎所有的少年犯都出自夫妻关系不正常的家庭。同样，中国 70%的少年犯出自夫妻关系不正常或离异家庭。

学习型家庭是学习型社会的基础。学习型家庭的建立不但需要家长教育孩子多读书，更需要家长做表率，用自身良好的读书习惯来影响孩子读书。家长喜欢读书，并把在书中看到的一些有趣的东西或对孩子有益的情节讲给孩子听，孩子就会对书感兴趣。然后再给孩子买些喜欢看的书，并与孩子一起阅读，长此以往，家庭的读书氛围就形成了，孩子的读书习惯也就自然而然养成了。

另外，家长的情绪、言行举止对孩子的心理暗示作用也要引起重视。家长要学会用心理暗示对孩子产生正面的影响。很多成功人士谈到童年，都提到父母对他们的影响，好的影响能使他们具备好的素质、好的性格，并获得终生奋斗的力量。

关注家长如何影响孩子，就是要重视通过多种途径的家长教育，使家长懂得自己的一言一行的作用，促使家长多学习教育学和心理学知识。通过学习，了解青少年心理发育特点和教育规律，不断提高自身素质和道德修养，与孩子建立平等、和谐、民主的家庭关系，努力与孩子一起成长。

（三）关注家长对学校的期望

家长作为学生的监护人，自然最关心学生在学校的表现；家长作为学校教育的消费者，自然最关心学校的发展。家长和学校有着共同的理想和愿望。因此，学校教育要关注家长对学校的期望，也就成了理所当然的事。但目前大部分学校还没有充分认识这一点，还没有与家长形成合力。

家长对学校的期望，概括地说，有以下几个方面。

（1）希望学校升学率高，孩子能够考上理想的高中或大学。只要有中高考选拔人才的制度存在，这种愿望就不会改变，并且是家长选择学校的第一标准。哪所学校的升学率高，且能年年保持领先的地位，哪所学校就是人们心目中的名校，家长就会想方设法让孩子进入。

（2）希望学校能为孩子的身心安全提供保障，让孩子能在学校安全、快乐、健康地成长。近几年，校园恶性事故频发，使家长尤其是低年级学生的家长“谈虎色变”。校园安全重于泰山。在我国，青少年的意外伤害大多数发生在学校和上学途中。不当活动事故、挤压踩踏事故、交通事故、体育活动事故、劳动或社会实践事故、校园暴力事故、消防事故、学生身体特殊事故、自然灾害事故、卫生事故、设施事故……造成了大量青少年儿童伤亡，给孩子及家庭带来痛苦和不幸，而且给社会、政府及学校造成巨大的负担和损失。学校及地方各级教育行政部门要加强与公安、安监、卫生、文化、建设等部门的联系，密切配合，齐抓共管，及时沟通情况，解决重点问题，在当地政府的统一领导下，共同做好中小学安全管理工作，把中小学及周边环境综合治理、打击违法犯罪活动等各项任务和措施落到实处。学校还要会同卫生部门切实做好学校传染病防控与食品卫生安全工作，有效控制学校突发公共卫生事件。

（3）希望幼儿园的学费能够降低，并且有充足的学位，尽快把幼儿园纳入义务教育。目前，幼儿园学位紧张、收费高且没有统一标准的问题非常突出。

现有的政策法规造成了学前教育的市场化，社会公益性则逐渐削弱。公办幼儿园数量过少，政府对民办幼儿园的扶持力度小等因素，导致我国的幼儿教育已远远落后于社会发展的需要。人们迫切希望从根本上解决学位紧张、学费过高等问题，为此，把学前教育纳入义务教育的呼声越来越高。

（4）希望寄宿制学校能为学生的成长提供优质的教育。

寄宿制学校，对中小学生综合素质的提高十分有利。寄宿制学校可以按学生身体发育规律，科学安排生活起居，对学生健康成长大有好处；封闭式学习环境可以隔离社会的负面影响，有利于学生养成良好的品德习惯；准军事化的生活学习模式，有利于学生养成高度的组织纪律观念；不对家庭过分依赖，有利于培养学生独立生活的能力；学习时间高度集中，有利于学生夯实基础知识，提高自学能力；众多性格各异的学生长时间交往，有利于学生养成宽容忍耐和关爱感恩之情；严格的校园安全保卫，能够排除外界的干扰，有利于学生学习情绪稳定；减轻家长的负担，有利于家长的自我发展与家庭和谐。

寄宿制学校的安全环境、后勤服务、饮食卫生、学生参与集体生活的适应性、教育教学质量、家校联系制度等，是家长关注的焦点。

家长对学校办学的期望，不仅仅局限于上述几种，随着社会的发展和教育的不断进步，这种期望越来越高，越来越多：希望孩子成为德才兼备全面发展的人；希望孩子成为有一技之长，在社会能有立足之地的人；希望国家能提供十二年或十五年义务教育。

（四）关注家长参与教育教学的潜在资源

《国家中长期教育改革和发展规划纲要（2010—2020年）》要求，建立中小学家长委员会。引导社区和有关专业人士参与学校管理和监督。关注家长参与教育教学的潜在资源，赋予家长委员会一定权力，是未来教育发展一个重要的环节。明确家长委员会的权利和义务，对发挥家长参与教育教学管理具有重要意义。

家长和教师的教育目标都是孩子健康成长，实现目标需各司其职、良性互动。教师是学校教育的主体，家长有参与权，除了对学校教育有知情权、参与权、监督权之外，还可以通过家长委员会行使集体参与教育的权利，促进学校民主管理，支持教育教学。

有了家长的积极参与和支持，有了社会各界的参与和支持，学校的工作就会出现勃勃生机，甚至会产生意想不到的效果。有的学校的家长委员会倡议成立学生家长护校队，每天学生上学、放学时，家长轮流到学校门口值班、守护。家长、教师、警察联防，有效地遏制了校园安全事故发生。

重视家长参与教育教学的潜在资源，还可以在学校课程资源不足，无法满足学校课程改革和学生发展需要的时候，通过家长寻求教育资源。例如，可以聘请家长中的专业环保人士，开设环保教育讲座；聘请家长中的银行界人士，开设人民币知识讲座；聘请家长参与开发学校运动会的项目与器材制造。

未来教育，需要关注家长，需要社会各界提高家长参与教育的认识，达成只有家庭、学校、社会形成“三位一体”的合力，教育才能“兴旺发达”的共识，齐心协力，各尽所能，为教育上新台阶贡献力量。

五、带着理念去上课

理念是人们对某种事物持有的观点、看法和信念。教育教学理念是对“教育教学是什么，应该怎么办”的价值判断和基本看法，正确的教育教学理念是教育事业发展的基本前提和保证。

教育教学理念具有超前的意识，是对奋斗目标的明确设定，体现出对未来教育发展状态的一种期待；它作为一种行为准则具有对实践的规范、指导和反思的特性，是教育教学实践的客观反映，并以教育教学实践作为自己存在的前提，在一定条件下又对教育教学实践起指导作用；它以文化氛围、精神力量、价值期望、理性目标的形式来规范、指导教育工作者的行为。

教育教学理念可以分为团队理念和个性理念两种。团队理念一般是纲领性的，比较抽象和笼统，理想化色彩浓厚。个性理念是在团队理念的基础上的个性化理解和阐释，往往因为每个人的悟性、阅历、能力和水平的差异而呈现出不同的内容和形式。个性理念比较具体、实际，是直接影响教育教学效果的因素之一。团队理念包括国家教育教学的大政方针，学校的办学目标和发展方向等。团队成员如果能够坚定地奉行团队理念，就会凝心聚力，形成组织的共识，分享组织的共同价值观，从而形成一种对团队未来充满信心的文化力量和精神力量。

在现行的教育体制中，国家这个大团队的教育理念最终要靠工作在教育教学第一线的教师来实现，所以团队成员的合力就显得十分重要。大团队的理念和教师的个性化理念之间不是“上传下达”的关系，还有许许多多起“承上启下”作用的教育教学管理和研究机构，这些机构的基层单位就是学校。所以，学校的办学和管理理念就直接影响着教师的教育教学理念，而学校的办学和管理理念又受到校长的悟性、阅历、能力和水平等因素的影响，具有一定差异性和局限性。一般来说，民主型的校长对个性化理念形成的局限小，“一言堂”式的校长对个性化理念形成的局限比较大。

能成为“独到的思想者、不倦的实践者和终生的学习者”的教师少，教师教育教学理念狭隘、单一、陈旧和落后等问题，都与应试教育的名与利有关联。可是，这不意味教师不能成为具有个性化理念的“三者”教师，因为他们是有个性的知识分子，有自己看法和是非判断能力。所以，只要正确引导，完善评价手段，教师的可塑性很强，发展空间很大。中青年教师更是如此。

教育要发展，教师是推动者。既然如此，教育发展的大理念、大趋势如何化解为每个教师终身追求、奉行的理想和信念，就显得特别重要。

教师的个性化理念是个体的认识、经验、行为在其头脑中的反映。教师的教育教学理念来自自身的教育教学实践。只有将先进的教育教学理念与教师的教育教学实践联系起来，才能构建属于自己的新理念。理念通过行为来体现，并在教育教学实践中发展起来。

教师在形成自己的教育教学理念时，要充分考虑以下几个因素。

（1）国内外教育教学的改革发展趋势、国家的大政方针、学校的要求等。

（2）教育教学的具体情况，明确哪些理念通过努力可以实现的，哪些理念难以实现。

（3）学生的学习和接受状况，明确哪些理念通过教育可以达到理想状态，哪些理念通过教育能基本达到理想状态，哪些理念通过教育难以达到理想状态。

教师在形成自己的教育教学理念时，要把握教育教学的时代脉搏，要细化和分解以下几方面内容。

（1）学生思想素质是教育的灵魂。

（2）要为学生的终身发展奠定坚实基础。

（3）要把培养学生的创新精神和实践能力作为出发点和归宿。

（4）要把教改实验和教育科研作为提高教育教学质量的第一生产力。

（5）强化应用意识、情感体验，把学科教学置于家庭生活、社会生活、科技生活的广阔背景之中，鼓励学生亲身参与实践。

（6）要对每一个学生负责，使其个性得到充分发展。

（7）要建立新型知识观、学习观。

（8）课堂教学要追求省时、高效的目标。

以上是教师形成个性化的教育教学理念的依据。那么，教育教学的理念应该是什么呢？教育教学的核心理念是，为了中华民族的复兴，为了每个学生的发展。具体地说就是为什么而教，为什么而学，教什么，学什么，怎样教，培养什么人——这些始终是教育教学的根本问题。例如，教学活动结束时学生要达到什么样的目标，通过什么样的手段和方法达到这个目标的理念；以训练为主线的课堂教学结构和时间分配的理念；“精讲多练”“精讲精练”的教与练的理念，由“精讲多练”向“精讲精练”过渡的晋级理念；“自主、合作、探究”的学习方法的理念；“向课堂 45 分钟要质量，切实减轻学生的课业负担”的教学效益的理念；“只要学生通过自学可以学会的知识，教师就不要讲”的教师的“讲”的原则和理念；“以教师为主导，学生为主体”的教与学的理念；“答案是丰富多彩的”的培养发散性思维的理念；“赞美和批判，阅读教学中不可偏废的两个方面”的阅读教与学的理念；“积累是作文教学的根本”的作文教与学的理念等。

每个人的理念都不能包罗万象，要以循序渐进、积少成多、一步一个脚印为原则。

教育教学理念有不同层次，观念层面上的教育教学理念虽然较为笼统，甚至有些理想化，但更具有前瞻性，更能表达事物的本质属性，更具全面性、原则性；操作层面的教育教学理念，对于教学活动来说更具指导意义和实效性，但比较单一、零碎、陈旧，甚至急功近利和片面。

融合教育教学理念与教学的关键，是先进的教育教学理念要内化，进而形成教师自己的教育教学理念，并持之以恒地去实践。陶行知先生说过：“知识有真有伪，思想与行为结合而产生的知识是真知识，真知识的根是安在经验里的。从经验里发芽抽条开花结果的是真知灼见，真知灼见是跟着智慧走的。”“我们要有自己的经验做根，以这经验所发生的知识做枝，然后别人的知识方才可以接得上去，别人的知识方才成为我们知识的一个有机体部分。”实践证明，“实践＋反思”是理念和行为连接的最直接手段，也是教师专业发展的有效途径。

教师要实施个性化理念就要变法、变革，要变法、变革就要勇敢面对压力，耐得住孤独、寂寞甚至冷落；要敢于冲破“保守派”的层层包围。

带着理念去上课，就是要求教师心中要有一种教育教学的理想和信念，并把这种理想和信念坚定不移地贯彻到教育教学的每一节课中。教育教学理念和每节课的教学目标，是既有联系又有区别的不同概念。教育教学中的理想、信念、价值观，决定每一节课的每一个具体目标。教学目标是教育价值和理念在教学中的具体体现。因此，教学目标必须自觉指向教育的培养目标，使其成为教育目标的一个步骤。例如，全面发展是一种理想和信念，同时又是我们教育教学追求的崇高理想和目标，这种理想和信念不能一步到位，而是通过每一节课的教学目标的达成逐步实现。实现宏伟目标的切入点是从细化和分解目标间的关系入手，选择最优的目标实现路线——先解决简单的目标，再解决困难的目标；先解决小目标，再解决大目标。

带着理念去上课，比带着模式去上课更有底气和张力；带着理念去上课，是着眼于脚下，一步一个脚印地奋然前行；带着理念去上课，是时代对教师提出的更高要求，是教育发展的趋势！

六、强化观念、淡化设计是教学兴盛之路

当前，教师关注理论的少，关注实用的多；关注教学思想的少，关注教学设计的多。名师有自己的教学思想和系统深厚的理论的少，到处讲课，传授方法模式的多。教学刊物刊登切实可行的系统的思想论的少，刊登零碎的教学设计的多。造成的后果是，懂操作、有思想的一线教师少，无实践价值的空头理论多。

为什么会出现这一系列怪现象？以考试成败论英雄的现实是主要原因。此外，也与社会崇尚金钱和地位，漠视知识、理想和志气，以及理论脱离实际的现状有关。

教学观念是人们通过学习、观察或参与教学实践活动而形成的对教学实际的一种理性认识，也叫教学思想或教学理念。它是人们对教与学活动内在规律认识的集中体现，是人们从事教学活动的信念。教学理念分为理论层面、操作层面和学科层面。明确表达的教学理念对教学活动有着极其重要的指导意义。

强化教学观念，就是强化教学的效益，因为教学思想的核心就是教学的效益，即什么样的教学可以使学生获得进步或发展，最能体现素质教育的要求，什么样的教学可以省时而高效。

强化教学观念，就是强调教的方法要根据学的方法来确定，学的方法要根据做的方法来确定；教、学、做要统一协调。在课堂教学中，师生都以“做”为中心，在“做”中完成教与学的任务，实现教、学、做合一。

强化教学观念，就是强调教学具有内容的现实性、形式的多样性、过程的探索性、目标的多元性等基本特征；强调教学要为学生提供和创造成功机会服务；强调全面发展，民主教学，自主、合作、探究的学习方式，创新教学过程等。

强化教学观念，就是要求人们树立“双基”、智能、素质的目的观，教与学两方面的教学本质观；要求教学不能仅仅只注重学生认知智慧的发展，还应关注学生情感智慧的发展，促进学生身心的健康发展，完善人的精神世界；要求具有多种角色、自我反思的教师观，潜能、发展、主体、差异的学生观等。

教学设计是根据教学对象和教学目标，确定合适的教学起点与终点，有序、优化地安排教学诸要素，形成教学方案的过程。它是一门运用系统方法科学解决教学问题的学问，它以教学效果最优化为目的，以解决教学问题为宗旨。

淡化设计，是相对于强化观念而言。淡化设计，不是不要教学设计，而是不要冲淡主旨，不要冲淡系统观念的主导作用。因为观念决定设计，教学设计是把教学原理和观念转化为教学材料和教学活动的计划，是实现教学目标的计划性和决策性活动。教学设计要遵循教学过程的基本规律和先进的教学理念。没有系统思想而只懂教学设计的教学“人才”，掌握的是支离破碎的教学基本功，教学不能举一反三，更不能触类旁通。

强化观念、淡化设计，是因为教学设计的目的是提高教学效率和教学质量，使学生在单位时间内学到更多的知识，大幅度提高学生各方面的能力，从而使学生获得良好的发展。这正是教学观念的核心内容。

强化观念、淡化设计，是因为教什么永远比怎么教重要。虽然教什么和怎么教都是教学观念的反映，但无论是“教教材”，还是“用教材教”，核心都是如何选择教学内容。所以，教学改革首先要研究教什么的问题，其次才是怎么教的问题，在此基础上再思考为什么教、教到什么程度。

强化观念、淡化设计，是因为教学探讨和实践以及无数事实证明，繁琐花哨的教学设计是教学低效的主要原因。以语文教学为例，教与学一篇文章需要一天或几天时间，实属少、慢、差、费，把语文教学的各种教学目标集中为“练好字”“练好口才”“读好书”“写好文章”这四件事就可以了，要日日抓、堂堂抓，删繁就简、不枝不蔓。“直奔主题式”的教学设计才是发展的硬道理。

强化观念、淡化设计，是提倡精心于长远的整体设计和眼前的局部设计；提倡教学设计要有大眼光、大视野，不能只顾眼前；提倡教学设计要遵循系统性、程序性、可行性、反馈性的设计原则。

一位哲人说过：“人的思想是万物之因。播种一种观念就收获一种行为，播种一种行为就收获一种习惯，播种一种习惯就收获一种性格，播种一种性格就收获一种命运。”思想决定行为，行为决定命运。要改变我们的教学命运，就要先改变我们目前的教学行为；要改变教学行为，先要从改变思想观念做起。

淡化教学设计，也就是不苛求教学上的模式。无论是什么模式，只要符合先进的教学思想的要求，就是好的模式；无论是什么模式，背后都有一套如何备课、上课、辅导、作业批改，教师专业发展，教学管理各项规章制度等思想观念模式做支撑。

没有教学上的思想观念，只学教学模式，是僵化的机械性活动。中国有很多红极一时的“模式”，最终没有流行。因为只有设计者才具有或懂得这个模式的操作思想和奥妙。别人不具备那种素质和思想，自然也就不懂得操作模式的奥妙，更不懂得灵活运用和创新这种模式。

教学中，不可能存在万能的教学模式。不同的教学目标和情境，需要不同的教学模式。教学改革的真谛，就在于对旧教学模式的改造和对新教学模式的探索。

模式不是万能的，但思想是万能的。带着思想去上课，比带着模式去上课更有底气和张力。带着包含先进的教学思想、现代的教学理念、渊博的科学知识、科学的教学方法等要素去上课，就可以游刃有余，提高课堂教学效益。

融合教育教学理念与课堂教学的关键，是先进的教育教学理念要内化，进而形成教师自己的教育教学思想，并持之以恒地去实践。“实践＋反思”是理念和行为相连接的最直接手段，也是教师专业发展的有效途径。

教有法，而无定法。无定法的前提是有法，当教师熟练掌握了各种方法的精神实质之后，才有可能抛开一个个具体的法，将多种方法融会贯通，进而形成一种不是具体方法的万能的思想方法，这时的课堂教学是无法胜有法的因材施“法”。

七、听完课就走，有悖情理

在教学研讨活动中，经常可以看到这样的情况：上公开课时听课者人山人海，当组织评课和听主讲人的报告时，到场的人却寥寥无几。这种听完课就走，从不愿听评课，更不愿听讲课人报告的现象比较普遍。

有的人说，评课是专家学者的事，尤其是县区级以上的公开课，普通教师主要看课怎么上，不擅长也不习惯对别人，尤其是对名师的课说长道短，所以听完课就一走了之。有的人说，听报告，尤其是那些理论家的报告，与教学实际相去甚远，所以听完课就一走了之。

试问，就我们普通教师而言，参与听课的目的是什么？难道不是学习吗？那听评课和报告不正是学习吗？事实上，公开课、评课、报告是教学研究活动中既有区别又有联系的有机整体。公开课是主讲人教育教学理念的主观表现形式，评课是听课人对主讲人的课堂教与学表现的客观评价，报告则是主讲人对教育教学经验教训及为什么这样教的阐释。假如听课教师顾了“此”而没有及“彼”，那就容易犯主观片面的错误，就可能以偏概全、坐井观天，就有可能曲解或误解这一节公开课的内容和形式。

公开课是主讲人教育教学理念的主观表现形式，公开课是公开展示给听课人的课。正因为如此，它才要真实地反映主讲人的教育教学理念，对教材理解和把握的程度，学习过程的设计和调节的技巧，语言表达能力，板书设计及书写的基本功，驾驭课堂教学的能力等综合素质。好的公开课要通过这种形式告诉听课人新的东西，透露行之有效的信息，使听课人有所感，有所悟，有所借鉴，有所提高。要做到这一点，公开课的主讲人就要在平时多下功夫，然后在公开课中既要真实地体现“诗外功夫”，又要呈现这节课的目的性特征。

真实在课堂的组织形式和教学流程上属于常态，即不掺杂有失教学自然的虚假，在课堂教学内容与结构上着意设计又浑然天成。真实的公开课要以自然、实用、有效为教学的基本原则，在真实中展示教学过程，让听课者在真实中得到某种启示。

为什么要上这节公开课，这个问题不仅主讲人要明白，更重要的是使听课人明白，以便确定听课的目的和意义。如果是示范，对听课者来说，就要注意教学过程中的诸多环节哪些不是常态的，哪些是对常态教学起引导作用的；教学设计中哪些是最优化状态的，哪些是使用比较先进的教学用具，展示前沿的教学方式的，哪些是充分和集中展示主讲人对新课改的教学理念、教学艺术、教学风格的追求的。如果是探究，对听课者来说，就要注意主讲人是通过哪些特定的课例来展示对教学问题的思考和追求的，尤其要注意主讲人是通过哪些流程表达教研主体的课堂价值取向的，并在开放的研究氛围中获得多元化的评价信息，从而共同深化课堂教学改革的问题研究。

评课是听课者对主讲人的课堂教与学表现的客观评价。评课是对照课堂教学目标，对师生在课堂教与学的活动及由这些活动引起的变化进行客观的价值判断。评课是帮助和指导主讲人和听课者不断总结、吸取教育教学经验和教训，转变教师的教育观念，提高教育教学水平的手段。评课要坚持以新课标为标准，以学生的发展为本，从学生全面发展的需要出发；要坚持评教与评学相结合，并且要把评课的重点放在评学上；要从有利于教学的诊断和正确的导向出发。

评课要评教学目标、教材处理和教学程序；要看教学思路设计，看课堂结构安排，看教学方法，看教师教学基本功，看学生活动状况。

评课要根据课堂教学特点和班级学生实际，实事求是地评价一节课，不能带有个人倾向；要以虚心的态度、商量的口气与主讲人共同分析研讨，不能把自己的观点强加在别人头上；要突出重点，集中主要问题进行评议和研究，不要面面俱到，泛泛而谈；要以事实为根据，增强说服力；要做好调查工作，尽可能较全面地了解主讲人和学生的情况。

听讲课，再听评课，一主观表现，一客观评价，再结合自己的独特感受，就会有一种全新的感觉。主讲人的主观表现可能过于“主观”，听课者的印象也可能过于“主观”；客观评价由于受评课人的水平和能力的限制也可能过于“主观”。三个“主观”，实际是三个不同侧面、不同角度。只有将这三者结合起来，才能全面深入地解读、学习这节课。

作报告是主讲人对教育教学经验教训及为什么这样教的阐释，作报告的目的是介绍和交流教育教学中的经验和教训，诠释组织教学的原因，即“这样做”的思想基础、理论依据和实际效果。经验交流性的报告要具有先进性和典型性，需要给听课者提供学习和借鉴的范本。

听课、参与评课、听报告，是为了获取“真经”，学到经验，以便更好地提升自我，提高教育教学水平。

主讲人的每一项工作、每一种思路、每一套措施、每一份收获，都饱含着艰难的探索、辛勤的努力。把这些奉献给大家，对于虔诚的学习者来说，就是继承了一笔精神上的财富，是“直接经验中的间接经验”。认真品味这些间接经验，再和自己的实际情况相结合，就会对教育教学中的某个问题恍然大悟、豁然开朗。

我们不主张照本宣科的教条主义的学习方式，主张博采众家之长，形成自己的特色。对某些经验要认真分析，区别对待，必要时可请教有关专家，或邀请有关方面人士共同研讨，以便弄清经验的真正价值，确定学习的重点和角度，避免片面、静止、孤立地看待经验。只有把经验的现实意义和长远影响全面揭示出来，才能卓有成效地吸收、创新，真正产生“一花引来百花香”的效应，进而全面提高教育教学水平。

综上所述，参与教学研究活动，听课、评课、听报告缺一不可。听课只是看“表”，参与评课则是明辨是非，听报告才是知“里”。只有兼而听之，由表及里，明辨是非，才能对这节课有本质的认识，真正了解这节课背后的故事；才能真正知其然又知其所以然，真正学有所得。这种认识，既是内容和形式的统一，又是理论和实践的统一，还是台上和台下的统一。

八、杜绝抄作业，要从教学改革做起

学生抄作业的现象由来已久，而且越来越严重：不仅抄袭同学，还在网上抄；不仅自己抄，还请别人抄；不仅无偿抄，还有偿请别人代抄；不仅成绩不佳的学生抄，成绩良好的学生也抄。部分学生很早到校不为读书，而是为抄作业，甚至还出现了早晚聚集在球场、茶馆、店铺、公园等场所“分工合作”集体抄作业的现象；网上有偿代写作业的广告更是多得惊人。

为什么学生会抄作业？有人说，这是物质生活水平提高，独生子女怕吃苦的“享受型综合症”；还有人说，这是家庭及学校教育不严格造成的。其实，这些问题不仅仅要问这一代学生怎么了，更要问这一代教育怎么了，这实质是这一代的“教育问题的综合症”。

如果我们静下心来分析一下学生抄作业的原因，则不难发现，这里既有学生的主观因素，也有教育的客观因素。在一般情况下，客观因素是主要的，它往往是主观因素形成的温床。

（一）主观因素

（1）基础薄弱，学习成绩差。由于受智力因素与非智力因素的影响，学生学习效率低、成绩差，难以与其他学生同步完成作业，只好抄写应付。有时作业难度大，家长无力辅导，也只好用抄袭来敷衍了事。

（2）学习态度不端正，目的不明确，懒惰不肯动脑筋。由于受教师教学水平和非智力因素的影响，学生对学习缺乏兴趣、信心，缺乏吃苦耐劳的精神。学生上课不专心，不会的知识越积越多，慢慢就形成了恶性循环，只好抄袭作业，蒙混过关。

（3）自控能力差，时间分配失当。由于受家长、教师管理不善以及学习压力过大和非智力因素的影响，部分学生离开教师或家长的监督，就会忘了做作业，于是抄作业交差。

（二）客观因素

（1）“满堂灌”的陈旧教学方式。现代的教学理念要求教师课堂教学要由精讲多练向精讲精练过渡，要讲练结合，教师的讲不能超过课堂教学时间的三分之一。可是，目前的教学仍是教师的“一言堂”“满堂灌”，学生缺乏练的时间，缺乏在课堂内做作业的时间，教师不能及时指导学生完成作业。

课内损失课外补，大作业量由此产生，学生完不成就抄。教师批阅作业不认真，发现抄袭也很少去追究，抄袭现象越来越严重。

（2）题海战术。试题不精选，有题就做，习题中有许多错误。尤其是考试前，各科的作业堆积如山。学生在机械重复中内耗严重，思考的空间少了，创新的意识泯灭了。为了交差，学生不得不抄作业。

（3）缺乏控制作业量的有效措施。减负的文件一个接一个，可是缺少监督、检查和反馈等扎实有效的措施。

每个教师都会说作业不多，但是以初中为例，通常有六七门课程，假如一科布置20分钟的作业，学生就需要两三个小时才能完成。有的学生还要参加书法、绘画、器乐、外语等课外补习班。特别是假期，作业多得学生都做不完。完不成作业怎么办？一个字，抄！

综上所述，抄作业的最终原因是，陈旧的教育教学观念和方法使学生课业负担过重，学生不得已而为之。

面对日益严重的抄作业现象，我们的教育该怎么办？唯一的办法就是改革我们的课堂教学，改变我们传统的教育教学观念和方法，追求省时而高效的教育教学目标。

（1）各科教师要通力合作，少留或不留作业，班主任要做好调控。学校要拿出有效措施，以促进教师的课堂教学向省时高效的目标前进。

实践证明，减轻负担、提高成绩不是不可能，也不是纸上谈兵。平时留作业与学生商议，并且每次都在课堂上给学生充分的时间来做作业，真正做到精讲多练和精炼。

（2）课堂上要精讲精练，追求省时而高效的教育教学目标。复习时，要夯实基础，师生共同研究试题类型，找出一般要点，反复强化练习。

（3）作业少而精，并且能在课堂上解决的问题，尽量在课堂上解决，能有效减少抄作业的现象。即使有时学生没有完成作业，教师也不要批评学生，而是应该把握作业数量和难度，要和其他教师共同研究少留作业的问题。另外，教师还要调动家长，充分发挥家长的监督作用，并区别对待个别基础不好的学生。

杜绝学生抄作业，要从教学改革做起。只有学校、教师、家长都行动起来，这一工作才能扎实有效。

第15课

教育管理方法修养

一、教育是管理的艺术

教育是什么？这是个看起来简单，其实很复杂的问题。不同的人从不同的角度有不同的理解：是增进人们的知识和技能、影响人们的思想品德的活动；是教育者根据一定社会或阶级的要求，有目的、有计划、有组织地对受教育者的身心施加影响，把他们培养成为一定社会或阶级所需要的人的活动；是一种对人类认识和改造客观世界及自身的积极的影响。

教育依靠什么对受教育者施加影响？是教——言传身教；是管——规范言行举止。管和教是相互依存的，管中要有教，教中要有管，它们携手并肩，共同对受教育者施加影响。不研究如何管，只研究如何教，或不研究如何教，只研究如何管，都不会提高教育教学质量，都是劳而无功的。

既然管和教在教育过程中共同发挥作用，为什么提出“教育是管理的艺术”的命题？这是因为“管”本身就有“教”的意义，现代汉语中，教育中的“管”以“管教”和“管理”两个义项最为常用。

强调“管”是为了强调创造良好的环境、浓厚的氛围，就像创建和谐社会一样，没有和谐的环境，一切都是空谈。所以教育中的“管”是个大概念，是大教育观念。教育只有在良好的环境和氛围中才能得以生存和发展。

社会有规范，自然有法则。国有国法，家有家规。自然依靠法则管理宇宙中的一切，社会依靠规范约束每个人，国家依靠法规管理每个人。无论是谁，都是管理者，也都是被管理者。

管理是一门学问，更是一门艺术。企业要向管理要质量、要效益，教育也要向管理来要质量、要效益。有人说，好学生不是教出来的，而是管出来的。这种说法不无道理，有许多家长的学问并不高，也不知道怎么教自己的孩子，只知道管理孩子的生活和习惯，管教孩子做人和做事、刻苦学习，结果培养出了出类拔萃的好孩子；许多教师的学历并不高，因为管理严格，基础抓得实，教学成绩比其他教师突出。

古时的私塾，教师有一个对学生施行体罚的“戒尺”，学生稍有不逊就戒尺伺候，这样的教育方式也造就了一大批人才……

我们不相信简单粗暴的方式会替代丰富多彩的教育手段，但我们更不相信一个没有受过严格约束的学生会成才。“严师出高徒”道出了教育的基本内核，那就是“严”，只有严格管理才能出人才。

从家庭教育、学校教育、班级管理等角度来说，教是为了管，管也是为了教。教，是思想上的疏导；管，是行为上的约束。教不能不管效果，管又不能抑制学生生命发展的主动性，限制学生养成创造能力所需要的想象力。管，本身就意味着教，学生不会、不明白、不知道才需要教。管，需要耐心，需要时间；需要以尊重为前提，不能高高在上，施加压力，要善为人师。在学生眼里，管理者应该亦师亦友，既严厉又和蔼，既让人尊敬又让人亲近。

从课堂教与学的角度来说，管是基础，管是更好地驾驭课堂，有组织、有纪律地调控课堂，是提高课堂教学效率的前提和保障。同时，教的方法和技巧也左右着管的效果。

无论是从哪种角度，教育都缺少不了管这个强有力因素的参与，最终要达到的目的就是“教是为了不教，管是为了不管”。

目前，我们的教育研究重视教而忽视管，教管分离的现象比较严重。提出“教育是管的艺术”就具有了现实意义和深远的历史意义。

教育层面的管理，是我们每个人生命中必须经历的阶段。每个人都要接受家庭、学校、社会、自我等四种管理模式的教育。其中自我管理才是真正走向成熟的标志。

讲艺术，就要讲创意，使教育教学中管的方式方法富有创造性。当实行的方法不见成效的时候，就要用心寻找新方法，大胆尝试新方法。只有这样，教育才能发展进步。

二、学校的管理是思想的管理

学校的管理是人、财、物的管理，人、财、物的管理中最重要的是人的管理，人的管理中最重要的是思想的管理。这里所说的思想，是指教职工的教育教学思想和为人师表的政治思想，并特别强调教育教学思想。

提高教育教学质量的关键在教师，在于教师教育教学理论和实践研究的思想指向。“人心齐，泰山移”，学校管理者要想在管理上取得佳绩，就要深入探讨先进的、行之有效的教育教学理念，并使之成为每个教师的行为指南。

改善、引导和规范教师的教育教学思想，进而实现教育教学活动的最优化，是国内外教育界重视的研究课题。20 世纪 70 年代以前，国外就开始研究揭示教师的个体行为与学生学习效果之间的关系。70 年代以后，教育教学研究的重心，聚焦在教师的教育教学意识、愿望和信念等内在思想和品质，如何影响教师的教育教学和学生的发展。我国开展此项研究的时间比较晚，没有专门的研究机构和比较成熟且有影响的研究成果，但发展的势头良好。

教师教育教学思想的管理是一件复杂、艰巨、长期的工作。认为通过几个课题研究、几场报告、几节示范课、几次研讨、几回反思就能解决问题是不现实的。那么，怎样才能管好教师的教育教学思想呢?

（一）思想要管开、管活，要百花齐放

思想不能管死、管僵，不要整齐划一，不能把某个人的个人理念强加给每个教师和学生。因为师生都是一个个具有个性的人，要因人而异、因材施教，不能采用千篇一律、千人一面的模式化的教育教学行为。

思想要管开、管活，要百花齐放，就是强调要以国家教育大政方针和新课标为准则的“殊途同归”。例如，省时、高效是教育教学追求的崇高目标，教师自己走哪条路才能达到这个目标，那是仁者见仁，智者见智，不能强求一致。

要管好思想，就要对教师的思想转变过程有充分的认识和把握。教师教育教学思想的转变是一个复杂、曲折的过程，它涉及对新旧思想的选择、扬弃、认同、建构等一系列问题。这里既有别无选择的统一要求，也有为我所用的个性认同；既有全盘否定的舍弃，也有批判基础上的继承发扬；既有消极的建构，也有积极的建构。从心理认知的过程来说，教师教育教学思想的转变一般要经过“观望—怀疑—扬弃—整合—创造”的过程，是一个充满矛盾的认知过程。

在教师的思想管理中要注意管理策略。学校的管理价值在于关心人、培育人，满足人的发展需要。因此，要管好思想就要求管理者做到以下几点。

第一，要尊重教师的选择，保护教师的学术个性。因为学校要培养的是

富有个性的创造性人才，需要个性化的教师。

第二，要注意培养教师的自律意识。教师劳动的个体性特征，要求管理者寻求一种教师内在的驱动力、制约力，而不是外在的约束。

第三，要注意满足教师的精神需要。教师心理的特殊性表现为自尊心强，渴望学术自由和管理民主，表现为注重高层次、高质量的精神需要。

（二）先管自己的思想，再管别人的思想

1. 管自己学习，管别人学习

麻雀虽小，五脏俱全。学校管理千头万绪，如何在繁忙的工作中抽出一定时间来学习，进而丰富自己的思想？这是摆在学校管理者面前的一个非常重要的问题。对于有工作的人，不进行再学习的理由往往是工作忙，没有时间。其实这是认识不足、压力不够的结果。管理者自己认识不足，也就不懂得如何去鼓励和支持别人学习。

一个好的学校管理者，首先必须是刻苦的学习者和研究者，必须站在教育教学改革的最前沿，接触最先进的教育教学思想，然后再结合自己学校的实际情况，做出有价值的判断。

学校管理者有了思想之后，还要让团队的每一位成员都有思想，确保团队步调统一，避免出现内耗现象。

如何管自己学习，管别人学习？最有效的方式就是“写”。写读书笔记，写教育反思，写教育研究性论文……先要从量上做出规定，即每学期写多少篇，管理者要先做到，而且要多于教师。量达到了再看质，看原创、看字数，看评比、看发表、看研究课题……为促进此项工作蓬勃开展，每学期都要搞评比、搞展示、搞奖励、搞交流、搞推广。

管理者管住了自己，排除了繁杂事务的干扰，专心致志地进行了学习研究，同时又管住了别人，让他们也能专心致志地进行学习和研究。这样，全校上下就会形成学习研究教育思想的潮流，学校的面貌就会焕然一新、朝气蓬勃，就会与众不同。反之，不重视学习就等于不管理思想，不管理思想的管理者往往奉行急功近利的管理理念，急功近利的学校没有明天，更没有未来。

2. 管自己实践，管别人实践

“实践是检验真理的唯一标准”，先进的教育教学思想要付诸实践来验证，并在实践中丰富和发展。学校管理者仅有思想而不持之以恒地去实践，就会成为空头理论家。

学校管理者要懂得用心灵唤醒心灵，用思想影响思想，用自己的实践或指导他人的实践来影响他人。思想在于运动，运动才能使思想保持常青，这种运动就是学习和实践。管理者要学会用思想引领教师的行为，用思想陶冶学生的心灵，用思想提升学校的品质，把思想转化成为先进的办学理念，再把办学理念具体化为实践中的做法，然后把具体化了的做法内化成每一个教师的自觉行为，渗透到日常的教育教学活动中去，最后形成学校的特色和品牌。

怎样管自己实践，管别人实践？

第一，亲身实验法。管理者把自己的教育教学思想直接付诸教育教学实践，可教一个班的课，任一个班的班主任等，和教师一起学习研究，并及时把自己的经验和体会传达给教师。这种率先垂范的管理方法是有说服力的，是令人信服的。

第二，蹲点实验法。就是管理者在一个班或几个班落实自己的思想，进行跟踪实验的方法。可以是班级管理的探讨，也可以是教学的探讨；可以是一个学科的探讨，也可以是几个学科或者全部学科的探讨。和教师一起进行有计划、有目标、有步骤的学习、探讨和实践，及时总结交流经验和教训，并形成文字以引导其他教师的改革实验。这样做的前提是，管理者必须持之以恒地到班级去听课、座谈、考察等，从而及时调整、丰富实验计划。这样做可以以点带面，但从整体推进的思路来看，取得成型经验再来推广的周期会比较长。

第三，课题实验法。就是把团队的教育教学理念分解成一个个具体可操作的小课题，然后落实到每个教师的教育教学活动中。教师人人有课题，人人有开题报告，人人有实验记录、反思材料、成果材料、结题报告等；学校跟踪管理，调控考查。这是进行全方位教育教学改革的方法，它有利于提高教师水平，有利于提高学校整体办学水平。

第四，普及推广实验法。这是一种统一思想、统一意识、统一计划和步骤的改革模式。这种方法有统一的要求，可使参差不齐的教师队伍一体化、队列化，而且见效快，对于应试成绩的整体提高有帮助。但是，一旦脱离军事化管理，就会恢复到原来的状态。

学校是教书育人的场所，教书育人是艰苦复杂的脑力劳动，思想是通过这种艰苦的劳动打造出来的。管理者有了思想，还要使学校的各项工作有思想；教师人人有思想，才能使教育的对象——学生有思想。由此看来，学校管理的核心就在于思想的进步和成熟。

三、和谐校园，需要尊重式管理

构建和谐校园是学校顺应社会要求，并兼顾社会、学校、教师、学生共同发展的一种理想境界。要实现这种理想，校园中的尊重式管理是先决条件。

尊重，是重视、敬重别人，是自重、自爱，严于律己。尊重式管理，有别于行政命令式，是平等对待管理对象，在尊重基础之上和谐、愉悦地管理。这种管理模式追求的目标，是创造一种相互理解、相互尊重、相互信任、相互支持的民主平等的教育教学环境。

尊重式管理的基本理念及其主要内容可概括为尊重教育教学规律、尊重师生的人格及其成长规律、尊重师生及其家长的知识和劳动、体现以人为本的教育思想、坚持科学发展观等。

尊重式管理是以人为本的科学管理方式的灵魂。教育是培育生命的过程，生命培育的前提是维护做人的尊严。学校的管理者要尊重教师，充分挖掘教师的内在动力，使他们竭尽全力地工作、学习、探索、创造；教师要尊重学生，要用赏识的眼光接纳每一个学生，让每一个学生获得成功。无论是管理者还是被管理者，都要学会尊重自己、严于律己、宽以待人。

（一）尊重教师

1. 了解需求，是尊重教师的前提

美国心理学家马斯洛认为，人类有五种不同的需要，从低级到高级依次是生理需要、安全需要、社交需要、尊重需要和自我实现需要。尊重是人类较高层次的需要。学校管理的核心是调动教师的工作热情和积极性，而教师的工作热情和积极性只有在一个被理解和尊重的，和谐、愉快的心理氛围中才能得到最大限度的发挥。

教师作为特殊的脑力劳动者，具有强烈的自尊心和自我表现欲望。教师对尊重的需要高于对物质的需要，对实现自我价值的要求高于对金钱的追求。教师最大的愿望是事业上成功，精神上得到鼓励；最大的苦恼是精神上受创伤，能力被埋没。管理者要深入到教师中做细致的调查研究，了解教师需要的特殊性和动态性特征，满足其合理需要。对于那些因条件的限制而暂时难以满足的要求，应实事求是地说明原因，讲清道理，做好耐心细致的解释和说服工作。

2. 知人善任、一视同仁，是尊重教师的基础

人类最高层次的需要是自我实现的需要。管理者应对每一个教师的个性特点、能力状况、工作能力等心中有数，做到知人善任，各尽所能。

管理者在处理领导与教师、教师与教师之间的各种矛盾，特别是教师的利益和情感问题时，要不徇私情，要以公平、公正作为解决问题的基本原则，不能偏长护短。只有这样，才能使每一个教师心悦诚服、心情舒畅，从而保持健康向上的心态和高涨的工作热情。

3. 尊重教师的劳动和权利

教师是人类灵魂的工程师，是用自己的生命来培育生命，用自己的灵魂来塑造灵魂，用自己的知识来培养学生和丰富自己的人生。所以，教师的劳动理应受到尊重。要充分信任教师，及时发现并挖掘教师工作中的闪光点。成绩突出时予以表扬鼓励，工作陷入被动时应及时提醒和帮助，使教师的劳动价值得到充分的认可和体现。

教师是学校的主人，对学校工作有参与权、知情权，有参加培训以促进自我发展的权利等。所以，工作中首先要尊重教师的权利，让教师时时感受到自己的主人翁地位，感受到工作受到重视。凡是涉及到学校发展和教师切身利益的事情都要征求教师的意见。事实证明，尊重教师的劳动和权利，教师的工作热情就高涨，管理工作就顺畅。

4. 尊重教师的人格

尊重教师的人格，就是要求在管理学校时，管理者有强烈的服务意识，以教师为本。当教师由于兴趣爱好、性格特点、认知水平与学校的工作要求发生冲突时，管理者与教师要平等地沟通交流，让每一个教师都能有尊严地生活和工作。

教师的工作是没有时间和空间限制的，其工作量不能像产品计件一样简单计算。教师工作的特殊性，使他们的工作含有对事业的追求、对生命的倾注、无私的奉献等因素。因此，学校管理要充分体现人性化的特点。当教师有了缺点和错误时，应该及时指出、批评或处理，要尊重教师的人格，采用谈话交流等方式，多进行换位思考，多为对方着想。求大同，存小异，使教师在平等、宽容、理解的气氛中接受教育和批评，既能使教师改正错误，提高自身素质，又有利于管理者与教师的交流与沟通，进而增强学校的凝聚力与吸引力，消除不必要的误解与隔阂，提高工作效率。

5. 尊重教师的个体差异

由于教师在学识水平、工作能力、性格特征、思维方式等方面存在差

异，他们的教学方式、教学成果也不尽相同。在管理中，要尊重教师的独立思维方式和活动方式，尊重教师的独立性和差异性，虚心挖掘教师的优点，接纳他们的差异，并将这些差异作为学校可持续发展的后续资源，取长补短，发挥特长，各尽所能。

在学校管理中，要尊重教师的人格，尊重教师的学问，尊重教师的合理需要，尊重教师的差异，尊重教师的情感，尊重教师在校园内的权利、义务、地位、价值、利益。只有这样，教师的工作积极性才能被真正调动起来。

（二）尊重学生

教育成功的秘密在于尊重学生，学校发展的成果，最终要体现在学生身上。因此，平等对待、尊重每一个学生，并对其终生发展负责，是教育需要认真思考的问题。

1. 平等对待学生，是尊重学生的基础

第一，平等对待每一个个性化的学生。这主要是指平等对待智力、能力不同的学生，平等对待学习成绩不同的学生，平等对待男生和女生，平等对待个性特点不同的学生，平等对待不同家庭背景的学生，平等对待与自己亲疏有别的学生。

第二，给每一个个性化的学生创造平等展示、锻炼自己的机会。给所有学生提供担任班干部的机会，给所有学生提供参与各种活动的机会，在进行各种选拔时一律平等对待，在安排座位、上课提问时一视同仁，在评价学生时公平、公正，在处理矛盾冲突时“一碗水端平”。

2. 尊重学生人格，建立民主平等的师生关系

没有尊重，就不可能做到一切为学生的发展服务；没有尊重，以训斥、挖苦、体罚为主的教育方式，不仅不能起到良好的教育作用，反而会加重学生的自卑感和逆反情绪。要让每一个学生都抬起头来走路，就必须建立民主、平等、和谐、相互尊重的师生关系。

尊重学生，首先应保护学生的自尊心，要注意培养和保护学生的自尊意识。在教育中，要提倡对学生赏识和激励，教师要通过一切有效的手段来肯定、激励学生，并以此作为沟通感情、融洽师生关系的纽带。

尊重学生，还应尊重学生的人格，教师要以平等的态度对待每一个有情感、有意识、有独立个性的学生。对学生不抱有偏见，坚持以发展的眼光客观、公正地评价每一个学生，为学生个性才能的施展提供广阔的空间。

尊重学生的人格和自尊，要做到不体罚、辱骂学生，不羞辱、诋毁、挖苦、嘲笑学生，不冷落、当众训斥学生。

3. 尊重学生的个性差异，对每一个学生负责

生命因个性而凸显精彩，校园因学生而彰显活力。在学校这个大家庭中，由于性格、爱好、特长、家庭以及社会背景等不尽相同，学生在学习、思想等方面存在比较大的差异。为了使每一个学生的个性得到张扬，特长得到发挥，学校、家庭和社会都要为学生搭建充分展示自己、锻炼自己的舞台，使他们在这个舞台上经受磨炼和考验，在活动和实践中拓展和提高综合素质。

根据学生个性差异的实际状况，教师要特别关注、尊重下列几类学生：智力发育迟缓甚至有缺陷的学生；学习成绩差的学生；性格孤僻、怪异的学生；被孤立和拒绝的学生；和自己意见不一致，甚至顶撞过自己的学生；逆反心理强的学生。

根据学生个性差异的实际状况，教师还要注意尊重学生的心理需求，如尊重学生的兴趣、爱好，尊重学生的情绪和情感，尊重学生的抱负和志向，尊重学生的选择和判断，尊重学生的个人意愿。

尊重学生，就是尊重我们自己，就是尊重我们的教育，就是尊重我们的未来。

（三）尊重与批评、教育、和谐的关系

1. 尊重与批评

学生犯错了，教师有责任批评和管教，但怎样批评才能既有作用，又不伤害学生呢？重要的一点是了解学生的承受能力，选择恰当、适宜的批评教育方式。

批评不等于不尊重。不能把“对学生的尊重”和“管教学生”这两件事简单对立起来，尊重学生的尊严，并不是放弃最基本的管教和批评。其实，如果我们了解学生在不同的年龄段对批评的接受方式，就完全可以根据他们的承受能力，进行适当的批评。并且，在学生做错事时，明确告诉他们“这件事做得不对”是非常必要的，不能因为担心伤害，就不批评、不管教。

最简单的批评，就是让学生为自己的行为负责。如果我们以尊重学生为出发点选择批评的方式，批评便是公平的。在批评学生的时候，我们只要让学生明白这是对他们负责，同时明白批评是为了让他们知道，做这样的事会

带来什么样的后果，而不是为了伤害他们或给他们打上“坏学生”的标签，这样就不会给学生造成心理阴影。批评一定要针对具体的事情，要就事论事。

对于教职工的管理，虽然不同于学生，但在讲究尊重前提下的批评艺术方面是一致的。

2. 尊重与教育

尊重与教育相辅相成。尊重是为了更好地教育，教育的前提是尊重。尊重是教育的基础，教育是尊重的目的，二者共同作用于师生的健康成长之中。

陶行知先生育人的故事耐人寻味：陶先生在当小学校长时，发现一名学生用泥块砸自己的同学，陶先生当即上前制止了他，并令其放学后到校长办公室去。放学后陶先生回到校长室，见这名学生已等在门口，陶先生马上掏出一颗糖果送给他：“这是奖给你的，因为你按时来到这里，我却迟到了。”当这位学生怀疑地接过糖果后，陶先生又掏出一颗糖果放在他手里：“这也是奖给你的，因为当我让你不再打人时，你立即就住手了，这说明你很尊重我。”陶先生再掏出第三颗糖果塞进他手里：“我调查过了，你砸他们，是因为他们欺负女同学，这说明你很正直，有跟坏人做斗争的勇气！”该学生哭了：“你打我两下吧，我错了，我砸的不是坏人，是我的同学呀……”陶先生满意地笑了，并随手掏出第四颗糖果递过去：“为你正确认识错误，我再奖给你一颗糖果……我的糖没了，我看我们的谈话也到此结束吧。”

尊重式教育管理的妙处，在这小小的四块糖中体现得淋漓尽致。精彩的沟通，就像精心设计的台词。小小的几块糖，是尊重，是赏识，是教育的艺术，是在“丑”中对“美”的深入挖掘，是无声胜有声的批评教育。这种特殊的教育方式，留给人们的记忆是永久的，产生的影响是深远的。假如采取常用的批评教育方式，能够达到如此效果吗？

3. 尊重与和谐

尊重与和谐是方式和目的的关系，通过尊重的方式达到和谐的目的。没有领导与领导之间、领导与教师之间、教师与教师之间、教师与学生之间、学生与学生之间的相互尊重，就没有和谐的校园。

尊重不是口头上的甜言蜜语，而是融化在灵魂里的一种意识。通过尊重式管理，使校园中的师生学会尊重每一个人，尊重每个人的权利和感受。这是人类精神文明的一个重要的台阶，登上去，我们就会享受到和谐的惬意与温馨。但要真正做到相互尊重，必得以平等为基石，平等深入人心之日，方是尊重蔚然成风之时。因为，平等生尊重，尊重生和谐，和谐生愉悦，愉悦生幸福。

四、班级管理的核心是学生自我管理

学生不是任人摆布的木偶，而是具有独立人格的公民，他们的权利要受到尊重。班主任应该了解和研究每一个学生发展的可能和需要，让他们的个性获得积极自主的发展，使每个学生都能在班集体中充分发挥作用，这是既“解放”学生又“解放”教师的好方法。

成功的学生自我管理，应该是班级管理的整体目标内化为学生的个体自我约束的目标，整体和个体的目标高度一致，并形成了班级管理中的自管和他管和谐共鸣。

如何实现有效的学生自我管理？以下是不可或缺的基本条件。

（一）要有制度的约束和激励

组织学生自我管理，首先要建立起一套合理完善的管理制度。有了制度，学生的管理才能有“法”可依。一个秩序混乱的班级，必然是一个组织管理混乱、制度不完善或不合理的集体。

现行的许多班级管理制度主要发挥着制约功能，激励功能较弱，还有许多制度已不适应教育发展的新需要，影响着学生创新人格的培养，需要改革和创新。好的班级管理制度，既要对学生有制约、评价作用，也要对学生有激励功能。

例如，在班级推行“日通报月量化小组流动红旗制”，能够收到意想不到的效果。其做法是，将班级分成若干小组，每天以 70 分为基准合格分，根据小组成员的日常行为等德育表现，在基准分的基础上进行加减，将每天的加减情况列成表格张贴出来。每个月进行一次统计，个人成绩按百分制进行折算，给总分第一的小组颁发流动红旗，对表现突出的学生予以表彰奖励。这种举措既对学生有制约、评价的作用，又具有激励的功能。

再如，实行“德育考核成绩记入期中期末总分制”，期中和期末都要把前一个阶段每个月的德育考核平均分，以 30%的比例记入各科考试成绩的总分之中。这些新的制度的制定和实施，都具有很强的激励性，效果也非常好。将德育考核成绩记入中高考总分，或在录取中作为重要的参考依据，其作用会更加明显。

需要注意的是，班级规章制度的制定要符合国家的教育法规和学校的规章制度，要讲究科学性、严谨性和可操作性，要从群众中来到群众中去，要有相对稳定性。

（二）要建立健全管理体系

组织学生自我管理，并落实班级的各项规章制度，需要一个与之相适应的班级管理体系。

选拔、任用、造就一支过硬的班干部队伍，是班级管理体系中最为关键的环节。班干部的选拔一般有三种方式：班主任指定班干部、民主选举班干部和竞选班干部。具体采用哪种形式选拔班干部，要根据不同年级、不同情况确定。一般情况下，开始时需要根据学生的表现和经历来指定班级干部。一段时间之后可以民主选举，以原班干部为主体，优胜劣汰，进行差额选举。进入高年级之后就可以采用竞选的方式了。

管理是一门科学，中小学生还缺乏必要的理论知识和经验，这就离不开班主任的培养和组织训练。岗位培训一般要经历以下几个阶段。

（1）学习期。学习班级的各项规章制度，明确自己的工作职责等。

（2）试用调整期。在工作中学习、调整方法。

（3）放手工作期。大胆使用班干部，给他们提供施展才华的机会，让他们在工作中锻炼自己的才干，提高自己的能力。

由教师、班干部代表、学生代表组成监督评价委员会，对班干部的工作进行监督与评价，这是学生进行自我管理的必不可少的举措。监督并及时反馈信息，是及时矫正管理过失的有效途径。在期末对班干部的德、能、勤、绩等打分，然后再进行定性评议，根据评议状况及时对班干部进行教育或调整。还可以采取意见箱、班级管理日记等方式，让广大学生对班干部工作进行评议。这样，让更多的学生参与班级管理，不仅可以提高学生的公平意识，还可以使班干部养成自我反思的习惯，以便于吸取教训，积累经验，不断成长。

班级管理监督机制、反馈机制、评价机制三方面，虽然有各自独立的体系和任务，但往往是相互融合的。监督检查要有评价标准，检查过后要有反馈。只有具有完善的监督机制，才能确保管理制度落到实处。

好的管理模式就是要有一套科学合理的班级管理体系，班干部职责明确，分工协作，并能充分发扬民主，使全体学生都能积极地参与班级管理，使班级时时、处处、事事都有人管；好的管理模式就是要有快速反馈的机制，能及时合理地处理班级日常事务和偶发、突发事件，及时向有关人员汇报并进行奖惩；好的管理模式就是要有严格合理的监督机制，以确保班级管理的公正性和合理性。

（三）讲究教育的方法和技巧

组织学生自我管理，除了要有一套合理完善的管理制度，并有与之相适应的管理体系和模式之外，还要注意组织的方法和技巧，在组织管理的细微处下功夫。

要把爱护、培养班级干部的工作放在首位。要保护他们在学生中的管理权威，放手让他们处理日常工作，帮他们树立威信。要充分发挥班级干部的管理和自我管理的特殊作用。可任用后进生做班干部，同时安排其他班干部做顾问，让学生在管理中进步，以达到自我管理的教育目的。

例如，实行值日班长制。班委成员及其职责不变，在此基础上设置值日班长，学生轮流担任，对班级各项工作全面负责。实行值日班长制，让学生当班干部，既是体验为同学服务的过程，也是体验教育同学的过程；既是提高工作能力的过程，也是增强主人翁责任感、义务感的过程，更是自己受教育的过程。有了值日班长，班委成员主要起监督保障作用，两者相互配合、分工合作。

要使每个学生都具有管理者和被管理者的双重身份，并且实现角色的自然转换，教师就要以人为本，充分尊重每一个学生，相信每一个学生，做学生的忘年交。要经常跟学生谈心，了解学生的心理状况，关心他们的学习和生活；要不断丰富自己的文化知识，提高自身的政治素养和道德水平，真正做到学高为师，身正为范，以自己的一举一动、一言一行来影响学生，从而实现以不教而教为目的的学生自我管理。

组织学生自我管理，要善于发现学生身上的长处，要努力发现“问题”学生身上的闪光点。通过管理和自我管理，了解学生的兴趣，对他们因材施教，逐渐培养他们的自信心，帮助他们融入健康的集体之中，增强集体的活力，以激励学生进行以“扬长避短”为目的的自我管理。

一张一弛乃教育之道。一般来说，从严治班，要包括如下几个方面：一是从严律己，以身示范；二是要有规范学生行为的严明纪律；三是在违纪面前要有严肃的态度；四是处理班级事务时要有严谨的步骤。从宽治班，主要就是宽以待人，多发掘欣赏学生身上的优点，要考虑学生的自尊心及心理承受力，给学生留有悔过自新的空间，从而规范以“循规蹈矩”为目的的自我管理。

组织学生自我管理的过程中，教育技巧丰富多彩，举不胜举。除了上文列举的，还有教师和学生在管理过程中把握表扬与批评尺度的技巧；批评教育要注意学生的心理安全的技巧；多与各科教师和家长联系沟通的技巧；尊重学生的个性，使其既能全面发展又能学有所长的技巧；权责分明的“问责”技巧，凡是学生能做的就不要教师来包办代替，即使是管理中出现了问题，教师也不要直接去处理，而是要交给具体管理责任人来处理；设计系列活动，强化素质训练的技巧。这些技巧不仅需要教师了解，还需要进行自我管理的学生了解。

教是为了不教，管是为了不管。教学生管理，管学生自理，是班主任实施班级管理过程中应该贯彻始终的核心理念。将组织学生自我管理变成班级日常管理中的常态工作，有了这一切看似平常的管理活动，其实就是懂得了素质教育的真谛。

五、做使用管理后记的高手

管理后记，是管理者对管理过程中的行为、决策以及后果进行审视和分析，由此做出的反思性书面材料。管理后记一般可分两种类型：一种是随机性后记，也就是在管理过程中对每件管理活动的审视和分析，又叫“事事记”；另一种是阶段性后记，即管理者对一个阶段的管理活动的行为、决策以及由此产生的结果进行审视和分析，包括日记、周记、月记等。写事事记或日记的工作量太大，不易坚持；写月记、期中记、期末记间隔时间又太长，遗忘率较高，不易及时调整管理策略。因此，这里所说的“教育管理后记”，确切地说是指“周记”。

古今中外优秀的教育管理者、伟大的教育家，往往是撰写和使用教育管理后记的高手。

教育管理后记的篇幅可长可短。短的，一个问题，一种观点，寥寥数语，言简而意丰；长的，由点及面，由浅入深，深入浅出，多侧面、多角度，汩汩滔滔，下笔千言。后记的具体形式和内容可以不拘一格，一般以实用为标准，带有典型的个人特点。

从写作目的上说，后记有经验总结式、失误纠正式、问题待解式、自我评价式、案例点评式、阶段回顾式、心得体会式等。

从创作方法上说，后记可以是简要的问题积累，以待后解；也可以是疑惑的剖析，旨在解决一个重要问题；还可以是在问题积累的基础上，进一步分析研究，并写出议论性文章。

从文章体裁上说，教育管理后记可以是应用文式的总结，也可以是散文式的感想，还可以是研究的论文，甚至是案例的描述、戏剧式的精彩回放等。

管理后记递进式的“三清”，是比较实用的后记模式。

“一清”是“日做事”清。即每天要做的事、做完的事、待做的事要清楚。每天先将这一天要做的事情列出来，然后有计划、有步骤地一一布置、落实；下班前要将这一天做完或落实的事情写出来，并简要描述成功与失败、经验与教训，并打出分数。对于没做的事情或没有完成的任务要说明原因，以及能够完成的大致时间。

“二清”是“周线索”清。对于本周的重难点工作是什么，贯穿本周的主线工作是什么，主要的成绩和不足是什么，如何改进等主要问题，一定要做到心中有数。

“三清”是“学期规律”清。一个学期的工作结束后，筛选管理后记，看完成了哪些主要工作，取得了哪些成绩，有哪些方法和规律可以遵循，有哪些成功的经验可以借鉴，还有哪些问题需要解决，然后形成总结材料。

不论用什么样的形式和内容，也不论篇幅长与短，写教育管理后记都要注意以下几点：一是贵在及时，所思所感要随时记录；二是不走过场，要有多少写多少，并且言之凿凿，切忌空洞无物；三是倡导多写，提倡和鼓励天天写，规定和强调每周写，对缺乏管理经验的年轻教师来说，更要严格要求；四是追求崇高，形式和内容虽然不拘一格，但以形成专业性的研究论文为最高追求；五是贵在坚持，坚持反思自己的管理行为，坚持探究先进的教育管理理念和行之有效的教育管理方式，坚持不懈地写，以写促思、以写促改，从教育管理中探索出一些带有规律性的东西，形成自己独特的教育管理风格，使自己成为一个有思想的教师。

教育管理后记不仅要写好，更要用好。用得好，做得实，教育管理后记会发挥统领全盘的作用。它好像是一个负责的管家，可以帮助教师从繁杂的管理事务中理清线索，区分主次和轻重缓急；可以帮助教师管理时间、精力、金钱和智慧；可以疏解教师心中的压力，使教师的内心阳光起来。

运用教育管理后记实施学校管理，是目前部分学校正在探索和尝试的课题。这种模式是以后记为纽带，通过由小到大，由个体到集体的检查、督促、评比，实施链条式的学校管理。

根据学校管理的特点和不同层次，需要撰写并上交管理周记的个人及部门，依次是学生自我管理周记、班级管理周记、年级管理周记、部门管理周记、学校管理周记。前一链条为后一链条提供素材，构成写作基础。

（1）学生自我管理周记。主要记述学生一周以来的自我管理、自我教育状况，反思成绩及不足，明确今后努力的方向。

（2）班级管理周记。由班级日志归纳概括而成，班级日志由值日班长负责填写，班级管理周记由班长负责整理撰写，最后由班主任补充完善并以此写出班主任个人的班级管理周记。

（3）年级管理周记。由年级组长负责撰写，主要记述年级组一周的工作运行情况，并由此归结出年级组长的个人管理周记。

（4）部门管理周记。由学校各职能科室值班人员负责填写，主要记述本部门一周的工作运行情况，并以此写出科室负责人的管理周记。

（5）学校管理周记。是由校务日志总结概括而成，校务日志由每日值班的中层干部负责填写。学校管理周记由校长办公室负责人整理提交，校长综合各方面的情况，写出管理周记。

这五个梯次的管理周记中，部门和部门责任人的周记可以有交叉，但不能混为一谈，班主任、年级组长、部门负责人、校长的个人管理周记须写全、写深、写透。

运用管理后记实施学校管理，可以实现全员管理、民主管理，强化管理者的责任感，使管理的时间延长，空间扩大；可以对管理系统有效控制，保证质量，提高效率；可以实现管理资料的有效利用，为学校管理积累经验和教训，并留下积极调整的轨迹。典型的管理案例和心得，可为提高学校管理工作的效率提供可靠的保证。当管理反思成为一种职业习惯，教育管理者的专业成长速度就会不断加快。

六、批评教育要注意学生的心理安全

学生有了心理上的安全，才能有行为上的安全。近年来，校园事故频发，大多是由学生的心理问题造成的，而引发这颗隐形炸弹的导火索又往往与批评教育方法不当有关。从这个角度上说，教师职业具有一定风险。

所谓批评教育，就是对学生的缺点和错误提出意见，并帮助其认识和改正自己的错误。批评教育是一把双刃剑，是一种危险的、高难度的教育技巧。用得好，可以事半功倍；用得不好，不仅事倍功半，而且还会出现安全事故。好与不好主要看是否充分考虑了学生的心理承受能力。

所谓心理安全，是面对所处环境的安全状况持有的一种追求平稳、不受威胁的应对性心理机制，即不需要有任何戒备心，不担心别人会随时指责和批评自己，有一种安全感。面对安全状况，如果形成的是一种良性的应对机制，其外显行为是和谐友善的；反之，其外显行为会表现为安全事故。

校园安全重于泰山，学生正处于生理和心理的转型期，即生理和心理机能都在逐渐走向成熟，自我意识发展，独立意识提高并逐渐分化，价值观、世界观正在逐步形成。如何让学生守住自己的心理防线，不受外界的干扰，进而健康成长？学校教育责任重大，教师的批评教育尤其要审时度势。

教育工作者都不希望自己的学生犯错误，常常想各种办法避免学生犯错误。如果发现学生犯了错误，就立即采取自认为有效的措施批评教育学生，并且希望通过批评教育，杜绝学生再次犯错误。其实这是不现实的，因为金无足赤，人无完人，成长中的学生更容易犯错误，而且很可能再次犯错。即使对学生的教育管理十分到位，也不可能杜绝学生犯错误。学生正是在不断犯错误、纠正错误的过程中逐渐成长起来的。

学生犯了错误要批评教育，那么如何批评才能既保证学生的心理安全，又能达到教育目的？

（一）根据学生的心理承受能力进行批评教育

教师在批评教育的过程中要明察秋毫，善于换位思考，不断用自省的目光审视自己，审视学生，在心灵深处进行反思：我是否应该以这种态度对待学生？我的做法会不会伤害学生的自尊，威胁学生的心理安全？批评失当该怎样弥补？采用什么方法才能使学生既能认识到错误又能改正错误呢？

要达到对症下药，药到病除的目的，就要确切诊断病情。心理承受力比较差的学生一般有这样几个特点。

（1）性格内向，思想偏激，有的胆小怕事，喜怒不形于色，与师长和同学朋友缺乏交流沟通，容易造成人际交往上的障碍。对于此类学生，教师要特别注意自己的语言，因为他们受了委屈也不讲，在心里要琢磨好长一段时间，会影响学习、生活和人际关系。这些学生往往具有很强的爆发力，如果批评方法得当，这种爆发力就可变为积极进取的动力，反之就是破坏力。

（2）心胸狭窄，对教师或同学的批评教育不能正确理解。这样的学生一旦遭到比较尖锐、严厉的批评就感到危险和焦虑。他们抱不信任或敌视的态度，表现为过度敏感、自卑等。对于此类学生，教师要进行批评的意义和作用的教育，使他们认识到批评是对他们负责，是爱护和喜欢他们，理解批评、敢于批评和自我批评就是对他人的信任、宽容和友好。

（3）以自我为中心，自私自利。这样的学生以独生子女和家庭经济状况优越者居多。他们往往以自我为中心去考虑问题，坚信自己的判断，往往不考虑别人的意见或做法，不对自己进行自我分析和自我批评；他们常把享受、金钱放在首位，做事从不考虑别人的需要，总把别人当作自己的对手，别人有困难时不愿伸手援助。此类学生常常目光短浅、缺乏远大的理想。如果批评不当，就会造成师生之间、同学之间的种种矛盾，矛盾恶化之后就具有较强的破坏性。对于此类学生，教师要加强集体主义、爱国主义和理想主义教育。

（4）缺乏同情心。同情是由真实或想象中的他人情绪、情感状态引起的与之一致的情绪或情感体验，是一种替代性的情绪反应能力。它使我们有能力置身于他人境地，与之同哀乐、同甘苦；它是保证人与人交往的感情基础。现在一些学生缺少同情心，他们受到一些不良因素的影响，在家庭，不懂得与父母相亲相爱，不懂得与家人相互关心、相互支持和帮助；在学校，不懂得热爱、尊敬教师和同学，不懂得关心、体贴他人；在社会，不懂得尊老爱幼、关心帮助弱势群体，不懂得社会需要仁爱之心。对于此类学生，教师要培养学生的“荣辱观”，培养他们对人的情感的感受力和与同伴的友谊，让他们经常去体会帮助人的快乐。

（5）沉浸于某种不良状态而不能自拔或违法乱纪等。如沉浸于早恋而不能自拔者，具有小偷小摸等违法乱纪行为者。这些学生或分散精力、影响学业，或感情冲动、种下苦果，或涣散意志、影响风气。这些问题的出现，离不开社会、学校及家庭的影响，更离不开学生的心理及思想因素。因此，解决这类问题应从心理教育入手，做好预防和疏导；加强学生的生理和心理教育、理想和前途教育以及法制教育；引导学生培养健康、高尚的情操。

（二）明确威胁学生心理安全的根源

（1）功利性的应试教育体制，是构成学生心理安全的“头号大敌”。教师重视学习成绩，而不重视素质教育以及内在的思想和心理教育等。教师只重视外在的问题，常常采取惩戒、威慑等批评教育方式来处理校园安全事故。仅仅追求把学生“管住”不出事，很少在“防”上下功夫。另外，由于教育资源短缺而采取大班教学，使教师难以对学生进行个体管理；家庭教育比较落后，疏于与孩子进行“心”的交流，使学生在成长的过程中产生了孤独感，甚至出现升入高一级学校后受关注程度降低和在新集体中的心理定位的偏差，进而出现心理安全问题。

解决这些问题，仅仅要求教育者多关心学生的心理安全问题还不够，还要从根本上改变目前的教育体制，只有真正意义上的素质教育才能把学生解放出来，才能让他们快乐地接受教育。

(2) 封建家长式教育。就是教育不讲究民主，说一不二，用自己的思想和一整套清规戒律去禁锢学生的思想和行为，强行决定学生应该怎样做，习惯于用讽刺、挖苦、奚落、呵斥等简单粗暴的办法，强行改变学生思想行为。这种批评教育的方式容易使学生产生较大的心理压力和恐惧，形成紧张与压抑的感觉，导致学生心理失衡，严重的还会造成不良人格和各种心理疾病。这种不良的心理持续时间越长，对学生的心理伤害就越大。

学生人格的成长和心理安全，主要取决于社会环境和社会文化。学生作为一个独立的社会个体，在人格上与教师是平等的，师生关系紧张会伤害学生的自尊，影响他们自由个性和健全人格的养成与发展，进而威胁学生的心理安全。实现师生平等是新课程改革的关键，教师必须要打破师尊生卑的樊篱，找到一条平等对话的渠道：在教育教学中多给学生一点理解和尊重，多给学生一点宽容和沟通，多给学生一点自主和民主。学生只有与教师和谐相处，没有顾虑，感到心理安全，才能自由地发表意见，提出问题，并打开创造的闸门。因此，教师只有从心理上走下讲台，走近学生，才能建立新型的师生关系，才能克服教育的局限性，才能激发学生的无限潜能。

当然，不是教师不要威信，而是这种威信要来自学生对教师的信任，即学生对教师的管理决策、专业知识、为人处世等的信服。

（三）掌握批评的艺术

学生犯了错误，教师要关心、爱护、尊重、谅解和宽容犯错误的学生，只有在教育教学的过程中做到了这一点，才不会用挑剔的眼光去看待犯错误的学生，才不会使学生犯了错误后感到恐惧、害怕，才会投入更多的情感和精力，通过批评教育关心、尊重和宽容学生，帮助他们树立自尊、自信，促使他们积极认识和改正自己的错误。

学生犯了错误，教师要具体情况具体分析，要选择适当场合，把握最佳时机，采取灵活多样的方式方法实施批评策略。如先充分表扬，再适度批评，寓批评于鼓励之中；旁敲侧击，寓批评于幽默之中；行为暗示，寓批评于无声之中；帮助矫正，寓批评于宽容之中；晓之以理，动之以情，寓批评于和风细雨之中；促膝谈心，寓批评于友善交流之中。不仅如此，教师在实施批评策略时还应特别注意，批评要掌握事实，有的放矢，留有余地，刚柔相济，迂回启发。

总之，批评教育要注意学生的心理安全，就是要讲究方法。批评有法，而无定法，不管采取什么方法，都必须从学生的心理实际出发，从尊重学生、爱护学生出发，这样的批评才能被学生理解、接受。

七、另类的教育惩罚措施

孩子犯点儿小错误是正常的，尤其是偶尔犯错误。然而当学生经常犯错误，又屡教不改，常规的教育惩罚措施已经不起作用的时候，教师该怎么办？或许可以寻求和尝试非常规的教育惩罚措施。

例如，经常不交作业，常规的教育惩罚措施往往是让学生补写、罚抄数遍；给家长打电话，让家长监督，联合批评教育等。非常规的教育惩罚措施就可以尝试罚扫操场 30 分钟；让家长带回补写后再来上学等。

又如，经常迟到早退，常规的教育惩罚措施往往是写检讨、保证书，不准进课堂等。非常规的教育惩罚措施包括给家长打电话，让学生和家长一同写保证书，迟到早退达到一定次数就让家长接回教育等。

再如，经常上课说话或搞小动作，常规的教育惩罚措施往往是调座位。非常规的教育惩罚措施包括让学生戴口罩上课，摘口罩发言，家长陪同听课等。

教育中的惩罚是指对学生某种思想、行为给予否定性评价，采取一定措施使之改正且内化为受教育者自觉约束力的教育方法，旨在使学生受到警示，控制其不良的思想行为。

教育惩罚，从范围上，可分为精神类和行为类两种。精神类有扣品德操行分，责令做公开检讨，警告、记过等；行为类有面壁反省、义务劳动、罚款等。从惩罚实施的性质上，又可分为教育性惩罚与强迫性惩罚。教育性惩罚以教育批评、劝诫等为主；强迫性惩罚则是以强迫性力量对犯错者进行的惩罚。从惩罚的主客体角度上，还可分为主动性惩罚与被动性惩罚。主动性惩罚是指学生自觉意识到自己的行为是错误的而接受的处罚；被动性惩罚是指学生未意识到或已意识到自己的行为是错误的，但拒绝接受教育，被动地接受惩罚。

从上述教育惩罚的类别上看，常规的教育惩罚多使用精神类惩罚、教育性惩罚、主动惩罚，而极少使用行为类惩罚、强迫性惩罚、被动性惩罚。非常规的教育惩罚就是要适当地使用常规的教育惩罚不常使用的惩罚措施。

非常规的教育惩罚是教师遵循相关的规定，以尊重学生人格为前提，结合学生的年龄、个性、心理承受能力及犯错的动机、情节、危害程度，按照科学的处罚原则与规范的程序，针对学生不良行为实施的一种强制性的纠正措施。

惩罚是与奖励相辅相成、相得益彰、殊途同归的教育手段。

（一）非常规的教育惩罚的原则

（1）约定性。班级全体同学讨论确定《管理公约》，经家长委员会讨论、通过后实施，必要时还要经学校领导班子讨论、通过。《管理公约》既要体现自下而上的民主，又要体现自上而下的集中，体现学生的集体意志。

（2）关爱性。惩罚必须以尊重学生为前提，以关心和爱护学生为根本。不充分尊重学生，惩罚就失去了教育意义。惩罚的根本目的在于惩前毖后，使违纪学生认识到错误，从而重塑其对纪律规范的尊重。所以使用惩罚时要明确目的，懂得惩罚只是一种手段。如果目的不明确，就可能滥用惩罚，就可能带有个人的情绪，甚至抱有偏见，就会演变成体罚。

（3）理据性。惩罚要恰到好处，以客观事实和管理规定为依据。在没有弄清事实真相之前，不能过早下结论，或采取高压手段强迫学生认错，更不能泄私愤、图报复，无中生有。

惩罚要晓之以理，动之以情，使违纪学生口服心服。实践证明，单独讲情理比独自使用惩罚有效，而两者结合效果会更好。惩罚不仅要有理有据，还要公平公正。要统一惩罚尺度，根据学生所犯错误的性质与程度确定惩罚方式，不能厚此薄彼、因人而异，不能感情用事。

（4）时效性。一是要及时，要善于将错误消灭在萌芽之中，发现学生犯了错误应及时指出错误和应该承担的后果，并实施惩罚；二是要适当延时，在学生犯了错误以后，根据情况在一段时间之后再进行惩罚。这有助于学生充分认识自己的错误，也有助于避免教师滥用惩罚。

（5）适度性。惩罚必须掌握分寸，轻度的惩罚，不能触及学生的心灵深处，起不到应有的教育作用；过度的惩罚，又会使学生产生不当的心理超限效应，引发学生的消极情绪和逆反心理。同时注意惩罚不应演变成体罚或变相体罚。惩罚要以不损害学生的身心健康为前提，要就事论事，一事一罚，切忌“秋后算总账”。惩罚要尽可能少使用或不使用，尽可能从轻处罚。

(6) 灵活性。要针对不同的时间、场合，以及被惩罚对象的性格类型，机智灵活地选择不同的惩罚方式。在实施过程中，要根据故意违纪与过失违纪、性格外向和内向等不同类型和情况，区分不同的惩罚程度，采用不同的惩罚方式。需要注意的是，对于犯了错误的学生，单独批评惩罚要比当众批评惩罚效果好。

另外，不能孤立地使用惩罚手段，必须多种教育手段结合。惩罚与说理、沟通、感化、激励等教育方法结合使用，才能取得显著效果。

(二) 非常规教育惩罚需要注意的问题

(1) 防止走极端。不敢惩罚和滥用惩罚都是错误的。一方面，惩罚被视为对人权的侵犯，教师不敢使用惩罚这个武器；另一方面，受教师素质的影响，容易出现滥用惩罚、惩罚过重等问题。

心理学家研究表明，学生的学习动力有时来自于对不利事件的担心和对惩罚的惧怕。尽管惩罚对学生学习有好处，但是在一般情况下学生还是不愿意接受惩罚的，因为它不像奖励那样使人身心愉悦。因此，惩罚是一种迫不得已的方法，一般不应鼓励使用。但是，惩罚在教育中有一定的行为约束力。

(2) 正确区分体罚和惩罚。体罚就是通过罚跪、击打学生、长时间罚站、机械性抄写不包含任何智力内容的作业等方法来处罚学生的教育方式。体罚是对学生实施身心上的严重伤害且有悖于道德的侵权行为，是一种简单、粗暴、落后、愚蠢的教育方法，是落后、陈旧教育思想的具体体现，更是一种无知无能的表现。

惩罚即惩戒，是通过处罚来警戒。对那些屡教不改、影响及危害较大、所犯错误带有典型性和普遍性的学生，需要采取严厉的惩罚措施，以教育本人，警示他人。

体罚与惩罚既有联系又有区别。从出发点看，惩罚和体罚有相似之处，都是为了纠正学生的错误行为，但本质不同。教育的惩罚要以人为本，这是现代教育人性的回归，体现的是对人的个性的尊重。而体罚在纠正学生错误行为的同时也对学生的身心造成了伤害，忽视了学生是平等的个体，更忽视了学生的尊严。

(3) 惩罚要讲究方法。

首先，惩罚要与严肃的思想教育紧密结合，单纯的惩罚只会激化师生矛盾，成为学生生成逆反心理的土壤，这种教育的副作用远远大于它的正面作用。对学生要慎用惩罚，要寻找他们身上的闪光点。

其次，惩罚切忌简单粗暴，要采取大多数学生能够接受的方式和方法。例如，把写检讨书改成写说明书，把自己犯错误时的心理变化过程梳理一遍，深刻认识其危害。只有在学生重犯相同错误或多次犯同类错误时才拿出说明书与学生一起阅读。

再次，惩罚成功的关键是惩罚后的跟踪教育。惩罚，其实只是纠错教育的一个最初的环节，惩罚之后在相当长的一段时间内对犯错误学生的上课行为、日常表现、思想波动、精神状态等跟踪观察、辅导与纠正，才是纠错教育的关键环节。因为养成良好行为习惯，是一个渐进的、长期的、容易出现反复和退步的过程。

另外，教师要为犯了错误的学生创造和谐、愉悦的同学关系、师生关系。同学的热情关心、帮助、鼓舞，是学生改正错误进而养成良好行为习惯的有力保证。

国家法律法规禁止体罚或变相体罚学生，但没有对学生的错误行为应该进行怎样惩罚做出明文规定，也没有明确具体的操作细则。这就大大制约了教师强制性教育惩罚的力度。

非常规的教育惩罚是一把双刃剑，是一种高难度的教育技巧，搞不好就会演变成体罚和殴打。为此，正确的非常规教育惩罚不应是教师的个人行为，而应是一种教育的法规要求，这种法规要求应该是学校教育工作必须遵循的准则。

教育现实呼吁我们要尽快立法确立中国惩罚教育的地位和权威，保障学校教育管理过程中惩罚教育的权利与义务，规范惩罚的具体形式与内容，使教育惩罚有法可依、有章可循。

八、警惕教育教学中的不安全管理行为

教育教学工作千头万绪，但安全高于一切，责任重于泰山。一个很小的疏忽，就可能造成遗憾终生的安全事故。因此，要杜绝学生教育管理中一些不安全管理行为。

（一）不及时过问没到校的学生

每天上课之前，教师不清点到校人数，甚至发现学生没有到校，也不及

时调查并与家长取得联系，一旦学生出了问题，就可能贻误救助的最佳时机，造成教师的管理责任事故。尤其是寄宿制学校，如果学生离家出走几天家长还全然不知，学校和相关教师要担负责任。

班主任应该到班巡视或实行班长报告制，发现有学生未到校，及时调查并与有关人员联系；实行每节课点名制，发现缺课学生，任课教师要及时与班主任或家长联系。班主任和任课教师及时进行调查，积极商讨对策，是杜绝此类责任事故的有效途径。

另外，班主任还要加强学生按时上学的安全教育，自己也须按时到校，并及时到班级进行跟踪管理。

（二）把学生赶出课堂

一些教师在教育中采取了一些极端行为：将不交作业的学生赶出教室；对违纪的、学习差的学生停课，甚至劝退。教师轻易剥夺了学生的学习权和受教育权，一旦发生意外，教师就要承担法律责任。学生是未成年人，我国法律明文规定保护青少年受教育的权利。教师不能知法犯法，不能把学生赶出教室，不能因迟到不让学生进课堂，要依法保障学生受教育的权利。

（三）让学生回家拿东西

2002 年教育部颁布的《学生伤害事故处理办法》规定，学校对在校学生有进行安全教育、管理和保护的义务。因学校、学生或者其他相关当事人的过错造成的学生伤害事故，应当根据各自行为过错程度的比例及其与损害后果之间的因果关系承担相应的责任。

那些经常因为学生忘带作业、校卡、红领巾等物品而不让学生进学校或课堂，并勒令其回家去取的教师应该注意这一问题，以免学生在回家途中发生安全事故。

（四）留学生补课

教师大量布置作业，课余时间留学生补课，以提高教学质量，是笨拙的，是不可取的。这种方法家长不认可，时代也不认同，学生更不喜欢。补课要在课内进行，不要在课外，教师在一节课中至少要拿出 15 分钟的时间让学生做作业，这个时候教师就可以对学生进行个别辅导。

如果需要在课余时间进行补课，教师一定要与家长取得联系，而且要力争在较短的时间内完成，并要注意避开危险的时间和地点。教师在准备留学生补课之前，要三思而后行，先问自己有无补课的必要，是否可用别的学习或实践活动代替补课。

（五）找学生帮教师做事

假如教师让学生出板报、搬桌子、拿椅子，取一盒粉笔、拿一杯水等正常的工作，无可厚非。但是如果让学生上山给自己砍柴、帮自己收拾庄稼，让学生帮拿实验危险品、留校帮助评卷等，一旦发生意外，教师就脱不了干系了。

总而言之，让学生帮助教师做事，无论是公事还是私事，都要注意时间、地点和事情的性质，要慎重，三思而后行。

（六）教育学生言行过激

学生是受教育者，他们思维比较简单，自尊心较强，面对尖锐的矛盾冲突很容易情绪化，加上比较好动，犯一些错误也在所难免。教师有责任也要有能力搞好教育转化工作。面对学生的错误，教师一定要注意方法与技巧，要耐住性子，深入了解，冷静处理，要以正面说服教育、积极鼓励、帮助改正为主，以一定的批评、惩罚为辅，绝不可行为粗暴，言语过激，以免发生意外。

（七）私自组织外出活动

为了实现教育目标、提高学生的社会实践能力以及丰富学生生活，学校经常要组织一些校外活动，如春游、秋游、夏令营、参观展览、社会实践等。这类活动一旦发生事故，不但给学生及其家庭带来痛苦，而且也给学校的正常教学秩序带来严重影响。学校作为实施教育教学的专门机构，有义务保护学生的人身安全，防止意外事故发生。根据法律规定，学校在组织学生外出活动时一定要做到，组织的活动本身应具有合法性，应对学生进行安全教育，做好出发前的准备工作，采取必要的防范措施，履行一定的报告程序，明确应急预案和事故调查处理方式等。

对于学生自发组织的活动，教师一定要履行告知或阻止的义务，如果教师参加了活动，教师就要承担组织活动的责任。

（八）不定期检查安全隐患和开展安全教育

校舍设施、交通、用火用电、食品卫生、学生财物、安全保卫、体育运动、外出活动、实验等，都可能存在校园安全隐患，要特别注意。

排除安全隐患的措施包括，加强组织领导，切实落实安全工作责任；强化安全教育，树立安全意识；建立报告制度，加强安全管理；加大投入，改善办学条件；定期进行安全工作大排查等。

国家对学校安全管理的大政方针是积极预防、依法管理、社会参与、各负其责。安全第一，教师责任重大，教师在教育教学工作中要时刻警惕。

第 16 课

教学方法修养

一、教学中的“几多几少”

（一）多训练，少讲授

课堂上教师讲授要少而精，强调讲基础知识的重难点，讲获取知识的方法和规律；注重答疑解惑，查漏补缺，拓展练习，举一反三；明确要求，使学生掌握方法和规律；强调实际运用、熟能生巧，使学生养成善于质疑问难和归纳总结的好习惯。

“多练”不是搞题海战术，它是指在课堂教学中，教师应多给学生练习的机会，并引导学生通过“练”巩固所学知识，提高自己的自主理解能力和自主分析问题、解决问题的能力。“精练”包括两个方面：一是要精选习题，切忌讲量不讲质；二是要深化，通过“练”这一环节，使学生的知识转化为能力，内化为学生自己的东西。

“精讲多练”和“精讲精练”是一个由初级向高级发展的两个不同的阶段。由“精讲多练”逐渐向“精讲精练”过渡，是“讲练结合”追求的目标。

（二）多个别辅导，少整体说教

一次考试或作业检查，教师在评卷或批改作业中发现了许多问题，并归纳出了共性问题和个性问题；一个阶段的教学活动后，教师发现学生在学习的过程中存在着许多不良习惯和现象。怎么办？有问题不怕，怕的是教师不懂方法。

辅导是辅佐、引导和疏通。辅导要通过问题进行，所以，学生在学习中有问题是正常的，没问题也就没了个别辅导。教师要想方设法了解学生，除考试、作业批改等途径外，还要善于倾听，在多种反馈中充分掌握学生的学习状况和思想状况，尤其是影响学习的因素，利用一切可以利用的时间因人施教，对症下药，个别辅导。

课堂上，学生能够通过自学掌握的知识，教师就不需要讲授。教师只要给出自学的范围、自学的方式方法、要达到的目标等，然后就放手让学生自己去学，这时教师就可以进行个别辅导。

个别辅导是有的放矢地进行沟通，交换意见和建议。教师不能像日常教育过程中的谈话那样，仅仅采用规劝的方式，对学生做强制的说理和武断的解释；要让学生能够充分地表达；要充分尊重学生的独立人格，对学生反映的问题表示关心；要使学生排解紧张、惧怕心理，使其坦陈心语，直面问题；要使学生感到教师的关心、爱护；应该在最低限度上使用暗示、忠告、说服等手段，力求“随风潜入夜，润物细无声”。

（三）多反思调整教学策略，少做教学无用功

方向路线不对，做多少事情都徒劳，只有方向路线对头，才能使工作上新台阶，教学也如此。一节课完成，一个阶段的教学结束，效果如何？为什么会这样？不断反思才能不断调整、充实、提高。

教学策略是什么？是教师为达到教学目的采取的步骤、途径以及选择的手段、方法的总和。什么样的教学策略才是切实可行的？这不能一概而论，要通过反思、学习才能找到适合自己的策略。一般来说，切实可行的教学策略是根据因材施教的原则，面对不同的教材、不同的班级、不同的学生，有针对性地选择灵活多样的教学方法，采用合理的教学步骤、有效的途径以及先进实用的教学手段等。

反思是教师对自己教学行为以及由此产生的结果进行审视和分析的过程，本质是一种理解和实践之间的对话。这种反思不是一般意义上的回顾，而是反省、思考、探索和解决教学过程中各个方面存在的问题，具有研究的性质。

教学是教和学的统一，但最终是为了学，最终效果也体现在学上。因而教师必须关注教学的效果，而教学效果直接体现在学生的学习状态上。可以从学生的活动状态、参与状态、思维状态和目标达成状态等方面来反思、评价一堂课或一个阶段的教学效果。如果教师关注的只是自己的教学任务和教学计划，而很少或根本不去考虑学生的学习状态和学习效果，那么，这样的教学就会走许多弯路，做许多无用功。

把学生视为最重要的教学资源，密切关注学生的发展需要，随时根据学情调整教学策略，根据学生的学习状况随机诱导，对教学策略做出灵活的变更和修定，做到先学后教，以学情定教。这才是省时而高效的教学策略。

（四）多管学习过程，少管分数结果

学习是一个获取知识的活动过程，而不只是活动所取得的结果；学生不仅要通过学习掌握知识，还要在学习的过程中发展能力、陶冶情感、形成并发展价值观念。过去，教师和家长把关注的焦点放在学生的学习结果上，特别是分数上。

教学中，通常有这样一种情形：一些授课水平、知识水平大体相当的教师，其教学质量却有很大的差异。究其原因，就是对学生学习过程的管理有差异，对教学过程管理严而有方者教学质量就高。

学生的学习过程主要包括制订计划、课前预习、专心听课、做笔记、完成作业、课外活动、系统小结等环节，每一环节都对立统一在一个互相衔接、互相影响、互相制约的学习过程的大系统中。青少年良好的学习习惯尚未养成，学习目的性和自觉性还不够强，教师和家长只有严格管理学生学习的过程并且讲究方法，才能使他们的学习卓有成效。

帮助学生制订各学习环节的常规要求，这是加强学习过程管理的第一步。科学性、实践性、具体性、激励性、有效性是制订各学习环节常规要求的基本原则。例如，文言文翻译的常规要求是，理解掌握“留、删、补、换、调，直译为主，意译为辅”的口诀；课前借助《古汉语常用字字典》以及《文言文全解》等工具书和资料按“抄写原文—重点词语解释—翻译”的步骤来自行翻译一遍；课堂上质疑问难；课后一句一句翻译，发现不能准确翻译的疑难句子，先抄写下来，然后再参考有关资料翻译出来；同学“结对子”，互相抽查考试等。

第二步是建立一个学习过程的管理体系，其中建立学生自我管理体系是至关重要的环节。“科任教师—科代表—合作学习小组组长—合作学习对子负责人—组员”是学习过程管理的基本体系。例如，文言文背诵、默写的学习过程的管理，首先是以“结对子”的方式，一个学生背给另一个听，合格后再默写一遍让对方检查，核对无误后对方签字并到科代表那里登记。在规定的时间内没有合格的学生，由科代表通知学习小组长，组长再进行检查。再不合格则由科代表进行检查。

只有抓紧、抓实学习过程的管理，才能保证学生学习过程规范，才能使

教学质量管理逐步提高，提高教学质量才不是一句空话。

（五）多鼓励，少批评

心理学家的研究表明，如果孩子生活在批评中，便学会谴责；如果孩子生活在敌视中，便学会好斗；如果孩子生活在鼓励中，便学会自信；如果孩子生活在受欢迎的环境中，便学会喜欢别人。如果学生在班中经常受冷落和批评，久而久之，他们便对学习采取消极的态度。在这种情况下，教师需要想办法吸引学生的注意力，丰富教学活动，增添学习乐趣，给他们创造表现自己的机会，从而使他们以积极乐观的态度对待学习。

课堂教学中，我们要关注“后进生”，用赏识教育和激励的语言增强学生的信心，使他们处处可以感觉到“我行，我能”。要给每一个学生创造得到褒奖的机会，让学生的每一个细小的进步都能得到教师的肯定，每一个闪光点都能得到教师的赞许，让学生都能体验到成功的欢乐。

教师及时、真诚的褒奖鼓励，能让学生受到激励，又能使其他人受到鼓舞。因此，教师要多鼓励，少批评，让学生看到自己的长处，扬长避短，增强信心。

除了面对面褒奖外，教师还可以利用批阅作业、试卷的机会，用批语进行表扬、指正、鼓励，使学生感受到教师的爱护和期望无处不在。

（六）多民主商议和探究，少武断裁决和限制

“儿童有他特有的看法、想法和感情。如果用我们的看法、想法和感情去代替他们的看法、想法和感情，那简直是愚蠢的。”这是法国著名儿童心理学家卢梭的名言。作为一个个鲜活的生命个体，学生总是带着自己已有的知识、经验和情感来接触新知识、新事物。作为新时代的教师，必须具有民主意识，充分尊重学生的人格、情感，把学生、文本、教师看作对话的三方，给予学生对话者的主体地位，视学生为平等的人，“蹲下身来跟学生说话”。教师对学生是一种感情投入，学生对教师、对知识也是一种感情的投入，是驱使其奋发向上、锐意进取的动力源泉。学生就在这样和谐的学习氛围中，借助与文本、教师对话，用心灵去感知自然，了解社会，体味人生。

以往的教学存在这样一种现象：课堂上讨论问题，教师想方设法把学生导入自己设计的标准答案上；临近考试，教师为了让学生考试得高分，要求学生死记硬背一些范文、标准答案等。其实，对于某些知识的理解往往是多角度的，对某些问题的阐释也不是单一的、凝固的，更不会有什么标准答

案。教学是学生、教师、文本的对话。在对话中，教师对文本的解释不应该是唯一的，而是为学生对文本的解读提供一个想象与创造的空间，要让学生在自主、合作、探究、想象中得出自己的答案，这样的教学才不会限制学生的创造性思维，这样的课堂才会焕发出独特的魅力。

教学中还有许多方法需要挖掘、探讨，成功的教育教学活动是我们前赴后继、永远追求的目标。

二、上课拖堂的危害、成因及应对措施

（一）上课拖堂，危害甚重

（1）影响学生的身心健康。中小学生正处于身心生长发育阶段，玩是他们的天性。动静结合，有劳有逸，有张有弛，这是文武之道。课间十分钟应该让学生休息、活动，为下节课做准备。

（2）影响下一节课的教学。拖堂，使学生的身心没有得到休息和调节，直接影响学生对下一节课知识的理解和消化。两节课连上，无法保证教学质量。

（3）辛苦拖堂，劳而无功。拖堂，就是教师觉得还有很重要的问题没有说完或者没有说清楚，而学生对每节课已经形成一种心理定势和生理上的条件反射，下课铃声一响，就有一种自然的放松感，听课的注意力就很难集中。在这样一种课堂氛围中，学生什么问题都不会听清楚、听明白。

可以说，拖堂的危害很大，除了上述三点之外，还会打破正常的教学作息时间，进而影响了下节课师生的上课情绪，甚至影响了同一个班级任课教师之间的关系。延时下课，使学生做事匆忙，很容易造成安全事故。

（二）上课拖堂，原因何在

（1）教学计划不周全，准备不充分。一节课的时间是有科学依据的，学生的注意力集中的时间有限，在一个较长的学习时间后必须休息和调整。教师在备课时应该考虑到学生的注意力与接受能力，要对整个课堂结构安排以及其他影响教学进程的因素进行有效控制，要在课堂上随机应变，灵活处理计划中的时间。如果计划不周，准备不充分，教师仅靠课前翻翻书，抓不住重点，该讲的还没讲，下课铃响了再匆忙小结、布置作业，学生的课间休息时间就这样被挤占了。

（2）教学观念陈旧，讲的多练的少。有些教师教学方法陈旧，走不出“一言堂”的误区，多年的“填鸭式”教学模式已成习惯了，觉得教改与自己关系不大，还是老一套简单易行、省力管用。这些教师不相信学生具有独立学习的巨大潜能，不敢把课堂的主动权交给学生，在教学上越俎代庖，包办一切，学生长期处于被动接受的地位，从而失去了参与课堂活动的积极性。

（3）对拖堂的危害认识不足。有的教师认为，拖延一点时间，可以让学生获得更多的知识，因此，即使没有什么内容可讲，也要将讲过的内容再强调一遍，结果延误了学生的休息时间。学生对拖堂现象非常反感，因为它挤占了学生自由活动的时间，忽视学生的感受，结果是一厢情愿、得不偿失。

此外，造成拖堂的原因还包括教学节奏把握得不好，教学计划没有完成，靠拖堂补课；讲课中插入与授课内容无关的话题；不注重实验教学，讲授内容抽象空洞，教师需要做出解释等，结果延长了教学时间。

（三）上课拖堂，如何应对

（1）要充分认识课间十分钟的作用。课间十分钟是学生解除紧张、疲劳，放松心情的重要时间，具有承上启下的作用。也就是说，学生在课间能否有效放松身心，直接关系到下一节课的听课质量和教师的课堂教学效率。同时，课间十分钟又可以用来休息眼睛，进行远眺、眼保健操等活动，能够有效预防近视。

为保证学生的活动时间，学校要把课间时间看成教育教学的一部分，严格管理起来。既要管任课教师上课不拖堂，还要管班主任不占用。班主任在处理一些班级事务时，要根据事情的轻重缓急，以不影响当事学生的下一节课的学习状态为宜。

为保证学生的活动时间，学校还要有效利用这段时间，使学生达到最放松的状态。例如，开展课间游戏活动、音乐舞蹈活动等。

（2）教师要转变教育观念，提高自身素质。教育观念决定教育行为，我们在强调应试教育向素质教育转变时，在重视进行素质教育的内容和方法的探索时，很少关注教育过程中教师对学生休息时间的尊重。教学是一项教师教和学生学统一互动的活动，教师用自己的休息时间给学生上课，能否调动学生学习的主动性和积极性呢？答案是否定的，因为这违背了学生的意志。

转变教育观念，提高教师自身素质，是根除拖堂现象的主要途径。教师应该以新课程的理念为依据，刻苦钻研业务，准确把握教材中的重点和难点，拓宽理论视野，树立“以训练为主线”的课堂教学理念；学习“自主、合作、探究”的学习方法的理念；学习“向课堂45分钟要质量，切实减轻学生的课业负担”的教学效益的理念；学习“只要学生通过自学可以学会的知识，教师就不要讲”的教师的讲的原则和理念等。

(3) 课堂教学必须要精讲精练。只有课堂上做到了精讲精练，才能保证课堂教学时间省时而高效，才不会拖堂。为此，教师要牢记“精讲多练”“精讲精练”的教与练的理念，由“精讲多练”向“精讲精练”过渡。并在实践中贯彻执行。

课间十分钟不应被占用，课间休息活动的地位和作用是非常重要的，它远远超出了我们目前对它的认识和重用的程度。

三、作业与成绩

谁能做到作业最少、成绩最好，谁就懂得了教学的真谛。

(一) 作业

作业是教师给学生布置的功课，从需要完成的地点上看，可分为课堂作业、家庭作业、社会作业三类，我们通常所说的作业，是指家庭作业。作业是学生经过独自思考，灵活运用所学知识解决问题，进一步理解和巩固知识，促进心理能力发展的过程。在熏陶、主题学习、训练、自由探索、评价五种存在形态中，学生的作业属于训练的范畴，它包含对范例的模仿、强化和调节，是心智技能形成和熟练的必要形式。

作业从形式上看，大致有三种类型：一是笔头作业，也就是需要学生落实在纸上的习题、作文等；二是活动作业，如实验、阅读、劳动、社会实践等；三是综合作业，如活动实践后写出报告、总结、说明、社会调查等。中小学生最常见的是第一种作业，第二、第三种作业目前还没有受到充分的重视，然而就教育发展的趋势来说，这两种作业越来越重要，越来越不可缺少。

当前对学生作业的研究，主要是如何提高作业的有效性和解决分层作业的问题，这两个方面已有的研究成果是宝贵的课程资源，也为我们对此问题的理论思考和实践探索指明了方向。

综上所述，作业在提高学生成绩、培养学生能力、发展学生智力等方面具有不可忽视的作用。

（二）成绩

成绩是指学生学习的收获。在目前的教育体制下，通常是指学生的考试分数。学生学习成绩不理想，一方面原因是不会学习，不会学习就是没有把握好构成学习行为的环节和秩序。预习、听课、作业、复习、考试、改错、检查等任何一个环节没有做好，都会对学习效果产生不利影响；秩序混乱或不科学，学习就会费时而低效，如做作业先要复习回顾，后要检查订正。学生需要通过环节和秩序的完美结合来提高学业成绩。

另一方面原因是非智力因素的影响，即人的需要、兴趣、情感、意志、信心、自尊心等心理因素的影响。非智力因素在学习过程中具有推动、定向维持、强化等一系列重要作用，它决定了学习者的积极性。缺乏这种基本的因素，任何良好的教学方法都难以收到预期的效果。

除上述两点之外，影响学习成绩的原因还包括目标、兴趣、自信、毅力、学习习惯、记忆力、学习技巧、考试技巧等八大因素。

由此可见，影响成绩的原因是多方面的，并非仅仅是作业状况。

（三）作业与成绩

成绩与作业质量密切相关，与数量无必然联系。高质量的作业有利于巩固学生课堂所学知识，提高学生的考试成绩，促进学生独立思考，培养学生的创新意识和实践能力，使学生养成良好的思想品德和行为习惯。适量的作业，不仅可以加深学生对所学知识的理解，而且也使他们认识到所学知识的价值，进而体验到学习的乐趣，从而对学习产生一种积极的态度。适量的作业，可以促进教学质量的提高；可以提高学生的学习技能，使学生纪律内化，提高学生自制力，培养学生的独立性和责任心；可以使家长更加了解学校，继而促进家校合作等。

作业对学生的学习效果起着不可忽视的作用，但作业量并不是学生成绩的决定性因素。过多的作业会加重学生的学习负担，使学生产生厌学的情绪；若完不成作业，家长和教师的训斥、批评，还会破坏家庭和睦和良好的师生关系，进而产生抵触情绪；过多的作业，会挤占学生自主学习的时间，缩小学生活动的空间，不利于学生创新精神的培养和实践能力的发展；过多的作业，还会使学生产生抄袭、欺骗等不良行为，影响学生全面、健康发展。

家庭作业要有个最佳量，以不超过这个量的效果为好，一旦超过了这个量，其效果就会降低甚至对学生的学习起消极作用。

家庭作业量以多少为最佳？目前，国内外比较认同的观点是，小学一、二年级一般不布置书面家庭作业，小学其他年级每天书面家庭作业总量在一小时以内，初中生每天书面家庭作业在一个半小时以内，高中生在两个小时以内。

学生作业“量”上有了规定，那么“质”又如何要求？

1. 完成作业的五点要求

（1）独立完成或小组合作完成，求真务实，不弄虚作假。

（2）字迹要工整，书写规范、整洁、美观。

（3）认真检查并用红笔校正。

（4）讲究速度，按时完成。

（5）讲究完成作业的方法。例如，正确区分和把握不同习题类型的不同做题要领；做作业之前，先要看书复习；注意审题，争取一次做对；把主要精力放在做基础题上，有选择地做一定数量的难题；建立有正确答案的“错题”集锦。

2. 设计作业的三点要求

（1）精选习题。指教师在精心钻研教材、教法、学生学习水平和各种题型等基础上，按教材的知识体系，分类别、分层次设计具有代表性的练习。

精选习题，就是要让学生从题海中解放出来，让教师在题海中甄别良莠，去粗取精、去伪存真，筛选“精品”。什么类型的作业有利于巩固学生课堂所学知识，提高学生的学业成绩；什么类型的作业有利于激发学生独立思考，培养学生的创新意识，锻炼学生的实践能力；什么类型的作业有助于培养学生良好的思想品德和行为习惯，提高学生的人文素养。应挑选那些具有代表性、典型性、趣味性和富有生活气息、充满时代感的作业，并力求少而精，以达到举一反三、触类旁通的目的。题目要从基本知识、基本技能到求异思维、创造思维，要统筹考虑、全面安排，为学生的全面发展、主动发展创造条件。

精选习题，要注意一题多解类题目的编选。一题多解类题目，是指可以通过不同的思维途径，采用多种解题方法来解决同一个实际问题的题目类型。它有利于培养学生辨证思维能力，加深学生对概念、规律的理解和应用，提高学生的应变能力，启迪学生的发散性思维。

精选习题，还要注意一题多变类题目的编选。能够启发、诱导学生思路的一题多变类题目，是指可以从多角度、多方位对例题进行变化，引出一系列与本例题相关的题目类型。这种一题多变的习题，可以拓展学生的思路，开阔学生的视野。

（2）形式多样。现在，教师布置作业大多围绕考试大纲，强调死记硬背、重复模仿和机械训练，远离了学生的生活实际。学生的情感、态度、价值观、创造能力、实践能力等被忽略。在倡导实施素质教育的今天，教师一方面要继承传统作业的优点，另一方面也迫切需要克服传统作业的弊端，积极寻求新思路，创新作业的形式和内容。

要大力提倡设计观察思考型作业、动手实践型作业、研究学习型作业和超前预习型作业；要积极采用收集资料、小制作、小实验、参观访问记等可以提高兴趣、增强学生动手能力的形式；要增加可以培养道德品质的内容。

（3）区分层次。每个学生的学习习惯及方式，都有特殊性和差异性。不同学生在学习同一内容时，由于认知、情感基础和学习能力不同，对同样任务的学习质量及速度就不尽相同。如果教师在布置作业时，要求所有学生必须在同样时间内，运用同样的学习条件达到同样的学习水平和质量，就会造成有的学生"吃不饱"、有的学生"吃不了"的状况。因此，教师布置作业要采用灵活多样的方法，因班而异，因人而异。例如，将作业分为独立完成和合作完成的部分或类型；根据学生成绩布置基础必做题、巩固必做题、选作提高题等不同层次的作业。

有些学校在分层教学改革上迈出了重要一步，值得思考和借鉴。他们对成绩优秀、比较自觉的学生实行不用做作业的奖励。拟定了"解放优秀学生"的计划：全校各门功课适当加快教学进度；课堂教学做到分组分层教育；每节课留出15分钟时间给优秀学生自主安排；免除优秀学生一科或几科作业；允许优秀学生同年级"走班"听课，甚至可以跳级听课。

免做作业的学生若是成绩有所下降，将随时加入到做作业的行列。其他学生通过努力也可以争取到免做作业的机会。这样一来，优秀学生有了危机感，普通学生也有了竞争意识。

3. 课堂教学的两点要求

（1）认真贯彻落实精讲多练、精讲精练。

（2）将预习和作业纳入课堂，学生每节课都要有足够的时间预习或练习。这不是课外没有了家庭作业，也不是课内对课外失去了指导、检查、评比等的调节和控制，而是变以往单一的课本知识的预习、巩固练习，为课内布置指导、检查评比和课外进行参观、调查、访问、写生等更广阔的社会实践活动。总之，就是变单纯的应试教育为多彩的素质教育。

将课外预习和练习纳入课堂，少留或不留作业，可以彻底断绝“课内损失课外补”的心理，彻底拆除“课内平庸偷懒，课外用功补习”的平台，让课堂成为既演又练的场所，使师生在课堂上下功夫。

教师要树立预习就是正课、自学就是正课、课堂不怕冷场的观念。学生没有预习的知识不讲，学生预习不好的知识不讲。教师“导”后必须要强化“练”，练要达标，达不到基本的标准要“回头练”“反复练”。预习目标要与教学目标一致，将教学目标转化为学生的预习任务，并把这个任务设计为具体的学习活动，以学案形式向学生展示，让学生通过自学建构新知。

国内外成功的教学改革，无一不是将课堂“动”起来作为基本出发点和归宿。“动”就是动手操作，就是实验、讨论、交流、预习和练习等自学和相互学习的活动。

4. 管理的两点要求

(1) 明确要求，规范行为。作业管理是对作业过程各环节进行组织、监督、评估、总结、调整，使作业在教育教学过程中的功能最大化，使学生课余时间最优化的行为。

教育行政部门和学校，首先要千方百计使作业的“量”降下来，然后再研究“质”的问题。要制定诸如《作业质量标准》《作业设计与批阅制度》《作业的检查反馈制度》等规章制度；要从作业的设计、数量、质量、难易程度、批改要求等环节加以规范；要做到目标明确、要求具体、定期检查、评估反馈；要通过对作业管理的深化、细化，促进教师教学观念和教学行为的转变，提高作业的针对性、有效性，以加快教学改革的步伐。

(2) 贯彻落实，接受监督。方针制定了，制度健全了，如何落到实处？这要从日常工作的一件件小事抓起。例如，管理部门要加大宣传、处理力度，坚决杜绝加重学生课业负担的一切行为；学校要以班级为单位对学生每天的作业情况进行记录，并指导学生和家长将每天完成各门学科作业的用时进行反馈，班主任及时统计、整理，然后上报年级组和教导处；学校以年级为单位将作业通过校内公示栏等向校内外公示，接受社会监督；学校定期对各班级的作业进展、教学进度、学生作业状况、教师批改情况、纠错集建立情况等进行检查通报；教育行政部门和学校随机开展作业管理的问卷调查，走访学生、家长，了解作业质量和数量，及时梳理调查结果并向一线教师反馈……工作中，要注意作业管理工作中各种材料的收集与整理，以总结经验与教训，逐步实现作业管理常规化、规范化和制度化。

四、作业一定要全批全改吗

（一）主张全批全改的理由

当前，许多地方的教育行政部门和学校，规定教师对学生作业要全批全改。这样规定的理由大致有以下几个方面。

（1）全面了解、掌握教与学状况。作业全批全改，可以全面了解每一个学生的作业情况，并根据科学分析反馈信息，对学生有针对性地指导。如果教师不全批全改，就不知道学生对知识的掌握情况，就不知道自己的教与学生的学存在什么问题，就降低了教与学的质量。

（2）控制作业量，减轻学生的课业负担。部分教师采用“题海战术”，布置大量作业，而自己又不认真批改，学生苦不堪言，教学效果也不明显。要求作业全批全改，就会促使教师布置作业时注意作业的针对性和有效性，不让学生做无用功，也避免自己做无用功。

要想学生减负，教师必须增负，必须精心设计、精心批改学生的作业。这是对教师的教学质量提出更高要求，促使教师在优化作业设计上下功夫。

（3）提高课堂教学效率。全批全改，表面上是硬性指标，实际上是断了部分不负责任的教师的后路。一些教师再也不能把课堂教学没有落实的内容，让学生通过大量的习题去巩固、去弥补。否则，陷入题海、不可自拔的只能是教师自己。而一旦作业量减少了，要保证教学质量不滑坡，教师就不得不把课上好，并精心设计出含金量高的作业，使学生举一反三，少做多得。

（4）培养师生的敬业精神、认真态度。作业是学生的汗水和智慧的结晶。如果教师在批改作业时马马虎虎，敷衍了事，就会对学生产生不良影响。个别学生就会钻空子，抄袭他人作业，不仅失去了做作业的意义，还败坏了学习的风气。

（5）加强师生间的沟通。作业全批全改，教师不仅能及时了解学生的学习情况和运用知识解决问题的能力，及时调整教育教学方法，开展有针对性的教学工作，提高教学实效，而且能及时了解学生的思想发展状况。通过作业与学生进行思想上的沟通交流，一两句或表扬或鼓励或指导的话，可能会胜过讲课时的千言万语。

（二）反对全批全改的理由

有人对作业全批全改提出反对意见，反对教师作业全批全改的理由有以下几个方面。

（1）工作强度大，真正做到全批全改不容易。以数学为例，作业天天有，如果一个教师教两个班，每班按 50 人计算，每次要批改 100 本作业；若每次留 4 个题，一次要批改 400 道题；若每本作业平均用 2 分钟，就需要 3 个多小时的时间。批改几何作业，还要花费更多的时间。再加上小测验、单元测验、班主任工作等，备课的时间就相应地减少了，探索学习的时间更难以保证。

再以语文为例，作业一般包括生字词积累、阅读笔记、日记或周记、书法、一课一练、文言文翻译、作文等，作业也是天天有。生字词积累的作业，一般要求每个词写三遍，注音、解释各一遍。如果每次写 20 个词，两个班 100 人就是 6000 个词，2000 个注音，2000 个解释。

作文怎样才叫全批全改？根本就没有时间和质量上的统一标准。语文教师还要参与学校里的演讲比赛、朗诵比赛、小品比赛、讲故事比赛、征文大赛、书法比赛等各项活动的组织与指导，时间如何保证？

（2）费力但不一定讨好。全批全改或精批细改的理论假设是学生是无知的，教师是智者。也就是说，学生无法判定自己所做作业的对与错，因而需要教师对学生的每一份作业都批和改。而事实上，如果教师给出答案，学生完全可以根据答案找出自己作业中的问题与不足，并改正自己的不足。

在通常情况下，学生对教师批改的作业持以下四种不同的态度：一是根本不看；二是看了，但没看懂；三是虽然看了，但由于没动脑筋，印象不深，掩卷即忘；四是思考了教师批改的内容，并悟出了一些道理。只有极少数学生才会从教师批改的作业中获得一定教益，但又很难做到持之以恒。由此可见，全批全改并不如人们想象的那样，有付出就有回报。

（3）不利于培养学生的自学能力。经过教师仔细批改的作业，给学生提供了解题过程与答案，容易使部分学生养成死记硬背的毛病。教师改正学生作业中的错误，实际上是越俎代庖，久而久之，会使学生形成思维定势。

素质教育的突出特点是开发学生智力，培养学生能力，让学生做学习的主人。习惯于作业全批全改的学生，就像是生活在溺爱中衣来伸手、饭来张口的孩子，根本就得不到锻炼机会。这样一来，学生主动思考、自我检查的主动意识就会缺失。

（4）师生双方难以获得真实的教与学信息。学生做作业、教师批改作业是课堂教学的延续，是师生双方获得教与学信息的重要通道。可是，有些学生平时作业很不错，但考试成绩不尽如人意，为什么？因为学生抄袭或部分抄袭作业，学生只知道哪个题错了，但不知道错在哪里。语文作业中的错别字、病句等问题，即使是非常认真的教师也不能一一发现并批改，就更不能获得真实的教与学信息了。

（三）正反观点综述

综合上述双方的观点，我们很难判断孰是孰非。因为双方都局限在了某个问题、某个方面、某个角度，从局部看，都不无道理，但站在高处俯瞰我们的教育，就不同了。双方缺乏辩证唯物主义的思想观点，提倡者忽视了作业的学科差异、学生作为学习主体的个性差异，忽视了素质教育；反对者忽视了全批全改的作用及其合理性。不管怎么说，不顾现实状况一刀切，就是主观主义、教条主义、形而上学的具体体现。

作业一定要全批全改吗？不一定！这要具体情况具体分析，要因时、因地、因学科、因人、因效果而定方法。形式是统一在效果之中的，我们要提倡一切从实际出发，一切从实效出发，博采众长、多法交错并用、不拘一格的作业批改方式。

全批全改、部分批改、抽查批改、典型批改、面批面改、学生互批互改、自批自改，是教师最常用的几种作业批改方式。顾此失彼、厚此薄彼都是错误的。如何才能恰到好处地使用这些方法？

（1）全批全改。全批全改，不是不要，但不是全要。一般情况下，起始年级开始的几次作业必须全批全改，且要详批详改，并做好问题记录，目的是尽快了解掌握每个学生的学习状况；之后，每隔一段时间（最好是两三周）全批全改一次，目的是了解学生学习的发展变化状况，以查漏补缺；每次抽查的作业要全批全改，目的是以点带面；单元测试、期中考试、期末考试要全批全改，且需详批详改、详细记录，明确问题，调整教学策略。

（2）部分批改、抽查批改与典型批改。部分批改，是每次或每隔一段时间，随机抽取一部分作业进行详批详改，目的在于发现问题；抽查批改，是有针对性地抽查，主要是督促那些平时不认真完成作业、存在侥幸心理的学生；典型批改，是不同层次的作业各选取一部分进行详批详改，目的是以个别推及一般。这三种方式都是部分详批详改，都有以点带面的促进作用，只是各自的目的意义不同，实施过程中要根据不同的情况来确定采取哪种方式，三者要交错使用，才能相得益彰。

作业只进行部分批改，那其他学生的作业就不批改了吗？不是！而是以部分为例子，在明确标准之后，在教师监督指导下组织学生自己动手进行互批互改或自批自改。

（3）面批面改。面批面改可分为个别和全部两种形式。个别的面批面改可以在课堂进行，也可以在课下进行，是具有辅导性质的个别谈话，可以就事论事，也可以由此及彼，进行多方位教育。全部的面批面改，是教师在课堂独立作业的巡视过程中对学生的作业答案给出对与错的明确评判，并及时指出学生在处理问题过程中的优点和不足，给予方法和知识的指导与帮助。面批面改是给予学生积极心理暗示的既教书又育人的有效手段。

（4）学生互批互改。学生互批互改作业，是新课改“自主、合作、探究”精神的具体体现，是具有实效性的作业批改的新途径，应大力提倡。它不仅可以减轻教师的作业批改负担，更重要的是通过互批互改，可以调动学生学习的积极性，培养和发展学生观察、分析、判断和解决问题的能力，使学生对自己作业质量提高认识。

互批互改有多种形式：同桌之间的互批互改、学习小组内的互批互改、组与组之间的互批互改、班与班之间的互批互改等。

互批互改的一般程序是，明确批改对象—确立批改范围—公布批改标准和方法—提示批改注意事项—开始批改—教师巡视指导—公布结果—总结。其中关键的环节是制定详细且实用的批改标准和方法。这不仅关系到批改的质量，更关系到学生在批改过程中能够掌握的基本学习方法和技巧。

以语文作文批改为例，在确定了批改对象和批改范围之后，就要明确批改标准和方法：一是通用标准，即中高考作文评分标准；二是不同体裁、不同题目文章的评分标准；三是修改符号的标准；四是核总分、写评语的标准；五是推举优秀作品的标准。掌握了这些标准和方法，不仅可以批改别人的作文，还能学会如何写作文，一举两得。

（5）自批自改。自我批改，不仅可以减轻教师作业批改负担，还可以提高学生自我评价的能力。自我批改可以在教师指导下批改，也可以由学生独立活动。在习题难度不大、作业量又较大的情况下，教师制定批改标准和方法，学生自批。如果时间比较充足，教师可以组织学生进行完全独立的自我批改，通过学生回顾和检查自己的思维过程，使学生逐步形成独立解决问题的能力。

作业批改方法多种多样，但不管采取何种方法，都要以调动学生的学习积极性、让他们充分“动”起来为前提；都要以学会、会学为前提。因此，只要学生自己能动手做的事情，教师就要组织、调动、训练他们去做，千万不要包办代替。

单一的批改作业的方法，会从内容到形式、从思想到行动逐渐趋于僵化，使人兴趣索然，心生厌烦。因此，从实际出发，多法并用的作业批改方式才是高效的。

五、预习和练习走进课堂，减负就不是梦想

减轻中小学生的课业负担，是教育教学改革的重大课题。目前，造成中小学生课业负担过重的原因，除单纯的中高考人才选拔机制、课程容量和难度大、教师教学方法陈旧等因素外，还有一个没有受到充分重视的因素，就是课外预习和练习的学习和教学策略。

课外预习和练习是教学理论中颇受人们重视的两个方面，但在教学操作的过程中普遍存在重练习轻预习的情况。

（一）轻视课外预习的现状

课外预习被轻视，是因为中小学生的精力有限，大作业量已经使学生喘不过气来，学生没有时间预习。此外，预习的内容和形式比较单一，就是要求学生将课文浏览一下，自主解决一些生字、生词，找出自己不能解决的内容，谈不上进行了系统的、符合学生认知规律的预习策略辅导。

随着学生年龄和阅历的增长，他们就会厌倦这种千篇一律的预习，再加上课业负担一点点加重，他们也就不愿进行预习了。

要改变这一情况，首先，在讲新课或检查预习时放慢速度，让那些没有预习的学生跟上进度。其次，降低预习的要求，只要求扫除生字词的阅读障碍。

（二）重视课外练习的现实

课外练习历来被人们重视，就是因为它可以给课堂“平庸”的教与学创建弥补的平台，可以“课内损失课外补”；就是因为中小学生作业完成的质量，是影响成绩的主要因素。正是因为家庭作业历来被人们重视，所以才出现了中小学生课业负担过重的问题，所以才有了“千军万马过独木桥”的激

烈竞争。

不可否认，知识是认识的结果，技能是训练的结果。不认真完成作业就想取得好成绩是不可能的。但是，学生获取知识的途径绝不仅仅是课本作业，还有看电视、看书、上网、实验、参观、访问、劳动、游戏活动等。现在中小学生作业仅仅局限在课本知识的巩固与练习，其目的只是考试取得好成绩。

不可否认，学生通过做作业可以加深理解所学知识，增强记忆；可以检验听课的效果和掌握知识的程度；可以发现所学知识的缺漏并加以弥补；可以给教师提供教学的信息反馈，教师也可通过批改评讲作业，有针对性地辅导学生，进而更有效地帮助学生掌握书本知识。但是，一个人的知识量不仅仅是通过课本获得的。我们现在的教学过分重视课本知识的教与学，忽视了课外知识获取的途径与方法。"高分低能"的现象就因重视课内知识而出现。

（三）对策探讨

课外预习对于大部分学生来说已经形同虚设，预习不一致使教师很难把握教学进度，影响了课堂教学的效果；课外作业单一、量大等弊端严重阻碍了素质教育的发展进程，学生的身体素质每况愈下。这些教育问题确实应该改革了。

取消课外预习和家庭作业，让这两部分内容走进课堂。将课外预习和练习纳入课堂，不是课外就没有了家庭作业，也不是课内对课外就失去了指导、检查、评比等调节和控制，而是变以往单一的课本知识的预习和巩固练习为课内布置指导、检查评比和参观、调查、访问、写生等更广阔的社会实践活动，变以往单一的课本知识预习和巩固练习为由课内向课外的扩展性阅读，变单纯的应试教育为多彩的素质教育。

课外预习和练习走进课堂，就是要严格实施精讲多练、精讲精练的原则，合理分配课堂教与学的时间，让学生充分"动"起来。

讲要求精，那些学生通过自学可以学会的课程知识一律不要讲。有的学校规定一节课教师讲解时间不得超过 15 分钟，课堂上要"少讲多练"逐渐成为人们的共识。

将预习和练习纳入课堂，减负就不是梦想，这必将是今后国内外教学改革发展的大趋势。

六、板书与多媒体整合使用

当前，人们把板书、行为和普通话称作教师的三大基本功。电脑等多媒体技术进入课堂以后，越来越多的教师选择了更方便、简单的课件演示代替传统板书，这个新问题令人深思。

随着多媒体技术日趋成熟，语文教学也由“三尺讲台，一支粉笔”的传统模式，逐渐被“一台电脑，一个投影仪”的新型模式取代。有些教师上公开课必用多媒体，如果没有用上多媒体课件，似乎就不是一堂好课。

利用多媒体教学，大多数教师的讲课节奏明显加快，传递的信息量也成倍增长。虽然课堂内容丰富了，但上课时学生往往目不暇接。一堂课下来，作为语文教学最重要的品味、感悟环节，被几幅多彩画面或影像取代，应该记住的知识学生没记住，不应该记住的知识学生反倒记住了。

教学过程是学生学习知识的过程，更是教师以情动人的过程。语文教学因丰富的人文内涵，为教师走近学生的心灵架起了桥梁。但是，如果教学过程变成看屏幕、记笔记，听教师读屏幕内容，那情感交流就无从谈起。如果教师受课件支配而牺牲了原本个性十足的讲授，放弃了与学生交流情感的机会，最终必将严重影响教学效果。

多媒体技术为教师提供了广阔的教学空间，然而使用多媒体课件会使整个课堂教学程序化，缺乏灵活性，这样就很难调动学生的积极性。

在多媒体教学走红之后，越来越多人开始思考多媒体技术的局限。如何取长补短，使多媒体技术与传统板书有机组合，充分发挥各自的优势，营造一个既丰富多彩又切实有效的教学氛围，已经成为教师关注的热点。

板书和多媒体技术在教学中各有优势。多媒体技术应用于教学，极大地提高了教学效率，它能够仿真、还原、模拟，能够进入人无法进入的世界。教师依靠粉笔解释不清的，多媒体课件能够清楚地表现出来，学生一看就明白。多媒体课件能够化抽象为直观，变难为易。

多媒体课件虽然具有诸多优点，但它无法替代黑板上的板书。

首先，板书及时，重现力强，随写随看，可以较好地控制课堂节奏，也可以方便地增删内容。多媒体课件是课前设计好的，是程式化的。教师在使用多媒体课件教学时，会有突然而来的灵感，这些灵感往往是教学艺术的动人之处。此时如果巧妙地利用板书，就会锦上添花，产生意想不到的教学效果。

其次，好的板书就像一份微型教案，具有提纲挈领的作用。它能勾画出本节课的结构体系和知识要点，使新知识的教学成为学生上课时的注意力中心，帮助学生掌握本节课的知识要点；能使学生一看黑板就知道教师在讲授什么内容。

再次，汉字作为表意文字，字形本身的意义要通过书写来表达，书写能赋予汉字灵性，这是多媒体课件不能表达的。善于在黑板上板书的教师，一定能给学生起到良好的示范作用，使学生更深切地体会到汉字的魅力。低年级学生最好的识字方法，就是通过观察教师的板书，掌握正确的笔画顺序和字形结构。

另外，板书还可以制造教学的停顿，起到提示、警示的作用。

多媒体技术毕竟是教学的辅助手段，应该因人而异，因课而异，因课堂上学生的具体学习情况而异。虽然有些时候，多媒体课件比黑板上的板书更美观，更引人注目，可是，无论社会如何发展，科技如何进步，教学手段如何先进，板书都是不可或缺的，板书的特殊作用是其他教学手段不能取代的。

板书和多媒体技术并不是对立的，多媒体课件集声音、动画等于一体，能引导学生生动、直观地感受学科内容；板书方便、经济，有助于学生理解教学内容。它们都对教学起着举足轻重的作用，二者能实现优势互补，使课堂教学手段最优化，使课堂生动活泼、丰富多彩、扎实有效。

江苏凤凰教育出版社
《行知工程》系列丛书目录

系列	序号	书　　名	主编	定价
教师必读系列	1	《教师必学的16堂修养课》	武宏伟	30.00
	2	《教师不可不知的教学心理效应》	叶勇军	30.00
	3	《班主任不可不知的管理效应》	奚一琴	30.00
	4	《教师不可不知的教育心理效应》	孙　媛	30.00
	5	《校长不可不知的管理效应》	谢申刚　张金豹	30.00
	6	《成为好教师的7项修炼》	王福强　李维华	30.00
	7	《如何让学生会学习》	龙　冰	30.00
	8	《如何让学生爱学习》	周震宇　许小燕	30.00
学生心理解码系列	9	《孩子问题行为一点通——只有好老师才知道的学生心理谜底》	严育洪	30.00
名师感悟系列	10	《让心灵伴着歌声成长——22位音乐名师的教育智慧》	陈　璞	30.00
	11	《超越自我的教师——32位名师的成长感悟》	李卫东　李秀伟	35.00
	12	《心灵的守护者——19位名班主任的教育智慧》	王晓松　曲文弘	30.00
	13	《名师感悟班主任有效工作艺术90例》	符礼科	30.00
	14	《名师感悟有效教学90例》	林高明　徐玉烟	30.00
教育探索者系列	15	《让个性绽放精彩——学校课程体系整合与创生》	谢建伟　徐淑萍	30.00
	16	《让每个学生都幸福——最能润泽生命的学校文化建设》	谢建伟　张新喜	30.00
教育家核心思想系列	17	《多元智能理论的本土化应用》	刘治富	30.00
	18	《大教育家最具施教力的教学思想》	白刚勋	30.00
创新教学探索系列	19	《粘连作文教学：让习作成为有个性的自我建构》	黄瑞夷	30.00
	20	《备学式教学——在体验中建构数学思维》	单广红　范雪梅	30.00
	21	《向着自主进发——自主教育的创新实施智慧》	朱亚红	30.00
	22	《写中学——让学习更有效的学科写作教学》	钟传祎	30.00
	23	《小学科学实验总动员——大科学课堂有效提升学生创新力》	江美华	30.00
	24	《小学语文单元整体课程实施与评价》	李怀源	30.00
	25	《小学英语单元整体课程实施与评价》	李怀源	30.00
	26	《小学数学单元整体课程实施与评价》	李怀源	30.00

系列	序号	书　　名	主编	定价
教育管理力系列	27	《“走”出教育的精彩：走动式学校管理文化构建》	罗　军	30.00
	28	《校长兵法：学校管理四十六计》	皮大鹏	30.00
核心教学主张系列	29	《新生代语文名师核心教学主张》	许友兰	30.00
行思讲坛系列	30	《师爱无疆——润泽学生心灵的教育故事》	侯忠彦	30.00
	31	《怎样反思更有效——促进教师专业发展的反思策略》	诸贝贝	30.00
	32	《成为高度自觉的教育者——写给后课标时代的数学教师》	许卫兵	30.00
	33	《哲思数学课》	刘全祥	30.00
	34	《把学生教聪明》	严育洪	30.00
	35	《教师最应该规避的教育误区》	杨坤道	30.00
	36	《用语文的方式教语文——潘文彬教学主张与实践智慧》	潘文彬	30.00
	37	《跨越式实现高效课堂 ——信息技术与课程整合高效教学方案评析》	陈　玲　刘　禹	30.00
	38	《怎样让阅读教学更有效 ——提升教学能力的十种读诵模式》	汪秀梅	28.00
	39	《让生命在润泽中起舞——当代小学生最需要的主题班会》	吴联星　罗　琳 冯卫东	30.00
	40	《让生命欢快拔节——当代中学生最需要的主题班会》	冯卫东　吴联星	30.00
	41	《课堂因生成而精彩——高效教学的生成智慧》	张文质	30.00
	42	《回到每一个人的生命化教育 ——张文质二甲中学教育行动录》	张文质	30.00
	43	《智慧数学课——黄爱华教学思维的实践策略》	黄爱华	30.00
高效能教学系列	44	《让作文落地生根——提高写作实效的教学策略》	黄桂林	30.00
	45	《高效能作文教学 5 项修炼》	陈步华	30.00
	46	《高效能校长的 10 个好习惯》	张　勤	30.00
	47	《高效能教师的 10 个好习惯》	谢　英	30.00
	48	《高效能语文教学 5 项修炼》	王其华	30.00
教育求索系列	49	《思政教学的人文力量》	戴晓华	30.00
	50	《师道新说——给教育者的 30 条箴言》	徐　卫	30.00
中国教育变革之路丛书	51	《百年树人师何为——教师队伍建设困顿与出路》	将丽珠　李玉向	30.00
	52	《入园何时不再难——学前教育困惑与抉择》	曾晓东 范　昕　周　慧	30.00
	53	《三尺书桌何处寻——流动人口子女教育困难与破解》	范先佐	30.00
	54	《苦旅何以得纾解——高考改革困境与突破》	郑若玲	30.00
	55	《择校纠结何时了——择校问题困局与治理》	曾晓东　周文海 曾娅琴	30.00

系列	序号	书　名	主编	定价
创新教学思想系列	56	《“大问题”教学的形与神》	黄爱华　张文质	30.00
校长领导力系列	57	《高品质学校生长要素》	王益民	30.00
	58	《校长高校教学领导力提升策略》	徐世贵　郭文咢	30.00
教育漫笔系列	59	《课堂，诗意地栖居》	吴书华	30.00
新思维系列	60	《教育中的“不一定”——打破教育的19种思维惯式》	严育洪	30.00
教学全手册系列	61	《小学习作教学全手册》	郭家海	30.00
	62	《中学写作教学全手册》	郭家海	30.00
	63	《情境教学操作全手册》	冯卫东	35.00
	64	《合作教学操作全手册》	李春华	35.00
	65	《探究教学操作全手册》	周新桂	35.00
	66	《自主教学操作全手册》	诸葛彪	35.00
	67	《创新教学操作全手册》	王　玮	35.00
	68	《班主任工作全手册》	刘沛华	35.00
	69	《新教师工作全手册》	周震宇	35.00
	70	《学生心里健康教育全手册》	刘海莉　刘春杰	35.00
	71	《高效教学操作全手册》	马友平	35.00
校本研修系列	72	《特色校本课程开发范例解读》	刘永平　李秀伟 张雪梅	30.00
	73	《高效校本研修模型构建艺术》	刘素雁	30.00
教学提升系列	74	《有思想地教阅读——让学生学会品读文字真意》	王学东	30.00
教育艺术提升系列	75	《藏在师生体态语言里的教学智慧》	张　宇　廖生波	30.00
幼师成长系列	76	《幼儿行为背后——教师如何读懂幼儿的心思》	吴亚英	30.00
	77	《最具教育力的22种幼儿教育思想》	杨　达	30.00
	78	《幼儿教师必知的安全应急措施》	杨　达	30.00
	79	《幼儿教师必备的教育技能》	李　玲	30.00
	80	《卓越园长21条幼儿园管理策略》	周　丹　江东秋	30.00

系列	序号	书名	主编	定价
创新人才培养系列	81	《创新人才培养校园科普精品课程开发与指导——人大附中创新人才培养》	罗　滨	30.00
	82	《创新人才培养特色校本课程开发与创新人才培养——清华附中“国际安全下的科学技术”课程构建与实施》	王殿军　方　研 赵宏雁	30.00
	83	《创新人才培养：学校实验室建设与管理》	刘克文 杨发丽　杨　平	30.00
	84	《创新人才培养：数学探究活动开发与指导》	马云朋　韩继伟	30.00
	85	《创新人才培养：化学研究活动开发与指导》	王　磊	30.00
	86	《创新人才培养：物理探究活动开发与指导》	廖伯琴	30.00
	87	《创新人才培养：地理探究活动开发与指导》	张建珍　陈　澄	30.00
	88	《创新人才培养：生物探究活动开发与指导》	张迎春	30.00
	89	《创新人才培养：理念探索与思维突破》	王晶莹	30.00
教育思想者系列	90	《教育，一切从孩子出发》	黄　俭	30.00
新生代通派名师系列	91	《简约数学教学》	许卫兵	30.00
	92	《语文教学的本真——情意课堂展现母语之美》	吴建英	30.00
	93	《语文课堂的理想追求——欢快达成三维目标》	董一红	30.00
	94	《阅读教学的真髓——意象构建读出文学的真美》	祝　禧	30.00
	95	《美术教育的真谛——审美人生教育让生命绚丽成长》	陈铁梅	30.00
	96	《语文教学的理想境界——无痕教学润泽生命》	李　凤	30.00
	97	《儿童作文的本义——嬉乐作文让儿童乐并成长着》	王笑梅	30.00
	98	《名师是怎样炼成的》	王建明　王笑君	35.00